勘误表

	误	正
第 16 页第 2 自然段第 3 行	2015	2016
第 17 页第 2 自然段第 1 行	2015	2016
第 30 页第 4 自然段第 5 行	2566883	256688
第 41 页第 4 自然段第 3 行	2007	2017
第 164 页第 2 自然段第 3 行	2015	2016
第 223 页第 1 自然段第 16 行	2010	2016

砥砺奋进　擘画上海“北大门”建设蓝图

主　编　蒋建

副主编　费凡　李汝

中国经济出版社
CHINA ECONOMIC PUBLISHING HOUSE
·北京·

图书在版编目（CIP）数据

砥砺奋进：擘画上海“北大门”建设蓝图／蒋建主编．
北京：中国经济出版社，2017.12
ISBN 978－7－5136－4984－1
Ⅰ．①砥…　Ⅱ．①蒋…　Ⅲ．①区域经济发展—研究—南通　Ⅳ．①F127.533
中国版本图书馆 CIP 数据核字（2017）第 275131 号

责任编辑　严　莉
责任印制　马小宾
封面设计　任燕飞设计室

出版发行　中国经济出版社
印 刷 者　北京九州迅驰传媒文化有限公司
经 销 者　各地新华书店
开　　本　710mm×1000mm　1/16
印　　张　15.75
字　　数　225 千字
版　　次　2017 年 12 月第 1 版
印　　次　2017 年 12 月第 1 次
定　　价　58.00 元
广告经营许可证　京西工商广字第 8179 号

中国经济出版社　**网址** www.economyph.com　**社址** 北京市西城区百万庄北街 3 号　**邮编** 100037
本版图书如存在印装质量问题，请与本社发行中心联系调换（联系电话：010－68330607）

本书编委会

序

砥砺奋进 擘画上海“北大门”建设蓝图

城市间的协同发展是顺应区域一体化发展趋势的必然选择，城市群已成为区域发展的主要空间形态。习近平总书记在党的十九大报告中指出，坚定实施区域协调发展战略，强调“以城市群为主体构建大中小城市和小城镇协调发展的城镇格局”，这为深入推进长三角区域协调发展提供了根本遵循。

江海交汇的南通，与上海地域相连、人缘相亲、文化相近、经济相融，交流交往源远流长。早在上世纪初，清末状元、实业家、教育家张謇先生就依托南通靠江靠海靠上海的优势，在家乡兴实业、办教育、建城市，开创了南通近代文明发展的辉煌。新世纪以来，南通在基础设施、产业发展、城市功能等方面与上海全方位对接，特别是随着苏通大桥、崇启大桥建成通车，沪通铁路加快建设，南通正式跨入上海1小时经济圈，两地形成了宽领域、多层面的合作关系。沪通日益频繁的交流交往，既为双方深化合作打下了坚实基础，又对南通对接服务上海提出了更高要求。

当前，作为中国首批对外开放的14个沿海港口城市之一的南通，既面临“一带一路”、长三角一体化、长江经济带等诸多国家战略叠加机遇，在江苏“1+3”重点功能区战略中，又唯一处在扬子江城市群、沿海经济带的交汇点上，具有得天独厚的发展优势。上海总规2040将南通纳入了上海“1+6”大都市圈，江苏省委要求南通建设上海“北大门”，南通加强和深化与上海合作，既是贯彻国家战略的务实举措，也是推进长三角整体协同发展的现实需要。去年以来，我市全面展开了对接服务上海的各项工作。今年4月27日，市委、市政府在上海成功举办了2000多人规模的对接服务上海大会；5月16日，省政府正式批复《南通建设上海大都市北翼门户城市总体方案》。南通要建设的“北大门”，是上海建设卓越的全球城市的“北大门”，是集“生态屏障、产业腹地、创新之都、文化名城”等功能于一体的“北大门”，重点是要着力构建“三港三城三基地”，即建设上海国际航运中心北翼江海组合强港、长三角北翼重要航空港、华东地区重要信息港；建设创新创业生态城、通州湾临港产业城、启东生命健康科技城；建设现代先进产业协同发展基地、文化旅游休闲度假基地、优质农副产品市场服务保障基地。通过“三港三城三基地”，构建全市域对接服务上海的空间格局，推进两地交通互联互通、城市功能互补、产业协同配套、文化相通融合、生态共保共治。

建设上海“北大门”，是事关南通发展全局的一项重大战略任务，需要全市广大干部群众锐意进取、共同奋斗。中共南通市委党校围绕建设上海“北大门”目标定位，组织专家学者深入开展调查研究，形成了一批有创见、有分量的研究成果。将这些成果结集出版，对推动全市对接服务上海工作很有意义。希望全市广大理论工作者深入学习贯彻党的十九大精神，以习近平新时代中国特色社会主义思想为指导，聚焦全市经济社会发展中的重大理论问题和现实问题，扎实开展前瞻性、创新性、可行性、应用性研究，力争多出优秀成果，更好地服务党委政府决策，服务全市经济社会发展，为决胜全面建成小康社会、建设“强富美高”新南通贡献智慧与力量。

中共南通市委副书记、党校校长　张兆江

目录

第一部分　总论

南通对接服务上海的总体思路与战略布局

中共南通市委党校　李汝　崔新进

上海是我国经济最发达的城市之一，2016 年经济总量 27466.15 亿元，占全国的 3.7%，位居全国城市首位，是我国名副其实的经济中心。南通与上海隔长江相望，东部与上海的崇明区接壤，是离上海最近的长江北岸城市，历史以来，南通与上海之间存在着地域相连、人缘相亲、经济相融、文化相通的紧密联系。1895 年，清末状元南通人张謇在南通兴办实业，开设大生纱厂，1897 年大生纱厂在上海福州路广丰洋行开设账房，后改称大生纱厂驻上海办事处。1920 年在九江路建造四层南通大厦，将上海作为企业原材料采购、产品展示、交易的窗口和企业融资的平台以及招待企业家、技术人员的前台。张謇充分利用上海的经济、技术、资金和人才等方面优势，形成"前店"（上海）"后厂"（南通）的事业格局，实现其"父教育、母实业"[①] 的救国、强国理想，也将南通展现在世人面前，为南通这座"中国近代第一城"[②] 建设奠定了坚实基础。

改革开放以来，南通成为我国首批沿海开放城市，利用与上海毗邻的区位优势，开展招商引资，吸引海内外项目、资金、技术和人才落户南通，带动地区经济社会发展。2003 年，南通市政府提出"接轨上海"发展战略并制定了《南通接轨上海实施纲要》，"接轨上海"由企业经营策略升级为地区发展战略。经过多年的努力，尤其是 2008 年苏通长江大桥通车之

① 张孝若：《南通张季直先生传记》，北京：中华书局，1930 年第 1 版。

② 吴良镛："张謇与南通'中国近代第一城'"，清华大学学报（哲学社会科学版），2003 年第 6 期，第 1～7 页。

后，南通在基础设施、交通、产业、园区、科技、金融、社会事业等方面与上海实施全方位接轨，基本实现依托上海、借力上海、服务上海，服务长三角等发展目标。2016 年 8 月—2017 年 3 月，时任中共江苏省委书记李强针对南通经济社会发展存在的问题多次强调：南通是江苏发展的"潜力股"，南通最大优势就是靠江靠海靠上海。当前，最关键的就是要发挥南通的优势，积极主动地参与上海大都市建设。南通要做好"跨江融合、接轨上海"这篇大文章，努力把南通建设成为上海的"北大门"①。2017 年 4 月 27 日，南通市政府在上海召开"南通对接服务上海大会"，会上中共南通市委书记陆志鹏指出：长期以来，南通与上海交往十分密切，形成了多层面、宽领域的合作关系。站在新的发展"风口"上，南通把握上海建设卓越的全球城市对南通的积极影响，认真审视自身在长三角和江苏发展大局中的角色定位，确立了建设上海大都市北翼门户城市的目标和思路②。5 月 16 日，江苏省政府正式批复了南通市《建设上海大都市北翼门户城市总体方案》，要求南通市充分发挥靠江靠海靠上海的地域优势，积极参与上海大都市圈协同发展，全面推进交通互联互通、城市功能互补、产业协同配套、文化相通融合、生态共保共治，构建全方位、宽领域、高层次对接服务上海新格局，建设集"生态屏障、产业腹地、创新之都、文化名城"等功能于一体的上海"北大门"，在实现江苏"两聚一高"和建设长三角世界级城市群中发挥更大作用③。

一、南通对接服务上海的总体思路

2008 年美国金融危机之后，世界经济发展陷入长期低迷，我国经济发展也不可避免地进入经济新常态时期，经济增长速度由高速降为中高速，存在较为复杂和尖锐的经济结构矛盾和社会矛盾。以习近平总书记为核心

① 李强："在江苏省第十三次党代会南通代表团上的讲话"，《南通日报》，2016 年 12 月 19 日。

② 陆志鹏："在南通对接服务上海大会上的主旨演讲"，2017 年 4 月 27 日。

③ 南通市政府：《建设上海大都市北翼门户城市总体方案》，2017 年 5 月 16 日。

的党中央适时提出创新、协调、开放、绿色、共享五大发展理念①，以创新为经济增长第一动力引领中国经济稳步发展。中共江苏省委、南通市委在五大发展理念指引下，根据南通经济发展和产业发展特点，将“跨江融入苏南，对接服务上海”确定为中心发展战略，树立将南通建成上海大都市北翼门户城市的奋斗目标。我们认为，南通建设上海的“北大门”，应在总体上把握以下八个方面。

（一）准确把握上海在国家相关重大战略中的定位

十八大以来，党中央、国务院提出实施的多个国家重点发展战略：“自由贸易区”“一带一路”“长江经济带”等，上海在其中都要承担主要支撑和引领作用，这是国家在新的国际经济政治发展格局下对上海提出的战略要求，也是上海在新常态下经济社会发展中应该承担的国家责任。2014 年，习近平总书记到上海考察工作时提出，上海还应该建设在全球有影响力的创新中心。2015 年，国务院又批准上海建设张江国家自主创新示范区和全面创新改革上海试验区。多个国家重大发展战略汇聚上海，是上海前所未有的重大发展机遇，也使上海面临着前所未有的重大挑战。上海自由贸易区是探索我国对外开放新路径、新模式、新监管方法的试验田，在上海自贸区试验、运行成熟的新规则、新模式尤其是针对金融等生产性服务业监管的新方法，要借助上海全国经济中心的扩散效应和经济影响力推行到全国各地，则要求上海具备较强的服务业市场监管、服务、拓展等实力，以及抵御、化解重大风险的能力。作为全国经济中心的上海，不仅担负着国家“一带一路”和“长江经济带”发展战略的领头羊、发动机的重任，还承载着国家期望以上海为龙头，带动我国增强对全球资源要素的配置能力和控制力，增加我国在全球事务中的话语权的重任。“打铁还需自身硬”，为此上海不仅基础设施、信息网络、市场监管和政府服务等投融资软、硬环境要达到最优水平，经济结构、产业结构发展水平，金融领

① 中共中央：《十八届五中全会公报》，2015 年 10 月 29 日。

域和商贸领域的体制机制和发展水平也要达到或超过最优标准。在全球有影响力的创新中心和全面创新改革试验区建设中，上海市提出上海自贸区、张江国家自主创新示范区和全面创新改革试验区“三区联动”发展战略[①]，以制度变革、人才培育和引进引领“三区”建设，以全面改革促上海全球创新中心建设，为全国各地全面创新改革积累先行先试的宝贵经验。

然而，受“4 条发展红线”[②] 的制约，众多国家重大战略的重担需要更大的区域来支撑，上海要顺利完成众多国家重大战略赋予的历史使命，需要长三角城市群形成合力，组成发展“集团军”，与上海之间取长补短、协同作战，策应上海完成众多国家重大战略赋予的重大任务。2016 年，上海市政府颁布《上海城市发展总体规划（2016—2040)》[③]（以下简称“总体规划”）中上海提出建设“1 +6”上海都市圈，正是上海清醒地认识到众多国家重大战略叠加使其自身发展面临着严峻考验，为了实现身负的众多历史使命和国家任务的正确选择。“1 +6”上海都市圈不仅仅是上海实现 2030 年建成全球城市远景发展目标的必然选择，也是长三角包括南通在内的其他 6 个城市实现各自地区发展目标的必然选择，更是中国迈向社会主义现代化强国之路，实现“中国梦”的必然选择。所以，南通作为上海“1 +6”上海都市圈中重要的成员之一，对接服务上海战略不仅仅是南通发展战略，也是上海发展战略的重要组成部分，更是南通与国际接轨，面向全球的战略选择。鉴于此，南通对接服务上海战略应站在世界高度，具备全球视野，跳出地区的桎梏，以海纳百川、勇立潮头的气魄，以上海为跳板和助力，高屋建瓴地规划沪通两地在基础设施、信息网络、城市建设、产业发展、人才培育、科技创新、社会服务等领域的对接、融合、服务方案，紧紧跟随世界最先进的新理念、新技术、新业态和产业发展新模

① 杨雄：“上海市第十四届人大第四次会议上的讲话”，《经济日报》，2016 年 9 月 27 日。

② 上海市城市总体规划编制领导小组：《上海城市发展总体规划（2016—2040）》，上海市规划局网站，2016 年 8 月 22 日。

③ 同上。

式，进一步推进对外开放和产业国际化，建设具有国际先进水平的产业配套基地、科技创新基地和产业转移承载区。

（二）着力寻求上海建设全球城市的战略机遇

上海“总体规划”提出，在2020年上海基本建成国际化大都市、“四个中心”、全球有影响力的创新中心的基础上，2030年上海将建成全球城市，2040年进入全球卓越城市行列①。全球城市是美国城市和社会学者沙森将世界经济一体化和全球城市化相结合，在20世纪90年代提出，后被全球广泛认同的城市新概念。全球城市应具备以下五个特征：第一，全球经济连接点，高度集中化的世界经济协调和组织中心。第二，全球要素资源的集中点和枢纽。第三，全球创新活动发源地。第四，经济、文化融合协调，为人们提供极大的发展机会、就业岗位、较高收入和最适宜人类居住的城市。第五，具备较高全球声誉，人人向往的迁居目的地。

就上海目前发展看，距离上述五个标准要求相差甚远。一方面，2016年底上海60岁以上的老龄人口为457.79万人，占比高达31.6%，是全国较早进入深度老龄化社会的城市之一②。金融从业人员占全部从业人员比重仅为5%，尚未达到占比10%的国际金融中心的基本要求③。人口结构的不合理和高素质人才的严重缺乏需要上海补充、吸纳大量高素质人力资源。然而，2016年末上海常住人口总数已达2419.7万人④，受制于2020年2500万的“人口天花板”⑤，如果不向周边城市疏解人口压力，上海目前人口结构不均衡、不合理的矛盾就难以得到缓解。另一方面，建设全球

---

① 上海市城市总体规划编制领导小组：《上海城市发展总体规划（2016—2040）》，上海市规划局网站，2016年8月22日。

② 上海市民政局、老龄委、统计局：《2016年上海市老龄人口和老龄事业监测统计报告》，上海老龄委研究中心网站，2017年3月27日。

③ 郜佳：“四大行上半年人员流动加速”，《劳动报》，2017年9月10日。

④ 上海市统计局：《2016年上海市国民经济和社会发展统计公报》，上海市统计信息网，2017年3月2日。

⑤ 上海市城市总体规划编制领导小组：《上海城市发展总体规划（2016—2040）》，上海市规划局网站，2016年8月22日。

城市要求上海首先要建成全球创新、创意和创业中心，但上海2020年土地红线为3185平方公里①，目前土地使用额度已接近饱和。疏解人口的前提是疏解产业，疏解产业的前提是疏解功能。上海必须向周边城市疏解部分产业、部分城市功能和部分非就业人口，为高端产业、全球城市功能和高素质人力资源腾出空间。从2015年开始，上海逐步向周边城市疏解如电脑组装、电子产品零部件的组装等劳动密集型产业和非高端、非核心制造业，占用大量用地的产业批发市场、建材批发市场等，鼓励周边城市发展健康疗养基地、休闲养老社区和生态涵养功能区等可容纳老龄人口的机构和社区。上述举措为南通提供了宝贵的发展机遇，南通自然资源禀赋丰富，土地、劳动力、港口、岸线等资源供给相对充裕，产业体系较为完备，投资环境优越，生产、生活综合成本在长三角地区具有比较优势，非常适合容纳上海疏解出来的大部分产业项目，成为上海都市圈内集聚核心竞争强势的产业腹地。

此外，南通气候怡人，土地肥沃，农业发达，是长三角重要的农产品生产、供应基地，也是我国四大长寿之乡之一，非常适合吸纳上海的老龄人口到南通养老、休闲、居住。因此，我们要准确把握上海产业转移和部分城市功能转移的发展契机，科学规划，全局统筹，承接有利于南通打造产业集群，形成核心竞争力的产业项目；发展有利于南通构建现代产业体系的产业项目；壮大能够和上海重点产业如汽车、大飞机、高端智能装备制造业等协同发展，有利于南通“3+3”重点制造业发展的产业项目；培育与上海错位发展的，有利于南通增添经济增长新动能，拓展发展新领域、新空间的新经济模式和产业项目。

（三）明确南通在上海大都市圈中的地位与优势

在“总体规划”中，上海确定了建设上海大都市圈构想，并将南通、苏州、无锡、宁波、嘉兴、舟山等6市纳入上海大都市圈，形成上海都市

① 上海市城市总体规划编制领导小组：《上海城市发展总体规划（2016—2040）》，上海市规划局网站，2016年8月22日。

圈“1+6”的城市群格局[①]。作为上海大都市圈中唯一的长江北岸城市，南通因独特的区位条件在“1+6”城市群中优势非常突出，也彰显了独特的地位。

第一，是南北要素汇聚融通、承接传输核心城市辐射效应的重要大通道。一方面，南通能够快速吸纳、接收上海等先进地区效应的辐射。另一方面，南通背靠苏中、苏北腹地，是江苏发展速度最快，潜力最大，产业发展基础较好的产业腹地。南通吸纳的上海、苏南的先进发展理念、资源要素会迅速传导到苏中、苏北以及山东半岛等地，也将自然资源、劳动力等要素传输到上海、苏南地区。

第二，是长三角北翼的经济中心。2016年5月，国务院批复了《长江三角洲城市群发展规划》，其中提到，在未来10至20年时间里，南通可以使长三角经济向北拓展，让上海的技术、信息、人才及外溢资本进一步向苏北平原辐射，并成为与徐州—淮阴—连云港的亚经济圈、山东半岛经济一体化的连接型城市。承南起北的区位优势使南通可以逐渐发展成继苏州、无锡之后，另一个在长三角地区发挥核心引领作用的中心城市[②]。

第三，是上海大都市圈重要的“核都市”。从亚洲唯一的全球城市东京都市圈的发展经验得知，“多核、多轴、多层”的都市圈发展模式是目前都市圈发展中的最佳模式。东京都市圈除了拥有1个都心区以外，还包括7个副都心、5个核都市以及若干个业务核都市。“1+6”上海都市圈中，南通、苏州等6市极可能成为具有都市圈特色中心城市功能的“核都市”。在长三角地区，集黄金水道和黄金海岸于一身的，仅有上海和南通[③]。而南通因其拥有江岸线和海岸线各200公里，深水港的数量在长三角地区居首位。区位优势和优质的资源禀赋夯实了南通成为长三角北翼的

① 上海市城市总体规划编制领导小组：《上海城市发展总体规划（2016—2040）》，上海市规划局网站，2016年8月22日。

② 国家发展和改革委员会（〔2016〕1176号）：《长江三角洲城市群发展规划》，2016年6月。

③ 国家发展和改革委员会（〔2016〕1176号）：《长江三角洲城市群发展规划》，2016年6月。

经济中心、贸易中心、文化中心等坚实基础，南通在上海大都市圈中，极大可能类似于东京都市圈中的神奈川，是坐拥日本第二大城市横滨市，集科技研发、贸易、服务、重工业、港口为一体的都市圈中最大的“核都市”。

第四，是连接扬子江城市群和上海城市群的桥头堡。2016 年，中共江苏省委提出建设涵盖南京、镇江、常州、无锡、苏州、扬州、泰州、南通等沿江 8 市的扬子江城市群的战略构想，以南京为龙头引领苏南、苏中、苏北区域协同发展。时任中共江苏省委书记李强指出，从国际范围看，扬子江城市群应是竞争力强、影响力大的开放重要门户和标志性区域；从全国范围看，应是长三角城市群北翼核心区①。南通位于扬子江城市群与上海都市圈的连接处，是扬子江城市群整体接轨上海的最前沿，也是上海大都市圈城市群和扬子江城市群协同、创新和优化发展的最强“共振”区和“风口”。

（四）提高对南通建设上海“北大门”的认识，避免陷入“三个误区”

当前，南通与上海在产业、要素、平台载体、公共服务、文化等方面接轨融合取得较大成就。然而，在对接服务上海进程中，从将南通建设成“北上海”“上海北”到上海的“北大门”，我们不断深化南通对接服务上海的认识。现阶段，**应避免陷入以下三个误区**：第一，认为对接服务上海就是招商引资。不可否认，在改革开放之初，南通是借助上海招引项目、吸纳资源从而发展经济，壮大城市实力。然而，今天，简单粗放的外延式经济发展方式已经被集约型、内涵式的经济发展方式取代。南通对接服务上海，建设上海“北大门”，首先，是对接上海的先进发展理念、发展经验；对接上海向全球开放的胸怀、海纳百川的文化特质；对接上海与时俱进、追求卓越的创新精神、优秀城市品质。其次，是借助上海这个面向世

① 李强：“在扬子江城市群建设座谈会上的讲话”，《新华日报》，2017 年 6 月 20 日。

界的窗口，向世界展示南通的经济实力、城市魅力、生态环境、文化底蕴以及人文内涵等，推动南通更快地走向全国，走向世界。最后，南通对接服务上海的最终目标是为了建设“强富美高”新南通，培育经济增长新动能，促进企业形成核心竞争力，培育特色产业集群，健全现代产业体系。

第二，认为对接服务上海就是将南通建成上海的卫星城。同城化一直是长三角城市在接轨上海过程中追求的最高境界，一些人认为南通既然和上海接壤，完全可以划归上海使接轨一步到位。这是对同城化的误读。“与上海同城”，是指在吸纳先进发展理念、集聚发展资源、享有发展利益、分享发展成果等方面，能够借力上海，无地域阻隔地与上海享有同等待遇、同等地位、同等机会。南通是长江北翼重要的工业中心和经济中心，是上海“1 +6”都市圈的重要组成部分，承担都市圈中产业、港口等重要功能，以其经济实力、城市特色、江海文化魅力在上海都市圈中占有一席之地。

第三，认为对接服务上海就是与上海发展保持同步，即一切向上海看齐。南通的支柱产业为绿色现代农业和现代制造业，与作为中国经济中心的上海相比，在经济总量、产业结构、科技实力、人才储备等方面差距明显。我们应保持清醒的认识，直面南通的不足和上海的优势，充分利用自己的区位优势和资源禀赋，与上海保持良性竞争，力求沪通两地产业和城市的协同发展、错位发展、互为补充地发展，形成孵化在上海、转化在南通，研发在上海、生产在南通，前台在上海、后台在南通的产业协调发展格局。

（五）注重互利共赢，实现对上海的全方位对接服务

对接服务上海不仅是南通的中心发展战略，也是长三角城市群中众多城市的发展战略。从 20 世纪 90 年代开始，无锡、苏州、嘉兴等地陆续提出接轨上海、融入上海、与上海同城等地区发展战略。相比于嘉兴、无锡等市，南通接轨上海起步较晚，则更应发挥主观能动性，充分利用区位优势和资源禀赋，放大后发优势，实施科学化、组织化、规模化的对接服务上海战略。目前，在南通对接服务上海赋予新内涵和新使命的前提下，应

更加主动拾遗补缺，以服务上海为先，借力上海为主，找寻前期接轨上海发展存在的不足，补齐短板。从上海方面来看，上海确立的要在2020年基本建成“四个中心”和全球有影响力的创新中心，2030年建成全球城市，2040年建成全球卓越城市等目标，仅仅依靠自身力量是难以实现的。只有和长三角城市群的兄弟城市组团，集结成发展方阵，共建上海大都市圈，上海发展的宏伟目标才有实现的可能。南通是上海都市圈内的重要成员之一，南通和上海之间资源互补、优势互补，方便快捷的过江轨道交通网络建成后，会极大地密切沪通两地各领域、全方位的联系和交往，增加南通在上海大都市圈中的分量和实力。因此，对接服务上海不仅仅是南通的“一厢情愿”，也是上海发展的战略选择，是沪通两地相向而行的共同行动。

正因为如此，南通对接服务上海应摆正位置，端正态度，深入研究，积极总结经验教训，巧打“亲情牌、交情牌、利益牌、大局牌”。注重加强和上海各领域、全方位的互动交流，尤其要针对如生态保护、产业协同、自主创新、城市治理、社会组织、文化融合等方面的短板，加强与上海相应领域的学习、对接、服务、融合发展。

（六）以建设上海“北大门”为契机，推进南通各领域全面深化改革

现阶段，南通对接服务上海尚存在着诸多不足。首先，现有的6个重化工园区密布南通的沿江沿海地区，对规划中的上海大都市圈长江口生态区和崇明世界生态岛建设威胁很大，也不符合南通打造上海都市圈生态屏障，创建国家生态城市、花园城市和森林城市等要求。其次，产业层级不高，企业普遍缺乏核心竞争力，难以满足建设上海都市圈最具实力的产业腹地的条件。第三，市场监督体制不健全，市场管理的灵活度不够，不能满足建设上海先进制造业转移基地、上海现代服务业后援基地等要求。第四，创新的体制机制不健全、创新人才的培育机制不完善、人才引进机制灵活度缺乏等，延缓南通创新之都的建设步伐。第五，城市治理的理念、

方式、手段、人才储备相对滞后，不符合上海大都市圈北翼门户城市的创建标准。最后，社会组织发展不完善，数量少，涉及领域较窄，不能承载南通建成文化名城、幸福之城的需求。上述六个方面的不足，主要是因为认识不到位、现有体制机制存在缺陷导致的软环境建设方面的短板。

借助当前对接服务上海的发展契机，正可以使我们“居安思危、知危图安”。“从最坏处着眼，做最充分的准备，朝好的方向努力，争取最好的结果”。[①] 令我们正视问题，抓紧时机补齐短板，坚定不移地推动全面深化改革，推动改革呈现全面发力、多点突破、纵深推进的崭新局面。一是树立绿色发展的科学理念，深化南通生态保护和污染预警、防范的体制机制改革，创新污染治理的投融资体制和运营模式，以科学、规范的体制机制和与时俱进的生态保护模式促进南通推行绿色生产、生活方式，打造上海都市圈高水准的生态屏障和生态涵养区。二是加强各级各类创新主体的培育，特别是健全对青年创新人才、创新项目的帮扶机制，深化创新资源要素的供给侧结构性改革，加大招才、引智、引技力度，推进创新创业生态城和地区创新之都的打造。三是全面深化改革，强化市场决定作用，积极引导企业打造名企、名品、名牌，快速转型升级成为行业的“单打冠军”。积极引导有能力的企业抱团打造国际水准的产业配套基地、地区特色产业集群，加快构建现代产业体系，以适应建设上海都市圈产业腹地的要求。四是打破行政管理和区划的壁垒，深化城市治理体制机制改革，加强与上海都市圈内其他 6 个城市在城市运营、管理的协同，构建上海都市圈步调一致、统筹协调的城市管理、服务体制。五是深化市场机制、体制改革，积极和上海对接，构建上海都市圈的联动、统筹的市场监督、服务、保障体系，营造灵活、优质、协调的市场服务生态，强化南通全方位对接上海市场的服务体系。六是深化社会组织监管等方面的体制改革，运用上海先进经验整合、调整现有社会团体、协会组织，根据南通对接服务上海的产

---

① 习近平：“高举中国特色社会主义伟大旗帜，为决胜全面小康社会实现中国梦而奋斗”，《人民日报》，2017 年 7 月 27 日。

业和社会发展方向，引导建立制度灵活、资源丰富、管理到位、市民欢迎的社会组织。

（七）注重南通自主创新能力的提升，着力打造地区有影响力的创新之都

当下，创新是经济增长的第一动力，是促使经济保持中高速增长、优化产业结构的唯一选择。一般地，创新包括五个阶段：一是创新孵化阶段，由具有一定技术能力和知识储备的机构和地区承担。二是试验、实验阶段，由具备一定技术能力、人才和设备的相关机构承担。三是成果转化、投入生产阶段，由产业基础较好、实力较强的地区、企业承担。四是市场推广阶段，由市场较为成熟、影响力较为深远、市场运营服务体系较为完善的地区、机构和企业承担。五是后台服务阶段，这一阶段贯穿着创新整个过程，承担着创新成果的全面服务、后期维护等职责，由具有较强创新服务能力的企业或机构承担。根据南通的特点和实力，我们完全可以借助上海建设全球有影响力的创新中心的契机，将本土产业嵌入创新产业链，承担创新的实验、生产转化和服务等阶段的任务。然而，现在是“技术为王”的新时代，一味地跟踪、模仿不能维持地区产业发展的持久性和高端性；一味地将生产环节嵌入上海的产业体系中，将导致本土产业严重分化，使地区制造业基本固化在中低端制造业，长期处于“微笑曲线”最底端，不利于产业优化升级。因此，提升自主创新能力，推进产业转型升级，构建现代产业体系才是南通经济可持续发展之路。南通对接服务上海，可以从发展南通具有比较优势的创新转化、生产和服务阶段入手，不断夯实创新基础，借力上海的创新人才、机构，集聚全球创新要素资源，补齐创新人才短缺的短板，打造南通特色的产业创新、技术创新、管理组织创新等新模式，构建比较优势产业的产、学、研、服一体化联盟，提升南通自主创新能力和水平。

（八）注重民生为本的发展导向，推进“强富美高”新南通建设

2016 年，南通的经济总量达 6768.2 亿元，占江苏省经济总量的

8.9%，居全国第21位，江苏省第4位。全体居民人均可支配收入为30084元，位列全省第6位，比全省平均水平32070元，低1986元[①]。据测算，到2020年，南通城乡居民人均收入可以比2010年翻一番。但这只是“及格线”，基于南通的机遇、条件和在全国、全省的地位，居民收入水平和经济总量之间存在较大的反差，城乡居民收入不高已经成为南通经济社会发展的主要短板。公共服务是城乡居民的“隐性财富”，群众对美好生活的向往，很大程度在于资源的共享、服务的普惠，但南通公共服务资源配置的均衡化、标准化做得还不够。南通传统优势产业多为钢铁、船舶、纺织、化工、医药等对环境破坏较大，对能源、资源消耗较多，且附加值较低的重工业、重化工产业，很多地方发展仍然延续“先污染、后治理”的老路。虽然南通一直坚持铁腕治污，每年集中整治一批环境突出问题，但是生态环境质量与老百姓的期待尚有落差。此外，人民群众还期盼有更丰富的精神文化生活，追求人的全面发展，我们还要奋力将南通建设成上海都市圈北翼的文化名城，充分挖掘南通“中国近代第一城”的文化内涵，推进与上海文化产业融合发展，共建重大文化项目，培育形成一批文化产业集聚区，建设与海派文化互通交融、富有活力的江海特色文化强市。

综上，我们要以更广阔的视野、更高的落脚点、更新的思维、更清醒的认识和更加开放化、国际化的视角，将富民工程、美丽南通建设嵌入对接服务上海战略，明晰以民生为本、聚焦富民，建设“强富美高”新南通的对接服务上海发展主线，咬定目标，强化举措，多点发力，推进南通“两聚一高”目标实现。

二、南通对接服务上海的战略布局

南通自身条件相当优越，地处上海为龙头的长三角核心区。南通未来需要以更大的力度和魄力去接轨上海，来壮大提升自己。然而，南通对接

---

① 南通市统计局：《2016年南通国民经济和社会发展统计公报》，2017年3月。

服务上海是一项综合性、系统性工程，需要以基础设施互联互通为前提，以体制机制为保障，从产业、技术、文化、人才、生态、公共服务、社会治理等各个领域实现全方位对接。

（一）规划的有效衔接

规划的衔接，不是两市合编规划，而是南通在编制规划时，要在城市功能定位、产业布局、发展方向、任务和保障措施方面与上海衔接。南通在规划体系建设上，要借鉴上海的做法。上海城市总体规划（2015—2040）提出，上海的奋斗目标是建成卓越的全球城市，主要内涵是国际经济、金融、贸易、航运、科技创新中心和文化大都市。[①] 上海“十三五”总体规划提出2020年的主要目标是：形成具有全球影响力的科技创新中心基本框架，基本建成具有全球资源配置能力的国际经济、金融、贸易、航运中心，基本建成社会主义现代化国际大都市，在更高水平上全面建成小康社会。[②] 根据上海发展规划和江苏省委、省政府对南通北翼门户城市的定位，南通是现代先进产业协同发展基地、创新创业生态城、上海国际航运中心北翼组合强港、长三角北翼重要航空港、上海贸易物流配套基地、文化旅游休闲度假基地和优质农副产品市场保障服务基地。

针对上海土地资源的紧约束，南通应加紧在市域范围内的规划布局，抓住上海企业腾地的机遇，将符合产业政策的项目吸引到南通来，通过合作平台和沪通合作产业园区，打造高水平的先进制造业产业集群。紧跟上海高端制造、智能制造、精密制造、军民融合产业，上海半导体装备材料、工业机器人、深海远洋装备等新兴产业发展的机遇，吸引相关企业和配套产业来南通投资建设，实现互利共赢。在城镇规划建设管理上，上海将由增长规划转向存量规划，推动城市非核心功能疏解。南通应着力提高城市设计品质和规划建设水平，将自身优势与上海城市非核心功能疏解有

---

① 上海市城市总体规划编制领导小组：《上海城市发展总体规划（2016—2040）》，上海市规划局网站，2016年8月22日。

② 上海市人民政府：《上海市国民经济和社会发展第十三个五年规划纲要》，2016年1月。

效结合，从而使得南通不仅内涵上，而且在外在形象上，成为上海大都市圈名副其实的北翼门户城市。

（二）交通的互联互通

《上海市城市总体规划（2015—2040）》明确提出，“优化上海大都市圈格局，构建上海与苏州、无锡、南通、宁波、嘉兴、舟山等地区协同发展的上海大都市圈，形成90分钟交通出行圈，突出同城效应。推动上海浦东国际机场、虹桥国际机场与周边无锡硕放、南通兴东、嘉兴等机场的联动，加强上海港与杭州湾沿海港口和长江下游港口的分工合作，深化江海联运、海铁联运模式。”① 而长三角城市群规划也提出，“完善上海大都市圈城际综合交通网络。规划建设上海—南通—泰州—南京—合肥等铁路（含城际铁路），以及上海—南通跨江通道等城际通道建设。加快上海城市轨道交通网建设，适时研究延伸至苏州、南通、嘉兴等临沪地区。”② 因此，南通要积极策应国家发展战略和上海发展规划，加快完善体系，补齐短板，与周边城市加快形成互联互通的基础设施体系，打造沿江综合立体交通走廊，以南通这个区域性交通枢纽为基础，将上海大都市圈与苏中、苏北、华北紧密联系起来。

为此：（1）全力推进北沿江高铁建设。北沿江高铁是江北沿江城市与上海都市圈、南京都市圈快速直达的快捷通道，也是南通与上海间距离最近、线路最顺、时间最短、意义最重大的一条通道，对南通构建区域性交通枢纽有着举足轻重的作用。从目前来看，北沿江高铁可能规划从启东西过长江北支，南北横向穿崇明岛，再利用上海规划西通道接轨沪通二期至上海东站。南通应密切与上海有关部门的沟通与对接，尽早开工建设。（2）通苏嘉城际建设。这条高速铁路网将与规划中的南沿江城际相连，并且通过接入苏州北站，将与京沪高铁相连。这对于南通来讲，进入北京和

---

① 上海市城市总体规划编制领导小组：《上海城市发展总体规划（2016－2040）》，上海市规划局网站，2016年8月22日。

② 国家发展和改革委员会（〔2016〕1176号）：《长江三角洲城市群发展规划》，2016年6月，第26页。

华北平原广阔带将有一个快速的通道，同时，通过盐城北上徐州这个交通枢纽，可以快速到达西安等中西部重要城市。（3）机场航空的沪通合作。当前虹桥机场、浦东机场空域资源日趋紧张，随着沪通地面交通条件的改善，南通与上海有广阔的合作空间。为此，我们要继续加大与上海机场的对接合作力度，并推动上海机场先进的管理经验、成熟的运作模式引入南通。大力推动沪通空港物流发展有限公司快速发展，扩大“两地三场”货运合作产能效应。（4）市域范围内的交通网络建设。要全力推进南通地铁建设，并做好与上海轨道交通的衔接预留。在公路方面，要加快推进中心城区与南通各县市区快速干线公路连通，加快沿江快速通道、通州湾快速通道、如通快速通道的前期研究，规划至海安、如东快速干线公路。通过交通的互联互通，从而实现市域范围内各区县与上海的立体对接。

（三）城市功能的协调

上海未来城市转型主要服务于建设具有全球影响力的科技创新中心，建成国际经济、金融、贸易、航运中心和社会主义现代化国际大都市。在城市空间城市体系中，在资源紧约束下，上海构建开放紧凑的“主城区—新城—新市镇—乡村”的城乡体系。以中心城为主体，将中心城周边的宝山、闵行、虹桥、川沙 4 个主城片区共同纳入主城区统一管理，作为全球城市功能的主要承载区，重点发展金融服务、总部经济、商务办公、文化娱乐、创新创意、旅游观光等功能。发挥新城在优化空间、集聚人口、带动发展中的作用，承载部分全球城市功能，培育区域辐射与服务的功能。在提升城市品质，塑造城市精神方面，以提高市民的幸福感为出发点，创造多元包容和富有亲和力的城市公共空间，营造人与自然和谐共处、历史底蕴和现代气息兼容并蓄的特色风貌，从而塑造海纳百川、追求卓越、开明睿智、大气谦和的城市精神。同时打造各具特色的时尚空间与标志性区域，成为具有全球影响力、领导力的时尚之都。在促进低碳节能发展方面，将推进天然气等清洁能源代替煤炭、石油等资源，大力发展太阳能、风能、潮汐能等可再生能源，大幅度提升清洁能源使用率。通过科技创新构建低碳化、高附加值的新型产业体系，降低城市的综合碳排放。在智慧城市建设方面，将建设高速移动安全的新一代信息基础设施，并推进公共数据资源开放共享和社会化开发，通过深化智慧管理、建设智慧政务，促进社会信息资源共同参与城市运行管理。

南通建设上海都市圈北翼门户城市，应注重与上海在城市功能领域的协调。(1）城市空间布局的优化，提高中心城市的首位度。要按照“一核四片区”的发展格局，壮大中心城市的实力。在核心区，重点发展高新电子、高端装备、商务商贸，打造都市型经济示范区。依托中央创新区，加快发展区域性总部经济。核心区集中力量抓好商贸餐饮、休闲娱乐、信息服务等重点产业。在中心城区的中部片区，依托通州城区、南通高新区，重点发展智能装备、新材料、航空等产业，形成现代化中部新城。南部片区，依托开发区、苏通科技产业园，重点发展电子信息、精密机械、新医药等产业。北部片区，依托港闸区，重点发展船舶配套、纺织服装、科技服务等产业。东部片区，依托南通滨海产业园，重点发展能源石化、高端装备、海洋经济等，从而打造现代化的东部滨海新城。(2）加快智慧城市建设，推进各领域的广泛应用。加快建设城市公共信息平台、智慧公共服务、智慧社区、智慧医疗、智慧交通、智慧旅游等一批智慧应用项目。推进信息服务在经济发展、政府事务、企业管理、百姓生活等领域的广泛应用，与上海智慧城市建设有效接轨。(3）城市综合服务体系建设，探索城市管理和服务的长效机制。构建大城管格局，推进新型社区建设和应急管理体制建设，营造安全稳定的治安环境、公平竞争的经济环境、规范有序的法制环境、安居乐业的生活环境。在城市管线管网建设方面，学习上海合理开发、保护利用城市地下管线空间资源有益经验，逐步改进南通城市规划中危及公共安全和生态保护的管线设施，从而不断健全和完善南通的城市管线管网体系。

（四）产业的协同与配套

未来上海产业发展的重点领域是智能制造、平台经济、健康经济、绿色经济。“三经济一制造”将整合战略性新兴产业、先进制造业和现代服务业的重点领域。装备制造业、信息技术产业将融合支撑智能制造业，钢铁石化等制造业向服务化转型，贸易中心、航运中心、金融中心都将融合进入平台经济发展。南通接轨上海，其产业转型升级要与上海产业发展趋向协同。重点突出“3 + 3”重点产业及建筑业、旅游业、现代农业等产业。要认真研究上海非核心功能疏解的企业清单、产业目录，积极承接上海绿色产业转移，引导和服务上海企业到南通发展。

为此，在产业协同发展方面，要注重：（1）“3 + 3”重点产业领域。高端纺织产业要注重与上海市纺织科学研究院、上海纺织协会等机构的对接，引进一批上海高端纺织项目，继续把高端纺织业做大做强。船舶海工产业要呼应上海外高桥建造豪华游轮，开拓豪华游轮市场，加强与上海科研院校合作，增强南通船舶海工核心技术装备的能力。在电子信息产业领域，加强在集成电路封装、测试设备、材料及耗材领域合作，大力发展汽车电子产业，为上海整车企业做好配套。在智能装备产业发展上，呼应上海建设中国大飞机制造基地，建设航空关键零配件配套生产基地。（2）建筑业和旅游产业领域。南通建筑企业要全方位参与上海高档楼宇、公建项目、大型厂房、市政桥梁、旧城改造等技术含量高、建筑体量大的工程，提升建筑业在沪市场占有率。南通要借鉴上海等长三角核心城市旅游业发展经验，大力开发旅游资源。要充分发挥沿江沿海生态旅游资源优势，加强与上海崇明世界级生态岛建设的对接，推进沿海十大景区建设，高水平修复保护五山及沿江地区，打造五山森林公园和国家5A级旅游景区。同时要积极开发农业农村休闲观光生态旅游资源，拓展旅游线路，提升旅游景点档次，以吸引更多的上海及周边游客来通旅游。（3）农业领域。以打造上海的“美丽后花园”“绿色菜园”“健康水产园”以及精品都市休闲农庄为目标，与上海、苏南等地区开展农业项目投资合作，引进资金、项目、科技及管理人才进入南通农业领域，建设家庭农场、高端现代农业产业园、绿色休闲精品农庄等，从而打造现代化的江海农业体系。同时，建立专供上海的高端无公害农产品、水产品直营机制，提升输送上海市场的农产品、水产品品质，打造南通农产品、水产品的高端品牌，抢占上海及苏南等城市高端农产品、水产品的市场份额。

（五）生产要素的接轨

上海力争到2020年，建成具有全球影响力的科技创新中心的基本框架，为我国进入创新型国家行列提供有力支撑。到2030年，着力形成具有全球影响力的科技创新中心的核心功能，创新驱动发展要走在全国前列，走在世界前列。为此，上海在推进全球科技创新中心的过程中，国际国内的各类优质创新资源，包括人才、技术和国际资本必将加快向上海集聚，使得尖端科技成果不断问世，科技创新的辐射力不断增强。因此，南通必须加快与上海在生产要素领域的接轨，使得南通逐步嵌入上海建设全球科创中心的产业链条中。

为此：（1）对接上海的科技服务机构和科技园区。南通要与上海技术交易所、知识产权交易中心等科技服务机构全面建立合作关系，以中央创新区和各类沪通合作园区为载体，以张江高科技园区、漕河泾新兴技术开发区、紫竹科技园区为重点，开展共享科研资源战略合作。同时要积极对接上海高校与科研机构，重点与上海12家重点高校、17家科研机构合作，努力实现“在上海研发，到南通试制、生产及市场开发”。（2）吸引上海高端人才来通创业、科研合作。对于高端科技人才，要秉持“不求所有、但求所用”的理念，吸引上海高端科技人才和创新创业人才来通工作，并在收入、住房、级别待遇、风险补偿等方面提供更优惠条件。大力实施“江海英才计划”、产业人才“312”计划，重点引进软件、芯片、金融、港口、物流等技术研发带头人和职业经理人、高级管理人才。同时，利用上海优质师资、科研资源，委托上海高校和科研院所培养中高端技术人才。（3）对接上海金融资本服务。南通要努力打造与上海金融中心配套的长三角北翼金融中心、结算中心、金融服务基地。通过加强与驻沪外资银行、基金、创投等金融企业对接，增进与驻沪领事馆、跨国公司、商会联系，争取在南通设立金融服务后台基地。同时，积极利用上海外汇市场、证券交易所、期货交易所等市场体系的优势，拓宽我市产业发展的融资渠道。此外，科学有效运作创业投资引导基金，积极推进设立母基金，加快创业投资、天使投资等，使得风险投资助力南通新兴产业发展。

（六）文化相通与融合

上海的文化被称为“海派文化”，是在中国江南传统吴越文化的基础上，融合开埠后欧美的近代工业文明而逐步形成的文化现象。它既有江南文化的古典与精致，又有国际大都市的现代与时尚，具有开放而又自称一体的独特风格。南通毗邻上海，故而在文化上会通、融合了南北文化的特征，浸染了海派文化特色。清末民初，由于张謇先生的努力，南通与上海直通商埠，将海派特色的上海文化传播到南通。一批批南通人也去上海谋求发展，不少人士参与了海派文化的创建。在上海文化的影响下，南通的建筑、教育、艺术、商业等诸多领域也渐渐显露出海派风貌。南通向来有“小上海”之称，其海派风韵自然随处可见。因此南通在接轨上海、服务上海，建设上海北大门的同时，应该继续深入与上海海派文化的相通与融合，从而塑造开放性、创造性、多元性的文化体系。

为此：（1）深入挖掘地方文化资源，进行加工和创造。南通必须密切注意和学习上海文化产业发展的最新态势，以国际化视野、地域特色和时代特征，深挖地方文化资源，对其进行加工和再创造，打造具有震撼力和影响力的文化品牌。（2）借鉴上海经验和借助上海平台，推介南通文化创意产业。在上海主流媒体上宣传南通，推广江海文化，塑造通城文明品牌。定期组织沪通文化产业合作活动，积极向上海推介南通文化企业，吸引在上海文化企业来通投资。邀请上海文化企业和著名人士参与到古镇唐闸的改造、修缮和保护工程中，借此向上海推介唐闸古镇。汲取“八号桥”“田子坊”等上海成功的文化创意产业园区的运营经验，深度挖掘和培养南通特色的文化创意产业园区。同时，吸引上海及国际优秀的文化产品、会展进驻南通，使南通市民能够享受到优质的文化产品。（3）积极推动文化产业集群和文化产业平台建设。应科学规划南通文化产业的空间布局，整合文化产业和相关资源，重点培育一批实力雄厚、关联性大、带动强的大型文化企业和文化产业集群，发挥其辐射、示范的龙头作用。抓住上海文化产权交易所（南通）交易中心落户的机遇，打造集线下体验、线上交易、文化产权交易为一体的南通文化中心。引进国际知名投行、基金公司及银行入驻南通，逐步实现文化资源的金融化、产业化。

（七）社会服务领域的对接

上海和南通是全国老龄化最严重的两个城市，但是上海在社会公共服务领域具有先进经验和前瞻性的发展规划。比如，住房建设将实现与轨道交通建设、就业岗位分布、公共设施配套的联动发展，使居民出行、生活、就业更加方便。在构建全覆盖、均等化公共服务体系方面，上海将逐步消除不同地区、不同人群公共服务供给的差异性，将实现基本的卫生、教育、医疗、养老等公共服务设施的信息联动，为社区图书馆、文化活动室、市民健身中心、老年学校、青少年培训中心提供多样化的设施等。随着南通老百姓收入的增长，社会服务领域的需求与日俱增，南通逐步融入上海一小时都市圈，在社会服务领域对接上海是必然趋势。

为此：（1）推动医疗卫生领域合作。促进南通与上海之间社会保险、医疗结算的一体化。推动市直医院及所有的县级医院分别成为上海名医院的业务协作单位，聘请上海知名专家作为特聘专家，帮助指导南通医院学科建设和人才培养。积极推动并对接上海三级公立医院向周边疏解，引进上海知名医院在南通设立医疗机构，吸引上海高层次医学人才加入。在中央创新区、开发区、滨海园区规划建设国际化水准、产业化理念和“产、学、研”于一体的“国际健康产业城”。（2）推动教育领域合作。建立沪通职业教育交流合作平台，促进南通与上海两地职业教育院校和培训机构的交流合作。通过机构合作、职业院校合作等，提升南通职业教育水平，为南通产业转型提供大量高素质的适用技能人才，将人口红利转化为人才红利。定期选派教师和管理人员作为访问学者进入上海职业教育院校或相关机构，学习借鉴上海职业教育先进理念、教学方法和管理模式，推进南通职业教育现代化改革发展。鼓励实力雄厚的院所来通设立分校、分支机构或实践、培训基地，尤其是吸引上海的优质高等教育资源来通办学，弥补南通高端教育资源短缺的问题。（3）养老产业发展。加快构建以居家为基础、社区为依托、机构为支撑的社会养老服务体系，吸引上海人到南通居住养老，促进南通养老产业的发展。

（八）生态的共保共治

上海为了应对人口膨胀、城市空间的蔓延、环境品质下降等问题，将整体强化江、湖、海、河、岛等多要素叠合的水系城市特征，彰显水、城共生的水系城市底蕴。进一步凸显上海拥江面海、河网交织、水田共生的自然山水格局，将形成多层次、多网络、功能复合的生态空间体系，从而保证城市的可持续发展。同时，上海将加强生态空间的保育、修复和拓展，生态环境联治联控，确保生态用地只增不减。严格保护长江口、杭州湾及其邻近水域、海域滩涂湿地以及与其相依存的自然保护区、水源保护区。南通与上海隔江相望，南通在接轨服务上海的过程中，应按照省委、省政府对南通建设上海大都市圈北翼门户城市的定位，使其成为上海的生态屏障，实现生态的共保共治：

（1）长江口生态保护战略协同。贯彻落实中央关于长江“共抓大保护、不搞大开发”的原则，以生态绿色为主题，优化沿江生态、产业和城镇布局，整合沿江岸线资源，加快五山及沿江地区修复保护，抓好港口搬迁、招商引资等工作，努力把南通沿江建设成生态风光带、科技创新带、现代农业示范带和特色城镇带，呼应上海市将崇明建设为世界级生态岛的决策部署。在沿江重点区域，对于不符合区域主体功能定位、功能区划的，影响饮用水安全、岸线利用不高的化学品生产企业实现有序搬迁。对于土壤和大气的治理，要深入推进大气污染防治和节能减排，持续深化扬尘、餐饮、汽修、农业源等污染的治理，降低化肥和农药使用量。（2）推进循环经济发展。南通要下大力气淘汰能源消耗强度大、环保不达标的落后产能，重点淘汰和限制钢铁、水泥、钢丝绳等严重威胁环境和人体健康的产业。同时，严格限制新增污染源，提高建设项目准入门槛。（3）内河和农村环境综合整治。在河道整治方面，积极对河道实行分段管护，大力推行河长制，定期开展保洁作业，不断加强水资源保护和水域岸线的管理。在农村污水处理方面，要采取接入城镇生活污水管网、建设分散式小型污水处理设施、生态处理等方式提高农村生活污水处理率。建立村庄地下排污管道和完善污水处理设施，禁止排放未经无害化处理的污水。通过一系列的环境综合整治，营造出“河畅、水清、岸绿、景美”的生态环境，实现在生态领域与上海的接轨。

第二部分　分论

接轨上海　服务上海　融入上海
更好更快地建设上海“北大门”

中共南通市委党校　季建林

科学制定和实施国家发展战略事关党和国家事业的根本。习近平总书记要求“全党提高战略思维能力”，“增强战略定力”，“以更宽广的视野更长远的眼光来思考和把握国家未来发展面临的一系列重大战略问题”①。南通接轨上海，服务上海，建设上海“北大门”，这不仅是两城关系或南通自身发展的课题，而是贯彻实施国家发展战略的重大任务。上海是我国最大的经济中心，将上海建设成为现代服务业和先进制造业、国际金融中心和国际航运中心，增强中国对全球资源配置的服务能力与控制力，增加我国在全球事务中的话语权，这是在新的国际经济政治发展格局下我国的重大战略。南通最大的优势是“靠江靠海靠上海”，接轨上海、融入上海，参与上海建成国际大都市这一国家战略，是时代赋予南通的责任与任务，对南通发展也具有极为重要意义。

一、南通发展为什么要接轨上海

在江苏省第十三次党代会上，时任江苏省委书记李强在南通代表团强调：南通是江苏发展“潜力股”，当前要做好“跨江融合、接轨上海”这篇大文章，努力把南通建设成为上海的“北大门”，在苏中和江北地区发展中

① 习近平：“高举中国特色社会主义伟大旗帜，为决胜全面小康社会实现中国梦而奋斗”，《人民日报》，2017 年 7 月 27 日。

发挥好“领头雁”作用[1]。南通接轨上海，对接深化融合，从“北上海”到“上海北”，现在省委又将南通的发展定位成构建上海的“北大门”，这是省委、省政府对南通在新的历史发展大局中的要求与定位，也是南通新发展的中心战略。

南通发展定位成构建上海的“北大门”，首要回答的问题就是为什么要接轨上海。这是由上海的战略地位决定的。

（一）上海是现代服务业和先进制造业、国际金融中心和国际航运中心

2009 年 3 月 25 日，国务院关于推进上海加快发展现代服务业和先进制造业、建设国际金融中心和国际航运中心的意见正式发布，提出到 2020 年，将上海基本建成与中国实力和人民币国际地位相适应的国际金融中心，将上海基本建成具有全球资源配置能力的国际航运中心。将上海建成国际大都市。这是我国在新的国际经济政治发展格局下对上海提出的战略要求，其实质就是通过建设“四个中心”，增强中国对全球资源配置的能力与控制力，增加我国在全球事务中的话语权。

（二）上海经济总量在全国、全球显示了竞争力

从 2003 年至 2012 年的 10 年间，上海的地区生产总值从 2003 年的 6694. 23 亿元，上升到 2012 年的 20181. 72 亿元，年均增长 11. 67%。2016 年地区生产总值 26688 亿元。上海与我国的另一个国际大都市香港相比，2001 年上海的 GDP 是香港的 44%，而仅用了 8 年时间，上海的经济总量就超过香港，2016 年以 2566883 亿元人民币成为中国经济总量最大城市，在全球大城市经济总量排名也在前列[2]。

（三）上海是国际资本聚集中心

上海已成为中国大陆吸引跨国公司地区总部最多的城市，至 2016 年有

---

① 李强：“在江苏省第十三次党代会南通代表团上的讲话”，《南通日报》，2016 年 12 月 19 日。

② 作者根据《上海统计年鉴》（2009—2016 年）相关资料整理。

跨国公司地区总部1008家。世界上的重要银行和众多国家银行在上海设立了分支机构，上海拥有的外资法人银行数量占全国外资法人银行总数、外资法人银行总资产占全国外资法人银行总资产及员工数，位居全国第一。2016年上海合同利用外资再次突破500亿美元，对外投资额占我国近1/5①。

（四）上海科技进步水平全国领先

上海作为全国重要的经济中心和科技强市，无论是科技综合实力，还是高校、科研院所、企业研发中心、重点实验室等科技载体，还是科技人才（海归的1/2到沪）和科技金融方面，都具有显著的优势，上海的科技进步水平居全国第一②。

（五）上海是长三角区域发展的龙头和世界第六大城市群的核心

长三角城市群包括上海、江苏、浙江的各个地级市。在这片区域中，面积仅占全国的2%，人口占全国的11%，却创造出占全国20%的经济总量、25%的地方财政收入和30%以上的进出口总额，这使得长三角成为全国经济最发达、技术最先进的地区，是世界第六大城市群。③

上海作为国际大都市，是长三角乃至我国的经济中心。上海周边的城市都已充分认识到上海对于推动自身发展的重要性，并把接轨上海作为自身发展的第一要务。南通自2003年提出“接轨上海、服务上海”的发展战略后，使得南通顺利搭上上海发展的快车道，并使南通的经济社会取得了令人瞩目的变化。研究新形势下上海的新发展和新战略，对于南通在未来更好地实现沪通之间互利共赢发展，对于推动南通发展有着极为重大的战略意义。

---

① 作者根据《上海统计年鉴》（2009—2016年）相关资料整理。

② 作者根据《上海统计年鉴》（2009—2016年）相关资料整理。

③ 作者根据《上海统计年鉴》（2009—2016年）相关资料整理。

二、张謇“前店”（上海）“后厂”（南通）的事业布局

南通最大的优势是“靠江靠海靠上海”，但靠江靠海仅是区位优势，靠近国际大都市——上海，才是最大的生产要素优势，只有将生产要素的优势与区位优势结合起来，才能形成现实的经济发展优势。对此，南通人有着极大的智慧与远见。

南通与上海隔江相望，明清以来棉花种植和传统纺织使两地经济关系密切，19 世纪中后期，上海发展成中国的经济中心，南通人更是将上海作为发家致富的跳板和目的地。清末民初，张謇在南通办实业兴教育时就充分利用上海的经济、技术和人才等方面优势，形成了“前店”（上海）“后厂”（南通）的事业格局。

（一）依靠上海金融中心地位壮大事业

张謇依靠南通紧靠中国金融中心上海的有利区位，大力发展金融业，自 1918 年起先后投资、创办了大同钱庄、淮海实业银行。为发行地方公债，成立了“南通县地方公债事务处”，1921 年成立了“南通棉业、纱业、证券、杂粮联合交易所”。张謇在 1916 年任中国银行股东联合会会长，1922 年任交通银行总经理等职。张謇通过发行股票创办大生集团，在上海九江路建立大生上海事务所，使其成为大生集团在上海的金融中心，募集的资金源源不断地流向大生集团企业，最兴旺时大生集团可操纵的金融资本达二三千万银元，依靠这些金融资本，大生集团旗下有了 40 多家企业，纺织纱锭占了全国华企的近 10%，成为中国当时最大的股份制民营纺织企业。[①]

（二）通过上海引进人才到南通办实业兴教育

南通当时是江北小城，办实业兴教育缺乏人才，而上海是中国的人才

① 张连莹：“‘父实业，母教育’之卓织伟绩”，《近代改革家张謇》，南京：江苏古籍出版社，1996 年 8 月第 1 版，第 1018 页。

中心，张謇就以上海为平台，聘请王国维、欧阳予倩等国内著名学者到通州师范学校、伶工学社掌教，聘请英籍工程师、技工到大生纱厂工作，聘用德籍工程师为油厂精炼食油，聘用荷兰、比利时、瑞典等国籍的水利专家来通治水，聘请日籍技师制盐等，使南通由一个封闭落后的小城市，一跃成为清末民初开放程度很高的城市。

（三）开通与上海的航运之道

张謇认为，“道路交通，为文明发达之路。”为将大生资本的布与纱锭销往广阔市场，必须打通南通与上海的交通。张謇 1900 年创办了大生轮船公司，1904 年在通沪两地分别创办了上海大达轮步公司和南通天生港轮步公司，开辟了上海至海门、上海至南通、上海至扬州等航线，经营通沪两地货客运输业务。有专家统计，当时面积仅为 0. 4 万平方公里，人口约 270 万的南通生产的布与纱，几乎覆盖了东北 124 万平方公里，满足了东北 1996 万人口中的百分之九十人口的布料需求。①

（四）力图通过上海走向世界

张謇努力通过上海拓展海外市场，1920 年在上海成立南通绣品公司，并在美国纽约第五大街设立分公司，经营刺绣工艺品，1921 年在上海成立的新海贸易公司，从事进口业务。张謇还先后草拟创设中以航业公司、左海实业公司、中国海外航业公司等，虽由于各种原因而搁置，但他想通过上海走向世界的理念始终不断。

（五）提出了开发浦东的设想

1920 年，张謇购买了沪北衣周塘沿浦滩地，拟开辟商埠。1922 年 2 月，经过活动，张謇被北洋政府委任为吴淞商埠督办。6 月，成立吴淞商埠市政筹备处，短时间就完成了埠界测地绘图工作。依据制定的计划书，在吴淞商埠建公共码头、堆栈、工厂，面积可达 430 平方里，建成足以与

① 张謇：“南通测绘之成绩”，转引自《再论张謇》，上海：上海社会科学院出版社，1995 年 7 月第 1 版，第 156 页。

上海租界抗衡的“东方绝大市场”①。

但是，张謇的吴淞开埠计划遭到租界和闸北地方势力反对，加之大生集团资金困难，该计划被放弃，但其超前理念为后人称赞。

1898—1912 年和 1914—1923 年这两个时间段，张謇在上海活动的时间每年都超过三分之一。他事业发展的支点在上海，没有上海，就支撑不起他的事业，做不强他的事业，也成为不了中国近代的教育家、实业家和社会活动家。张謇“前店”（上海）“后厂”（南通）的事业格局，为今天南通建设上海的“北大门”提供了案例经验，增强了我们做好此项工作的底气与自信。

三、南通接轨上海战略的提出与实施

（一）接轨上海的民间自发阶段

南通在张謇时代的发展，得益于上海的密切联系，但这是企业家行为，恐难称之为地方发展战略；新中国成立后，南通亦保持着与上海的紧密经贸关系，但是在当时的经济政治格局下，是难以提出类似今日接轨上海的发展战略的。改革开放后，南通不断密切与上海的经济联系。早在 20 世纪 80 年代初，南通就因大力发展家庭副业成为上海居民禽蛋供给地而闻名于世，“百万雄鸡下江南”正是那段历史的见证；上海百米以上高层建筑百分之十五由南通承建，世博会 8 个馆由南通承建；改革开放初期，数千名上海籍专业技术人员从外地到南通落户，助推南通电子产业大发展，南通三元电视机曾是中国电视机著名品牌，南通宝石花收音机曾唱响大江南北。上海的“星期六工程师”的到来，促进了南通乡镇企业大发展，南通 50% 以上的企业与上海有密切的业务关系。这是南通在改革开放初期成为全国工业明星城市的重要原因。但是，这一阶段，南通尚未将接轨上海作为地方发展战略正式提出，或者说接轨上海这时处于民间自发阶段。

---

① 张謇：“南通测绘之成绩”，转引自《再论张謇》，上海：上海社会科学院出版社，1995 年 7 月第 1 版，第 156 页。

（二）接轨上海战略的提出与实施

2002 年国家确认宁波为长三角南翼经济中心，2003 年南通市委市政府以敢于创新之精神与胆魄，破除行政区划的藩篱，提出接轨上海、服务上海的“小金三角”战略，以建设长三角北翼经济中心为目标，加快了接轨上海步伐。自此，历届市委市政府“咬定青山不放松，任尔东西南北风”，始终将此作为南通中心发展战略，一任接着一任干，一张蓝图干到底。市十一次党代会对接轨上海、服务上海战略作了更完善的表达：南通加快现代化步伐，奋力建设长三角北翼经济中心，为最终形成沪甬通“一体两翼”、沪苏通“小金三角”和“北上海”的发展格局奠定坚实基础。加快建设江海交汇的现代化港口城市，加快建设经济实力和创新能力较强的大城市，加快建设国内一流的生态宜居城市。江苏省第十二次党代会报告和省十一届人大五次会议省政府工作报告中都提出，加快支持南通建设长三角北翼经济中心。这是对南通发展的科学定位，南通发展迎来又一个战略机遇期和黄金发展期。市委十一届五次全会对这一战略内容和目标增添了时代新要求，提出：以建设长三角北翼先进制造业中心、区域性现代物流中心、上海都市圈宜居宜业副中心城市为重点，加快建设现代化港口城市、经济强市和生态宜居城市，早日建成长三角北翼经济中心，尽快融入长三角核心区第一方阵。努力打造长三角北翼经济中心和江海交汇的现代化国际港口城市，建设经济强、百姓富、环境美、社会文明程度高的新南通。

接轨上海、服务上海战略的提出与实施，为南通经济社会发展注入强大动力，取得显著成效：GDP 总量由 2002 年的 860 亿元，发展到 2016 年的 6760 亿元，名列全国大中城市第 21 位，“十二五”的五年中，连跨 3 个千亿元台阶，创造了持续十多年的黄金发展期。

（三）南通建设上海“北大门”的定位

在新的发展阶段，“人民群众期盼有更好的教育、更稳定的工作、更满意的收入、更可靠的社会保障、更高水平的医疗卫生服务、更舒适的居住条件、更优美的环境、更丰富的精神文化生活”①。以什么样的发展战略去满足人民群众新期盼，关乎南通新发展的根本。2016 年 11 月 19 日上午，时任江苏省委书记李强同志来到省第十三次党代会南通代表团，与代表们一起审议党代会报告时指出，南通是江苏发展“潜力股”，要做好跨江融合、接轨上海这篇大文章，努力把南通建设成为上海的“北大门”，为全省发展大局多做贡献。这是省委省政府对南通发展战略的科学定位，对于推动南通实现更高质量的全面小康，进而实现现代化有着极为重大的战略意义。

以战略定力去实施科学的发展战略，需要设计正确的目标与路径。南通市委遵循习近平总书记系列重要讲话的要求，贯彻李强书记的指示，认真分析和把握南通发展的阶段性特征，科学设定了建设“生态屏障、开放通道、产业腹地、文化名城”为建设上海“北大门”的目标与路径，为南通新发展“怎么干”和“怎样才能干好”设计了正确的路线图。这个路线图，突显了南通靠江靠海靠上海的最大优势，并把这个优势转化为发展的优势、百姓致富的优势，向全市人民描绘了建成“交通体系功能化、产业发展协同化、区域市场一体化、公共服务同城化”的上海“北大门”的美好蓝图，得到全市人民群众的热烈拥护与支持。2017 年 5 月 16 日，江苏省政府批复了南通建设上海大都市北翼门户城市的总体方案。

四、南通建设上海“北大门”的机遇

2016 年 11 月 19 日上午，李强同志在省第十三次党代会南通代表团与代表们一起审议党代会报告时指出，南通是江苏发展“潜力股”，要做好跨江融合、接轨上海这篇大文章，努力把南通建设成为上海的“北大门”，为全省发展大局多做贡献。李强指出，在高水平全面建成小康社会的实践中，南通一定要做好跨江融合、接轨上海的大文章，实现更高质量和效益

① 习近平：“高举中国特色社会主义伟大旗帜，为决胜全面小康社会实现中国梦而奋斗”，《人民日报》，2017 年 7 月 27 日。

的发展。他说：从优势来看，首先你们的交通优势正在强化。最近 10 年，我们省发展最快地区就应该是南通。接下来沪通长江大桥通了以后，那情况又有更大变化。下一步我认为南通区位条件将大大改善，恐怕是我们省区位条件最好的地方之一。其次，你们的空间优势实在太大了。在上海经济圈一小时都市圈里，土地资源相对比较丰富的我看只有南通。第三个优势，现在南通处在一个较大的“风口”上。现在你们面临“一带一路”、长江经济带、长三角城市群、江苏沿海开发等国家战略和省战略多重叠加机遇，我们确实希望南通正成为上海的北大门。在整个苏中地区，在长江以北地区发展中南通成为领头雁①。南通建设成为上海的“北大门”，现在面临诸多机遇，以下几项影响力更为突出。

（一）上海建设全球资源配置城市机遇

当今世界，国与国之间的竞争主要表现为城市与城市之间的竞争，把上海建设成为国际经济、金融、贸易航运的中心，是国家在新的国际经济政治发展格局下对上海提出的战略要求，其实质就是通过建设“四个中心”，增强中国对全球资源配置的能力与控制力，增加我国在全球事务中的话语权。上海在未来 10 ~ 30 年内将建设全球城市，不仅可以更好地发挥上海城市的网络节点功能，而且有助于进一步做大上海的经济总量，更好地发挥上海城市对全球资源的控制、管理和服务功能。上海要跨江跨区域发展成为世界级大都市，在现有的辖区范围内，单凭一己之力难以实现。而长三角要成为世界第六大城市群，单靠上海一个城市发展，不能形成整体竞争优势。在长三角这个大都市圈层级结构中，上海是“都市核”，其他周边城市如苏州、杭州、南京、南通为“都市层”。上海要继续提升自身能级，需要进一步依托都市圈，发展都市群。纽约、伦敦、东京三大都会区规模可供参考。

美国纽约都会区内主要的中小城市有 54 个，其中人口规模在 50 万以

---

① 李强：“在江苏省第十三次党代会南通代表团上的讲话”，《南通日报》，2016 年 12 月 19 日。

上的5个，20万～50万的8个，10万～20万人规模的11个，2万～10万人的30个；英国伦敦的区域都市群由伦敦中心城市，附近的33个城镇，伦敦—伯明翰大都市带构成；东京都总面积为2162平方公里，包括23个特别区、26个市、5个町和8个村①。

上海在积极打造全球性的资源配置城市，南通与苏州、无锡、嘉兴、宁波列入上海同城化发展战略之中。南通应抓住有利机遇，尽快融入以上海为中心的产业分工体系和资源配置体系过程中，加快与上海形成有效产业链的耦合，使南通的优质资源价值得到更大程度的体现，内在发展潜力和优势不断放大。

（二）上海实现转型发展的机遇

上海要发展成为世界级大都市，面临诸多制约因素，主要包括以下几点。

1. 发展空间的制约

从4个直辖市的土地面积来说，上海现有土地面积6340.5平方公里，而北京的土地面积为16410.54平方公里，天津的为11760平方公里，重庆的为82402平方公里，在4个直辖市中上海的土地面积是最小的。同时，上海17个区当中，除了浦东新区有1210平方公里，崇明区有1185平方公里，面积较大外，其余几个区面积都较小，比如静安区只有7.62平方公里，黄浦区有20.46平方公里，虹口区有23.48平方公里。从4个直辖市的人口密度来说，上海的人口密度平均为3810人/平方公里，远高于北京的人口平均密度1323人/平方公里、天津的1300人/平方公里和重庆的366人/平方公里②。中心城区的人口密度居世界之最。土地面积少、人口多，要成为全球资源配置的城市和国际大都市，无论是在发展潜力，还是发展空间上，受到很大的限制。

---

① 上海市人民政府：《上海市主体功能区规划》，上海市政府网站，2013年1月22日。

② 中商产业研究院“数据库”，中商情报网，2016年5月。

2. 资源环境约束

随着城市规模的不断扩大，城市人口急剧增加，上海对土地、能源等要素的需求越来越大。上海土地资源总量有限，后备资源严重不足，已严重影响上海的未来发展。市区土地已经严重超过负载能力，达到饱和状态。上海虽然水资源比较充足，但是由于过度利用和污染，使得上海成为水质型缺水城市。上海的一次能源为零，但是却是全国能耗最高的城市，上海每年的能耗为日本的4倍、美国的4.7倍、印度的2倍。

3. 人力资源和人口结构的约束

人才聚集是上海众多优势中的一个突出优势。但是近年来，随着人口的不断涌入，房价、出行成本高昂成为制约人才聚集的重要因素。不少人逐步放弃了在上海工作和生活的愿望，使得上海对人才的吸引力逐渐下降。与此同时，上海的人口老龄化问题日益凸显。虽然外来的青年人延缓了上海的老龄化进程，但是人口老龄化的趋势不可阻挡。预计到2030年前后，上海60岁以上的老年人口将超过500万，约占户籍人口的40%，这使得上海一方面面临人才吸引力下降，人才资源的流失，另一方面老龄化越来越严重，这对上海加快推进“四个率先”，建设“四个中心”形成很大的阻碍。①

这些制约因素逼迫上海要转型发展，疏散非大都市功能，这对处于上海一小时经济圈，同时又有产业基础、土地资源和高素质劳动力的南通，是一次千载难逢的历史机遇。

（三）南通建设重要区域性综合交通枢纽的机遇

进入21世纪后，南通加快了对接上海的交通建设，2008年苏通长江大桥和2011年崇启长江大桥的通车，使南通进入了上海一小时交通圈。由铁道部、上海市、江苏省共同投资建设的沪通铁路，是国家铁路“十二五”规划建设的重点项目，国家沿海铁路大通道的重要组成部分。沪通铁路

① 作者根据《上海统计年鉴》（2009—2016）相关资料整理。

2019年建成后将开行动车组，届时上海至南通有望1小时内互达。崇海长江大桥和沪宁江北铁路列入“十三五”规划，南通将成为国家综合运输通道中的重要城市。沪通长江大桥，按铁路四线、公路六车道设计，建成后将成为世界上功能最齐全的公路铁路两用桥，并超越苏通大桥成为世界第一跨的斜拉桥，其对南通经济跨越发展的影响力必将大大超过苏通大桥。新建的南通火车西站是长江北翼的大型综合交通枢纽、南通西部新城的主要组成部分、南通城市的标志性形象门户。由沪宁高铁、南沿江城际为基础构建的江苏沿江8市城际轨道，将使南通与江苏沿江7市城际快速通达。南通机场航站区改扩建工程项目正在建设中，工程完成后，预计会设有11个登机廊桥，24个国内、6个国际值机柜台，贵宾区设11个独立休息室，2300平方米观光平台，1400平方米绿化内庭。届时南通机场将成为国内为数不多的拥有3座航站楼的民用机场。

南通市政府印发《长江三角洲城市群发展规划南通行动计划（2017—2018年）》提出将南通建设为长三角北翼铁路枢纽。加快推进沪通铁路、宁启铁路二期、盐通铁路等项目建设，开工建设通苏嘉城际铁路，加快京沪二通道、北沿江高铁、上海—南通跨江通道、洋吕铁路及通州湾疏港铁路等项目前期工作。推进城市轨道交通建设，开工建设轨道交通1号线，启动轨道2号线，完成建设规划线网调整，启动运营研究。开展南通至如东、南通至通州湾城际铁路等项目的方案研究和规划。积极推动上海轨道交通延伸至南通。南通地铁1号线、2号线一期工程已开工建设，预计工期为5年。远景形成城市轨道交通“放射型”线网，由8条线路组成，总长约324公里。地铁建成后，不仅市区道路网络将更加完善，而且地铁的西部出入口与沪通铁路相联，“铁铁换乘”的交通方式，将使南通地铁与国家综合运输大通道实现有机衔接，南通的交通方式和格局将发生历史性变革。这些重大交通基础设施的建设，为南通全面接轨融入上海、建设上海“北大门”，奠定了坚实基础。

（四）南通城市格局演变与产业发展的机遇

“十二五”期间，南通主城区由沿江布局向通州区延伸至通州湾，《南通市“十三五”国土资源保护与利用规划》将兴仁、先锋、平潮纳入南通中心城区规划，这为南通主城区建设拓展了空间，通过城市布局调整，主城区达300万人口规模，各县（市）中心城区亦向中等城市发展，重要城镇向小城市发展。

“十二五”期间，南通市重点产业实施沿海、沿江、沿上海、沿交通、沿城市“五沿”布局，大力调整和优化产业结构。沿江形成天生港区、南通港区、任港港区、狼山港区、富民港区、江海港区、通海港区七大港区，沿海形成通州湾港区、洋口港区、吕四港区。依托六大支柱产业体系及海洋工程、新能源、新材料等七大新兴产业集群，形成以国家级经济技术开发区、省级开发区、特色产业园区为主体的产业功能布局，建成长三角北翼先进制造业基地。“十三五”期间，通过大力发展“互联网+”经济，以“工业4.0”引导“南通制造”向“南通创造”“南通智造”转型，在大力发展船舶修造、海洋工程、机械电子、化工、轻工食品、医药、电力能源和新材料、新能源等新兴产业的同时，加快发展现代服务业和文化创意产业。加强港口资源优化整合，推进港口管理投资运营和集疏运体系一体化，打造江海组合强港。大力发展总部经济，突出打造具有代表性的总部型企业。

城市格局演变与产业发展，为南通全面接轨融入上海，建设上海“北大门”，提供了载体与空间。

五、南通建设上海“北大门”要做好的重点工作

木桶理论认为，一个木桶能盛多少水，取决这个木桶中最短的一块板。南通接轨上海融入上海具有很多优势，但也存在诸多制约因素。时任江苏省委书记李强同志2007年2月6日在省十二届人大五次会议南通代表团与代表们一起审议政府工作报告时指出，南通在新一轮发展中，要重点做好制造业、城市和人才这三项重点工作。这实际上也指出了南通的软肋所在。我们要下大力气补好发展制造业、建好中心城市和集聚人才三块短板，这样才能加快推进接轨上海、融入上海进程。

（一）坚定不移地发展制造业，特别是先进制造业

南通市制造业历史久、基础好，区位、交通优势以及要素资源、开发平台和各种支撑条件都很好，但产业层次总体还不高，缺乏一些在全国、全球有影响力和竞争力的龙头企业，多数产品处在产业键中低端。制造业转型升级步伐要加快。在产业选择上，要大力发展“互联网+”经济，以“工业4.0”引导“南通制造”向“南通创造”“南通智造”转型，在大力发展船舶修造、海洋工程、机械电子、化工、轻工食品、医药、电力能源和新材料、新能源等新兴产业的同时，加快发展现代服务业和文化创意产业。要有效对接好上海、苏南高端资源的外溢，适应智能化、绿色化、服务化的发展趋势，抓好产业科技创新、品牌建设等工作，把好环保关，实现先进制造业发展更大突破。

（二）要着力建好中心城市，提高首位度，增强集聚和辐射功能

首位度是指用于测量城市的区域主导性指标，反映区域内城市规模序列中顶头优势性，也表明区域中各种资源的集中程度。南通要成为上海“北大门”，它的经济吸引力和辐射力就不仅限于本行政区内，应成为苏中苏北地区，进而成为江北八市的区域中心，在该区域内各城市中居有首位度，成为该区域内的产业中心、金融中心、科技中心、现代服务业中心、物流中心、人才聚集中心和国内外知名企业聚集地及交通枢纽。但是由于南通中心城市建成区规模偏小，城市吸纳各种生产要素的容量小，向外辐射力不足，带动周围地区发展的能力弱。我们要按照省市党代会人代会的要求，加快建设创新之都步伐，随着高速铁路等基础设施建设的不断完善，南通正在构筑大城市框架，我们应借此契机，重点做好添人气、添内容、添功能的工作，大大提升南通聚集资源和生产要素的能力。

（三）要高度重视人才集聚和优化劳动力结构

由于南通基础教育好，考上大学学生回通就业占比低，这种现象持续多年，致使南通成为人口净流出城市。2000年以来，高考录取大学生累计

60 余万人，到通就业率为 40 %，985、211 院校学生返通不足 1 %，流出人口中劳动年龄人口占 93.32%。而外来人口层次偏低，据 2016 年统计，全市流出人口 98.0 万人，流入人口 60.17 万人，净流出 37.83 万人。流入人口中，大专及以上学历仅占 14.5.0%，初中及以下占 60.7%[①]。接轨上海、融入上海，建设上海“北大门”人才是第一要素，我们要大力实施人才培养集聚工程，应特别重视吸引南通藉在外高层次人才回乡发展，要出政策、拓空间、创平台。

同时，南通是全国计划生育搞得最早最好的城市，持续十余年的人口负增长（-0.56%，出生率 7.54‰，死亡率 8.12‰），超少子化与超老龄化问题突出，使我市的人口结构和劳动力结构出现危机。2016 年，现有人口中，少年儿童（0~14 岁）为 79.3 万人，占总人口 10.9%，60 岁以上老年人口占比达到 27.5%，200.8 万人[②]。到 2030 年，60 岁以上老年人口占比达到 50%[③]，成为全国老龄化程度最高城市，社会负担沉重。我们要高度重视解决人口结构和劳动力结构问题，积极实施一对夫妇生育两个孩子政策，采取各种举措，引入年轻的经济活力人口，改善人口年龄结构，加快发展养老事业和产业。

百年来，南通人以密切与上海经贸联系为推进经济社会发展的动力。现在，接轨上海、融入上海、建设上海“北大门”战略的实施，开启了南通高质量建成全面小康、实现现代化建设新征程，描绘了南通更加美好的明天。包融会通、敢为人先的南通人，一定会在创造未来的奋斗中，书写南通新发展的辉煌篇章。

---

① 作者根据《南通统计年鉴（2000—2016）》相关资料整理。

② 南通市卫计委、统计局、公安局:《南通 2016 年度人口发展报告》，南通政府网站，2017 年 8 月。

③ 作者根据《南通统计年鉴（2000—2016）》相关资料整理。

上下求索　聚力足践南通农业对接服务上海全途径

中共南通市港闸区委党校课题组①

2014 年 5 月，习近平在上海考察时强调：“发挥上海在长三角地区合作和交流中的龙头带动作用”，“继续完善长三角地区合作协调机制，加强专题合作，拓展合作内容，加强区域规划衔接和前瞻性研究，努力促进长三角地区率先发展、一体化发展”。② 2014 年底，习近平在视察江苏时强调：“中国要强，农业必须强；中国要美，农村必须美；中国要富，农民必须富。发达地区在这方面一定要带好头、领好向”，“要按照走生产技术先进、经营规模适度、市场竞争力强、生态环境可持续的要求，加快建设现代农业，力争在全国率先实现农业现代化”。③ 时任江苏省委书记李强在省十三次党代会期间，对南通“十三五”的发展寄予深切厚望，为南通做出“跨江融合、对接上海，做好上海‘北大门’”的精准定位。在 2017 年 4 月 27 日南通对接服务上海大会上，南通市委书记陆志鹏同志重点阐述了南通建设上海“北大门”的内涵和举措，进一步明确了南通农业对接服务上海的“优质农副产品市场服务保障基地”的发展方向。

上海在新一轮城市规划建设中提出“和周边区域如江苏、浙江等地建立合作开发区域，并将其界定为临近上海的核心区，简称临沪核心区”。

---

① 课题负责人：徐志华。课题组成员：茅丽华，中共港闸区委党校；张琴，南通科技职业学院；周丹，中共港闸区委党校；吴献平，南通市农业局；王培军，港闸区农经局。

② 《习近平在上海考察》，新华网，2014 年 5 月 25 日。

③ “习近平江苏考察纪实：努力肩负为全国发展探路使命”，《新华日报》，2014 年 12 月 16 日。

上海市委、市政府提出上海都市农业不仅要养“胃”，而且要养“肺”的发展目标，划出了以上海为圆心、800 公里为半径的都市农业圈，南通就紧接着上海这个圆心。现代农业发展南通在接轨上海，上海也在接轨南通，沪通对接一体化发展已成趋势。同处“江之尾海之端”的南通如何利用丰沛的自然资源和较大的环境容量以及人民的勤劳善良“好上又好、能快则快”地把南通农业对接服务好上海意义重大。南通是上海最重要的“优质农副产品市场服务保障基地”，南通既是上海提出的最能满足上海人“胃”和“肺”的“临沪核心区”，也是南通可提的还最能满足上海人养“眼”安“心”的“务沪中央区”。南通农业对接服务好上海的关键是上下求索，聚力足践通农对接服务上海全途径。

一、主动适应、直接瞄准上海食品需求侧变

社会主义生产的目的就是为了满足人民日益增长的物质文化需求。南通农业对接服务上海首先就是必须满足上海人的“胃”的要求。这种需求的探索首先必须主动适应、直接瞄准上海食品需求侧变化，要以市场为导向，从生产、流通、餐饮这三个食品生产经营主要环节入手，分析上海食用农产品和食品市场结构和行为，及时发现通农绿色有机产品入沪的市场机会和选择目标市场，采取相应的市场营销策略。

（一）上海农产品生产环节变化情况对南通的重大影响①

1. 上海农产品市场供需变化情况对南通的深刻影响

上海市受资源、环境等条件约束，整个城市食品供给对外依存度较高：2016 年全市食用农产品总消费量约 2250 万吨，其中 75% 需要依靠外

① 本节数据主要来源于“2016 年上海市食品安全白皮书”，《解放日报》，2017 年 1 月 18 日。

省市供应才能满足市民需要；全年消费约 330 万吨猪肉，其中 92. 38%①总重达 304. 85 万吨的猪肉需要依赖外省市供应。近年来上海地产主要食用农产品供应量逐渐减少，进一步加剧了食用农产品供给对外依存度。2011 年上海地产蔬菜 351. 0 万吨，2016 年上海地产蔬菜 274. 8 万吨，比 2011 年减少 21. 71%；2016 年上海地产水产品 15. 3 万吨，比 2011 年减少 719 吨；近 6 年上海生猪出栏量产量峰值是 2014 年的 290. 2 万头，2016 年的 250 万头生猪出栏量则为近 6 年最低谷，仅为产量峰值的 86. 15%。这种总需求及其变动趋势表明，作为临沪核心区中心的农业大市南通对接服务上海的发展潜力和空间越来越大。如 2014 年南通农产品在沪销售总额约 70 亿元，而 2016 年南通农产品在沪销售总额达到 186. 5 亿元。南通再用 2 ~ 3 年的时间实现农产品在沪销售总额占农业总产值比重增加 15% 的发展问题不大，关键的问题是南通农业对接服务上海的“合作、互通、共赢、互惠”发展问题。

2. 上海食品生产形势对南通大力发展食品工业启迪

近 7 年来，上海获得食品生产许可证的企业连续减少，食品生产业进入了“减量期”。2010 年底，上海拥有食品生产企业 2210 家，2016 年底上海食品生产企业为 1487 家，仅 6 年时间就减少了 32. 71%，淘汰率近 1/3。企业数量的减少是市场优胜劣汰、规模型食品生产企业增加的结果。2016 年，上海规模以上食品生产企业 311 家，占比比 2011 年提高 10. 5 个百分点而达到 20. 9%。在短短的 5 年发展时间内，上海就有 100 多家食品生产企业跻身“规上企业俱乐部”。食物是人与生俱来的需要，食品生产是与人类共存的产业。通江达海的南通拥有独特而丰富的食用农产品，南通农业“一产接二连三”对接服务上海会有更好的发展，到 2020 年，南通市农林牧渔及其生产服务业总产值将发展到 783 亿元，江苏省定规模以

① 《2016 年上海市食品安全白皮书》中的上海市猪肉供应对外依存度是 75%。我们根据 2016 年上海市地产生猪出栏量 250 万头，按每头生猪毛重 150 公斤和出肉率 67% 的经验数据计算，上海地产猪肉 25. 13 万吨，全年消费猪肉总量 330 万吨，对外依存度为 92. 38%，特此更正并说明。

上农业龙头企业销售收入与农业总产值之比为 2.5 倍，南通应该而且可以把食品生产做成产值近 2000 亿元的重点支柱产业。

（二）上海食品流通环节变化对南通的重要促动作用

1. 上海食品流通主体和主力变化及其对南通的启示

上海食品流通产业规模庞大，2016 年底，上海共有 25.1 万张有效食品生产经营许可证。其中食品流通经营主体的规模比 5 年前增长了 88.23%，食品流通许可证达到 18.80 万张，占总量的 74.9%，食品流通经营者已经成为上海食品及相关产业的中流砥柱和主力部队。2016 年上海从事食品批发、零售、批零兼营的食品流通经营主体分别为 4.48 万户、12.59 万户和 1.71 万户。其中，零售商户占总户数的 67.04%，是食品流通业主力中的主力。上海食品零售业态的活跃，反映了上海这座食品流通城的活力，也印证了上海市民食品消费的热情。南通农业对接服务上海就要为这支主力部队“端茶送饭”，提供“枪支弹药”，输送“子弟兵”，为市民食品消费的热情“添酒加菜”，为上海食品零售业态的活跃“出物出力”。

2. 上海农产品批发市场剧变情况及其对南通的警示

与上海食品零售业态的活跃相比，上海市规模农产品批发市场有点冷清：一是规模农产品市场数量逐年减少。2014 年上海市规模农产品批发市场 50 个，2015 年减少到 38 个，2016 年仅剩下 35 个，短短的 2 年时间农批市场就减少了 3 成。二是农产品市场交易量大幅下降。2014 年，上海农批市场批发交易的食用农产品重量 1500 万吨左右，对全市食用农产品消费总量的贡献率为 70%；2016 年，上海农批市场批发交易的食用农产品重量减少到 1100 万吨左右，对全市食用农产品消费总量的贡献率下降到 49%，仅 2 年的时间全市农批市场对农产品消费总量的贡献率就下降了两成多。这也意味着除了农产品批发市场，更多的食用农产品开始通过电子商务、超市和产地直营店等新的流通环节进入上海千家万户。“结识新朋友，不忘老朋友”，南通农产品入沪既要坚决守住批发市场的“老阵地”，也要开辟电商、超市、产地直营店的“新战场”。

（三）上海餐饮市场环节变化情况及其对南通的影响

1. 上海餐饮服务业市场变迁情况及其对南通的暗示

截至2016年底，上海市持有《食品经营合格证》或《餐饮服务许可证》的餐饮服务单位共有60742户。其中，公共餐饮单位43446户、食堂13286户、现制现售3524户，集体用餐配送单位272户，中央厨房145户。2014年上海持证餐饮服务单位65474家，2016年上海持证餐饮服务单位60742家，比2014年减少了7.79%，是近6年来的第三低位。其中，2014年上海以饭店、快餐店、小吃店、饮品店为主的公共餐饮单位共有48969户，2016年上海这些公共餐饮单位只剩下43446户，短短的两年内就有5523家持证公共餐饮单位退出了市场，退出率为11.28%，公共餐饮单位衰退十分明显。“市场有风险，入市要谨慎”，经营南通食用农产品的配送单位和个人既要努力开拓市场，又要注意货款结算，以免陷入财务危机。

2. 上海餐饮服务业整体水平提升及其对南通的要求

借市场之手，上海市淘汰了一批低水平的餐饮服务从业者，整个餐饮服务业正逐步走向规范。2015年上海持证的中、小型饭店分别为7191户和8070户，2016年上海持证的中、小型饭店达到了7311户和14690户。短短的一年时间，上海的中、小型饭店就增加了120户和6620户。2016年上海的快餐店、小吃店、饮品店在内的其他更小规模的持证公共餐饮服务单位19281户，比2015年减少了5949户。数据分析表明，上海有大量的小规模餐饮服务单位正在迅速发展形成规模。南通食用农产品入沪上桌，餐饮服务单位是产业链的重要一环，我们要“抓大不放小，友情长链接”。2016年上海市餐饮服务等级为A的单位18846户，占被实施评定57658家的比重比2015年多了3%达到32.69%，这意味着1730家左右的中下水平餐饮服务单位经过1年努力，餐饮服务水平已经步入行业上游。南通食用农产品配送的菜品结构、菜品模式和配送方式也必须与之与时俱进。

二、稳中求进、承接和发展沪通农业合作项目

（一）上海市农业发展方式和产业结构的战略性调整

1. 上海市种植业结构战略性调整的格局和目的

上海市委、市政府提出上海都市农业不仅要养“胃”，而且要养“肺”的发展目标，划出了以上海为圆心、800 公里为半径的都市农业圈，主要理念是利用上海优势，整合周边省市优势，有效利用各地气候资源，实行农产品加工龙头在上海，发展异地种植业和养殖业，建立市外上海农业基地。上海种植业空间布局进行了大调整，对现有的 450 万亩耕地和林地调整为三个 1/3 的格局：一是 1/3 以优质水稻和油菜为主的粮油生产基地，甚至出现了街头“稻田”的“田园城市”景色和防止城市“热岛效应”的效果；1/3 以经济林为主的林果花草基地，这既有“德国模式”式造森林防污染的生态效应又有达到经济效益的目的；1/3 以精准农业为主的园艺蔬菜瓜果基地，以优质中高档蔬菜、瓜果和花卉生产既满足上海市民的生活需要，又满足新型农民增收致富的生产目的。

2. 上海养殖业梯度转移和农产品加工发展重点

上海养殖业实行梯度转移，总体上形成四个养殖区域：一是禁止养殖区。现有的畜禽养殖场原则上都要限期关闭、搬迁。二是控制养殖区。不再重新布点，不再扩大畜禽养殖规模，并逐步取消散养户。三是适度养殖区。以建设优质高效畜禽生产基地为目标，重点发展畜禽种源生产，为全国提供优质种源服务。四是异地养殖区。即设在上海市以外的养殖基地。四个区域划分的宗旨是实行史上最严的环境保护，在适度发展畜牧业的同时，减少上海市区的饲养量。① 上海农产品加工业发展重点是培育规模效应企业，重点培育光明乳业、农工商超市等 19 家规模较大的农产品加工销售企业。

---

① 《关于接轨上海，培育和发展项目农业的调查报告》，互联网文档资源（http：//www.360doc.co），2015。

（二）沪通农业合作项目发展理念和思路的求同存异

上海都市型现代农业发展的核心理念是利用上海优势，整合周边省市优势，有效利用各地气候资源，实行加工龙头在上海，异地种植、养殖，建立上海市外基地。在农业合作上，上海是以农业技术和人才为基础的抓住优质种源生产和终端市场营销、放开中间农业生产环节的“抓两头、放中间”的思路。南通作为中国早期现代化“士绅强强”联合的发源地，其成果中现仍存有“江苏省沿江地区农业科学研究所”和“江苏省海洋水产研究所”这两个省级农科所的绵延“硕果”，为南通农业发展提供了技术和人才支撑。南通稳中求进、承接和发展沪通农业合作项目，是要实现沪通农业合作的“合作、互通、共赢、互惠”的发展理念。这也造成了沪通两地在农业技术与科技创新领域“两强相遇”的格局。但这种格局不应成为沪通农业发展“文人相轻”的“官场”或者“武者相拼”的“沙场”而应成为沪通农业合作“技术合作”的“官网”和“人才发展”的“平台”。

（三）承接和发展沪通农业合作项目的两大注意事项

稳中求进，承接和发展沪通农业合作项目必须注意两大问题：一、必须清醒注意合作项目的优选。要清醒地认识到上海转移出来的是不适应上海发展要求的农副产品生产及其加工项目，毕竟也不是最有竞争优势的项目，有的甚至是落后淘汰的项目，这也是江苏和南通“263”行动治理整顿的重点内容。要搞好通沪农业合作项目的论证和筛选工作，千万不能重蹈“捡到篮子里就是菜”的覆辙，南通都市生态型现代农业发展的一个“梦买三迁”农业项目①就是最好的案例。二、注重实施“强强联合”的发展方针。改革开放以来，江苏是党和国家领导人都希望实现农业现代化最早的地方，胡锦涛和习近平在视察江苏的讲话都强调了这一点，这才有江苏沿海地区发展规划和“一带一路”发展战略的强力支撑。南通早在

① 南通市一个以休闲垂钓为主的休闲农业项目每次都建在城市边缘地带，随着城市化进程的推进，在近10多年的时间内就拆迁了3次，每次建政府都要拿出相应的补贴款，每次拆迁政府都要拿出相应的拆迁补偿款，所以这种没搞好论证和筛选的项目被人戏称“梦买三迁”项目。

2011 年就提出了农业产业化在江北领先的发展目标，今年江苏省省定农业基本现代化指标南通已经实现，可谓是农业经济强。注重实施“强强联合”的发展方针，南通稳中求进、承接和发展沪通农业合作项目，就是要在对接服务中实现沪通农业合作项目“合作、互通、共赢、互惠”的发展理念。

（四）南通承接和发展沪通农业合作项目的预期绩效

沪通农业合作项目发展理念“纵有此般不同”，但沪通农业合作的“心意尚能相通”。南通的江苏景瑞农业和飞悦农业项目都是沪通农业合作项目成功的典型代表。江苏飞悦农业有限公司创办于 2014 年，是上海景瑞集团子公司毅盛公司与港闸区都市现代农业公司的合资公司，属于混合所有制经济，位于港闸区幸福街道，其现代农业园区占地 9500 亩，分为蔬菜生产、蔬菜加工和两网一灌水稻轮作三大板块，实行农业由过去的低产高耗向高产稳产全面过渡和快速发展，提高农业机械化水平和农业科技的贡献率，突显高标准农业示范工程的经济效益、生态效益和示范效应，带动南通市区（特指港闸、崇川和开发区）2020 年后仍然保留的农业用地和生态绿地约 51000 亩中高效精品种植及其周边通州区现代农业的发展。江苏飞悦农业公司仅以其 1/10 南通农产品的沪上营销量就实现了公司 40% 的利润。这些沪通农业合作项目在农业通沪合作上实现了对农民土地承包权的确认，践行了沪通农业合作的“合作、互通、共赢、互惠”的发展理念，实现了南通绿色有机农产品生产和市场营销的良好效果，其成功经验是找准高端市场、打造绿色品牌，政府引导扶持、做大项目基地，产销一体发展、形成聚合效应，拓宽增收渠道、促进农民致富。稳中求进、承接和发展沪通农业合作项目前景可期。

三、拓展方式、全面统筹农产品沪上市场营销

（一）全面统筹通农产品沪上市场的整体营销

市场是商品流通的场所，有有形的市场，也有无形的市场。市场营销

研究的研究对象是以消费者需求为中心的市场营销关系、市场营销规律和市场营销策略。市场营销的研究内容和其研究的不同侧面和管理程序是基本一致的。主动适应、直接瞄准上海食品需求侧变化，我们分析了上海市场结构与行为和南通农产品入沪的市场机会和目标市场；积极引领、着重加快南通农业供给侧改革，主要探讨适应上海和周边市场需要的南通农产品生产的数量和结构控制问题，对南通以市场为导向的农产品供给侧结构改革进行了及时准确的反馈、调整与修正。拓展方式、全面统筹农产品沪上市场营销，我们将侧重研究产品策略、价格策略、分销渠道策略和销售促进策略的制定与执行问题。至于基于“6PS”的“政治权利”和“公共关系”在后面再进行比较详细的说明。

（二）“通农绿色有机”品牌策略的制定与执行

1. 通农产品“通农绿色有机”品牌的发展依据

要实现农产品沪上销售的营销目标，使南通农产品在上海市场中占据有利的竞争地位，最重要的是拥有受上海市民和游客欢迎的农产品。绿色食品生产土地土壤重金属评价标准采用单因子污染分析法。南通土地土壤重金属评价表明：AS 的污染指数南通没有大于 2 的，介于 1 ~ 2 的乡镇有 1 个，介于 0.7 ~ 1 的乡镇有 6 个；Pb 的污染指数南通也没有大于 2 的，介于 0.7 ~ 1 的乡镇有 22 个。绿色食品生产土地土壤重金属污染评价表明：南通 126 个乡镇全部可以开展无公害农产品生产，其中 13 个乡镇不适合发展绿色农业只能生产无公害农产品，其余 113 个乡镇都可以开展绿色农业的生产。①

2. 南通“通农绿色有机”品牌发展的六字箴言

“绿色农产品”和“有机农产品”是南通农产品入沪的战略品牌。南通农产品入沪的品牌战略概况为六个字，就是“通农绿色有机”的“六字

---

① 吴晓丽、许泉等：“江苏南通常规农田土壤重金属污染状况研究”，《江苏农业科学》，2005 年第 5 期。

箴言”。农产品质量与安全分为“无公害农产品、绿色农产品和有机农产品”。“无公害农产品”是市场准入的通行证，“绿色农产品”是受普通市民的欢迎物，“有机农产品”则是高消费群体的需求品。南通优越的自然条件和丰富的农产品资源，上海等周边城市的高消费群体也可以保证品牌农产品的需求，南通实施“通农绿色有机”品牌战略有先天的优势。南通市政府可以通过整合整个南通地区的各种资源，在宣传营销等方面形成南通绿色有机农产品开发的合力，在生产、流通和消费等各环节为品牌化经营创造条件。

3. 大力推进南通“通农绿色有机”品牌的创建

大力推进南通“通农绿色有机”品牌创建，要与粮食生产功能区、重要农产品生产保护区、特色农产品优势区和现代农业产业园区建设结合起来，逐个农产品、逐个产区制定创建规划，不同层级的规划要有机衔接，形成科学体系。与优势区相结合，打造区域公用品牌；与绿色安全相结合，打造产品品牌；与原料基地相结合；打造企业品牌。要抓好标准完善和协同管理。要构建和完善品牌发展机制。多种形式提升品牌营销能力。特色农产品优势区创建，贵在特色，亮在优势，要引领特色农产品产业化、规模化、品牌化发展，要抓紧制定创建标准，实行高标准严要求，以县（市、区）为单位，在特色农产品生产加工、仓储、物流、营销等环节，对标国际国内先进水平，以标准化管理和评价方法先自下而上地创建特优区，然后再及时申请自上而下地认，争取拿到尽量多的先建后补资金。

4. “通农绿色有机”产品市场定位和产品策略

南通农产品实施品牌战略，既要打好实施“无公害农产品、绿色农产品和有机农产品”这“三品”中选定的“绿色农产品”和“有机农产品”“两品”的“通农绿色有机”的“品牌战略”，又要打好实施“中高端市场定位”、执行“中高档农产品策略”的“战役”。实施这种市场定位和产品策略的好处是：可以提高南通农产品的声望，提高南通农产品在沪市场的地位；中、高档农产品的经营容易为生产经营者带来丰厚的利润，使南通的租地农业生产者有利可图；有利于带动南通农业生产技术水平和管理水平的提升。实施南通农产品品牌战略，还要注重培育南通农产品地理标志商标，这是南通农产品“通农绿色有机”的“两品一标”战略中不可或缺的一环。我们要坚决打好每个“农产品地理标志产品”入沪的“战斗”。

5. 农产品地理标志的发展现状、优势及措施

南通获得农业部优质农产品服务中心或者是国家质检总局登记和颁发的农产品地理标志的农产品有如皋黄鸡、海门黄鸡、海门香芋、如皋香堂芋、海密甜瓜、启东青皮长茄、如东狼山鸡、万年香沙芋艿、如东条斑紫菜和如东大米等。南通虽有发展地理标志农产品的地理资源优势、政策引导优势、组织推动优势和产业升级优势，但通过的就是这些屈指可数的农产品地理标志。“驰名中外”的“祖代级”“世界十大名鸡”狼山鸡，虽早就在2000年被列入国家级畜禽资源保护品种名录，却是在2015年如东方面经过努力才获得农业部颁发的农产品地理标志。南通农产品地理标志的发展：一要不断加大地理标志商标宣传与培育工作力度；二要不断扩大农产品地理标志商标的使用范围；三要不断加强农产品地理标志商标的保护力度；四要加快农产品地理标志商标策略的制定和执行。

（三）通农绿色有机产品定价依据及目标选择

南通农产品价格制定要依据“价值是价格形成的理论依据”“成本费用是价格构成的基本要素”和“市场供求是价格变动的影响因素”来合理确定。南通绿色有机农产品定价目标的选择：是以“较高和最佳的产品质量”“中等及以上的成本加成价”和“最高级的性价比”在上海农产品市场确立“通农绿色有机”农产品“质优价好”的“一流发展”地位，体现出既能“提高市场占有率”又能“适应价格竞争和维持价格稳定”的获取体现“南通农业对接服务上海”的“适度利润”。这种定价目标的选择体现了南通绿色有机农产品在沪销售的经营指导思想和长远发展战略。

（四）通农产品沪上分销渠道实质和途径选择

1. 农产品分销渠道性质、特征、流程和功能

随着现代农业的发展，大部分农产品生产者不再直接向最终消费者销售产品，而是通过一定的分销渠道，借助农产品经销商实现对最终消费者的销售。当经销商努力发展并拥有自己的顾客时，他们在市场就占有比生产者更重要的地位。因此，南通农产品在沪的分销渠道就成为南通绿色有机农产品生产者实现销售的关键。通农产品分销渠道就是南通农产品从生产领域进入上海市场消费领域的通路，实质上是参与通农产品从生产到消费者或用户过程的相互依存的渠道成员、流通过程和相互促进与制约的所有企业和个人。分销渠道对生产者而言有外部性、稳定性和关联性的特点。其流程有实体流程、所有权流程、付款流程、信息流程和促销流程。分销渠道具有执行信息收集与传播、促销、协商、订货、筹资、承担风险、实体分配、所有权转移等职能。

2. 通农绿色有机农产品沪上分销渠道途径选择

南通农业对接服务上海、通农绿色有机农产品沪上市场营销分销渠道选择的关键营销途径是：一要咬牙死守南通农产品在沪销售的传统阵地。坚决守住农产品传统的批发、零售和批零兼营市场的“老阵地”，我们要像“上甘岭战役”那样，在南通农产品沪上销售的传统市场上“寸土不丢”；二要抢先攻占南通农产品在沪直销的新兴领域。要攻坚克难地突破进入超市、产地直营店、公共餐饮单位等流通环节进入上海千家万户的新型领域；三要主动作为，鼓励发展南通农产品电子商务和基于精准客户分析的高效配送平台。

（五）通农绿色有机农产品沪上促销策略的组合

促销策略是构成市场营销组合的四个基本策略之一，它是由广告、公共关系、营业推广和人员推销四种促销方式构成的一个策略组合。南通农产品开拓上海市场的策略思路是南通农产品沪上促销组合应强调南通农产

品沪上展销会、南通休闲农业节庆活动、各县区特色农产品的沪上推介以及各“两品一标”农产品沪上推介会等各种促销手段相互协调一致以最大限度地发挥南通农产品入沪的整体效果。在这里，可适度通过加强“广告”宣传南通农产品的力度，却更需要通过沪上展销、南通生态休闲观光农业节庆活动以及各种通农地理标志产品的在沪促销以每月两次的频率开展促销活动，以此提高“通农绿色有机”沪上营销的知名度和美誉度。

四、开拓创新、着力打造三大休闲观光农业带

（一）南通生态休闲观光农业的科学内涵和发展重点

南通生态休闲观光农业是以沿江、沿海生态，农业文明和农村文化及江海风情为主题，以海洋农业、平原农业和都市农业的生态景观，农、林、牧、渔等生产活动和多样农村文化习俗为主要内容，以回归自然、休闲度假、体验农耕和游赏观光为特征的新型生态旅游业。

南通农业休闲服务业要以现代化、生态化、园艺化、创意型产品生产为基础，完善配套服务性基础设施和公共服务设施，拓展农业生产的休闲、旅游、服务、商业新功能，重点在地域性、景观性、新奇性、多样性、趣味性、服务性、文化性、艺术性方面提升，为市民和游客提供高雅多样的特色餐饮、休闲、娱乐、宣教等服务。南通生态休闲观光农业发展，要开拓创新，着力打造以下三大休闲观光农业带。

（二）开拓创新，着力打造三大生态休闲观光农业带

1. 南通沿海生态休闲观光农业带的打造

沿海休闲观光农业带在继续搞好沿海生态和南黄海风情观光旅游的同时，要加快渔港建设，促进沿海观光休闲渔业发展，并建设集水产品供给与休闲旅游为一体的现代渔业基地；沿海前沿地区以渔业捕捞垂钓、生态农业观赏、农业生产模拟、农业科学教育、畜牧养殖模拟、畜牧产业观赏等多种形式，大力开发观光渔业、观光农园、观光畜牧、观光园艺等四大

类型的生态观光农业。

2. 南通沿江生态休闲观光农业带的打造

沿江休闲观光农业带重点建设项目主要分布在滨江创意农业集聚区和开沙岛及长青沙等两江地区。南通可以近期开展开沙岛—长青沙、吕四—东灶港、小洋口—老坝港度假版块策划，形成一区（滨江创意农业集聚区）两江（开沙岛、长青沙）四海（老坝港、小洋口、通州湾、东灶港）一角（圆陀角）的度假区沿江和沿海轴线的江海风情休闲带，利用江海风光打造生态休闲观光农业带。

3. 南通都市生态休闲观光农业带的打造

“城市，让生活更美好!”一直是人们的向往和期盼。近代先贤张謇基于“建设一个新世界之雏形”的美好理想，于1895年开始建设“一城三镇”式的“田园城市”，开创了中国早期现代化的辉煌。南通新型城市化发展理念是变以城为本为以人为本，以生活幸福美好为价值取向，建立花园型生态城市，要从单纯注重经济增长向同时关注社会发展、民生改善和品质提升转型，要运用生态学原理和系统工程方法，遵循生态进化规律和发展规律，以实现可持续发展为前提，把环境保护、资源合理开发利用和高效生态产业发展有机结合起来，大力发展低碳经济、循环经济，不断提高资源利用效率和森林覆盖率。

南通沿海城市群都市农业发展的精准定位是发展都市生态型现代农业。其中都市园艺业和都市生态养殖业是都市型农业发展的高级阶段，因为这不仅提高产值和效益，而且作为社会生态系统的一个有机组成部分，提高人们的生活水平和生存质量。按照南通城市园林绿化发展的目标来看，将来南通沿海城市绿地多、花草多、公园多，街道宽阔，假如我们再控制楼宇高度和密度，提高园林艺术水平，则沿海城市将建在美丽的花园及花木海洋之中而成为美丽的花园城市和宜居的生态城市。这些城市就像江海平原上的一颗颗璀璨明珠，南通城市群用发展旅游的红线一穿就成了都市休闲观光农业带。

（三）打造“江海门户”旅游品牌吸引沪客足践南通

1. 精准打造南通“中国江海门户”旅游品牌

南通要打响江海旅游品牌，可以在“江海门户”概念上多下功夫，找准独具江风海韵的“江海门户”这个南通旅游品牌的目标定位，整体布局出江海门户旅游品牌逐步发展、被旅游者认可的战略步骤。南通旅游品牌的精准定位是“中国江海门户”这“六个金色大字”：滚滚长江入海是她的磅礴气势；滔滔黄海澎湃是她的不朽灵魂；绵绵农田成片是她的土地母亲情怀；涓涓细流汇海是她的江海儿女心意；“包容汇通、敢为人先”是南通城市的独有精神；“追江赶海、崇和尚创”是南通人民的独特气质……同处中国唯一滨江临海“江海门户”的沪通两城，曾被称为“中国模范县”的南通既有从曾被称为“江苏省上海县”辉煌“灯下黑”中走出的既往，更要有走出的未来，这就要继往开来地接轨上海、融入上海。

2. 吸引上海游客足践南通三大生态休闲农业观光带

南通农业对接服务上海不仅是南通的希望，更是上海的期待，南通不仅要更好满足上海人的“胃”，而且要更好满足上海人的“肺”，还要养好上海人的“眼”，更要安乐上海人的“心”。“耳闻之不如目见之，目见之不如足践之”。[①] 我们要让上海人亲临“粮袋子、油壶子、菜篮子、果盘子、鱼池子”，要让他们看看吃的是什么米、用的是什么油、挑的是什么菜、送的是什么果、选的是什么鱼，要让上海人走走自己“北大门”里的“城市森林”“后花园”和“游乐场”，瞧瞧我们栽的是什么树、种的是什么草、开的是什么花、流的是什么水，想想自己能吹的北来清风、能吸的富氧空气、能安的食安之心、能乐的田园之趣，让他们来了就不想走，走了还想来。

3. 精准发力，重点打造南通龙头景区以图鲶鱼效应

重点品牌打造精准发力，龙头景区的出现可以带来鲶鱼效应，也可以

① 习近平：《在全国组织工作会议上的讲话》，2013 年 6 月 28 日。

提高一个地区的旅游整体开发水平。如无锡和常州就是龙头景区带动鲶鱼效应的典型案例。南通要精准发力、重点打造龙头景区。南通园博园、南通盆景园、南通城市绿谷、唐闸公园、世外桃源、江南大院、圆陀角、金土地、金伍叶、恒大威尼斯、江天生态园等要打造成2～3天的上海市民自驾游的首选。河豚美食节、桃花节、梨花节、金花节、风筝节、菊花节、“羊家乐”田园风光、“向日葵”市北美景、天生古港风情都要办成最能吸引上海游客的重要休闲农业节庆活动。

（四）中国江海门户特色旅游的亮点培育和规模提升

1. 中国江海门户特色旅游亮点培育的五大思路

（1）定位：确立江海门户旅游品牌形象。构建生态休闲观光旅游业态，打造中国江海门户旅游品牌形象；建设港口生态休闲农业度假区，建设休闲观光慢城市；建设绿色农业休闲旅游项目，做大做强长寿养生度假新景区。（2）整合：品牌宣传形成多元营销效应。实行网络营销，举办节庆活动，搞好公共关系。（3）创新：专项资金使用引入竞争机制。建立利益补偿机制；积极引导市场自主管理；鼓励旅游产品打造。（4）提速：着力打造休闲观光旅游产品。打造生态休闲农业观光带，尽显中国江海门户旅游魅力；打造江海河水运动体验带，尽显南通江海门户亲水魅力；打造博物馆群免费观光带，尽显南通江海文化魅力。（5）竞合：打造龙头景点增强集群效应。精准定位景区目标，合理规划发展方向，实现生态保护和经济发展共赢。

2. 中国江海门户特色旅游规模提升的五大措施

（1）站位：更新发展理念强化顶层设计。江海门户特色旅游发展重在科学谋划；江海门户特色旅游发展贵在战略定位；江海门户特色旅游发展旨在资源开发。（2）合力：全市形成纵横联动工作机制。突出特色，发挥优势；区域合作，整合发展；建设路网，优化交通。（3）建构：旅游公共服务体系质量提升。出台扶持政策，加强协调管理；加大经费投入，实现可持续发展；加强人才培养，形成人才集聚效应。（4）开拓：探索沪通旅游产业合作机制。从政府推动沪客游通入手；发展沪通旅游中介组织；统一旅游行业规范。（5）融入：全方位拓展南通旅游业务。充分融入江海餐饮文化，彰显通派餐饮文化底蕴；重点融入非物质文化遗产，开发传统文化传承项目；完善已有江海旅游产品，开拓新线路和新产品。①

五、对标找差，优化农业对接服务上海的环境

现代农业的发展环境包括基础设施的硬环境和包括行政环境、法律环境、市场环境、投资环境、服务环境、信用环境和社会环境等软环境。对标找差，优化南通农业对接服务上海的环境，要对照优质农产品质量要求优化农业生产环境，按提升农产品质量与食品安全水平要求，继续实施打造高效生态循环农业的绿色南通行动，努力加强食品质量与安全监管，尽力解决制约农产品质量与食品安全水平提升的各种问题，大力优化南通农业对接服务上海的软环境。

（一）对照优质农产品质量要求优化农业生产环境

1. 农产品质量的明确和隐含需要及其影响因素

农产品是来源于农业的初级产品，即在农业活动中获得的植物、动物、微生物及其产品。农产品质量是反映农产品满足明确和隐含需要的能力的特征总和。明确需要包括营养、安全、美味、环保和合法等，隐含需要包括健康、资源和可持续性等。影响农产品质量的主要因素有农产品的品种、产地环境、农业发展方法和农业生产方式以及储存、运输和加工的技术能力。

2. 中国生态农产品质量的显著特征及改善途径

中国农产品质量的最显著特征是有中国特色的生态农业农产品质量，它与西方那种完全回归自然、摒弃现代投入的“生态农业”主张完全不

① 周丹：“发展南通江海门户特色旅游问题研究”，《南通市经济社会发展蓝皮书 2015（上）》，2016 年 12 月，第 184～197 页。

同。它强调继承中国传统农业的精华（废弃物质循环利用）；规避常规现代农业的弊病（单一连作，大量使用化肥、农药和化石能源等）；通过用系统学和生态学规律指导农业和农业生态系统结构的调整与优化（如推行立体种植、病虫害生物防治），改善其功能；以及推进农户庭院经济等。

（二）按农产品质量与食品安全要求提升整体水平

1. 按农产品质量安全要求管控各生产加工环节

农产品质量“安全”，是指农产品质量符合保障人的健康、安全的要求，是指初级农产品中不应含有可能损害或威胁人体健康的有毒有害物质或因素，从而导致消费者或慢性中毒或感染疾病，甚至产生危及消费者及其后代健康的隐患。影响农产品质量安全的因素有产地环境、农业投入品、生产加工模式、农户和企业的生产行为、质量安全监管、农产品标准体系和科学技术因素等。只要任何一个小因素有问题，就会造成农产品质量安全问题。我们要对标找差，严防死守农产品质量安全问题。

2. 按食品安全要求确保食品安全水平稳步提升

食品安全是食品（含食用农产品）质量问题的底线思维，是保障改善民生的永恒主题。食品安全是指食品质量符合保障人的健康、安全的要求。食品安全也是有产地环境、农业投入品、生产加工模式、生产行为、消费行为、质量安全监管、标准体系和科技因素等主要影响因素。农业投入品主要是农产品生产所用的种苗、肥（饲）料、农（兽）药以及食品生产所投的农产品等，只有农业投入品安全，才能确保农产品质量与食品安全。另外，还要严防其他的污染如生物污染和食品包装材料污染。只有这样，才能确保食品安全水平的稳步提升。

（三）实施食品安全战略的行动模式和可找之差

1. 实施打造高效生态循环农业的绿色南通行动

目前，中国经济社会进入新常态，农业农村发展迈向新阶段，提升食物安全水平面临新机遇。实施食品安全战略是提升农产品质量和食品安全水平的战略性转变。近年来，南通以资源利用集约化、生产过程清洁化、废弃物利用资源化为主线，以科技创新、机制创新和制度创新为动力，着力形成资源节约、环境友好的高效生态循环农业，展开了大力开展绿化造林、加大湿地保护力度、加强生物多样性保护、实施循环型农业行动、能减排和美丽乡村行动、洁空气和土壤专项行动等六大绿色南通行动以及全面实施“263”“三河三行业”整治等行动，有效解决影响生态农业发展的环境问题。

2. 南通加强食品质量与安全监管的举措和模式

近几年，南通加强了食品质量与安全的监管，以“源头控制、标准生产、追溯机制、市场准入”四措并举，实现标本兼治，开创了食品质量与安全的监管新模式：（1）扼紧安全源头关口；（2）构建安全生产标准；（3）探索安全追溯机制；（4）把好市场安全准入。

3. 解决农产品质量与食品安全水平提升的问题

毋庸讳言，南通提升农产品质量还存在着理论基础不完备、政策保障不到位、生物技术缺乏、资金投入不足、环境污染制约、优价销售难实现、配套体系滞后、推广力度不足等问题。进一步提升南通食品安全水平还存在着环境污染、农业投入品滥用、不良饮食行为、社会保障能力不足以及法制建设与市场机制作用、营养知识和食品安全教育匮乏等问题。所有这些，都是对标找差中，必须十分重视和亟须解决进一步提升南通农产品质量与食品安全水平问题，也是南通农产品好上又好、能快则快地进入上海市场的先决条件。[①]

（四）注重优化南通农业对接服务上海的软环境

1. 政策环境支撑是完善农业发展软环境的前提

现代农业的发展环境包括基础设施的硬环境建设和包括行政环境、法

---

① 徐志华：“提升南通农产品质量与食品安全水平问题研究”，《南通市经济社会发展蓝皮书2015（上）》，2016 年 12 月，第 399～405 页。

律环境、市场环境、投资环境、服务环境、信用环境和社会环境等软环境。这些软环境都需要政策环境的支撑。目前南通在项目农业基础设施等硬环境建设方面的发展趋势良好，为项目农业招商引资奠定了良好的基本环境。提高地区政策的有效性和针对性，集中力量解决市场解决不了和解决不好的问题，是完善软环境的前提。

2. 政策的制定要保持连续性、有效性和一致性

南通要在国家规定的有关政策法规能够得到切实落实以外，按照 WTO 规定的“绿箱”和“黄箱”政策，制定符合世界贸易规则的有利于吸引更多投资者的可行性优惠政策，建立良好的健康的优质农产品生产投资环境。而这种环境是和服务环境、信用环境和社会环境等软环境相辅相成的，所以政策的制定要保持连续性、有效性和一致性，这样才能保持农业发展有稳定、良好的外部环境。

3. 良好的法律环境、公共服务和社会保障水平

为保证现代农业发展有一个良好的法律环境，政府要尽快出台相应的现代农业产业政策，并加快其相关地方法规和条例体系建设，使促进现代农业发展的各项措施建立在法制保障的基础上。现代农业的发展离不开农民拥护、支持和参与，因此政府应排除农民职业化、市民化中的种种障碍，落实农民的公民权益，统一城乡发展方针，统一城乡户籍、就业、教育、医疗和社会保障制度。

“纵有万千不同，心意尚能相通”。习近平在展望“一带一路”发展前景时说：“只要我们相向而行、心连心、不后退、不停步，我们总将迎来路路相连，美美与共的那一天。”现在，南通农业对接服务上海，不仅有“一带一路”和各种国家战略叠加的“天时”，还有资源丰富和地缘相连的“地利”以及语言相通和情感相依的“人和”。不仅是南通对接服务上海，上海也在对接服务南通，沪通一体化发展已成为发展趋势。沪通一体化发展是沪通对接的融合发展。上海要更好地发挥长江流域交流与合作“龙头上颌”的关键作用，就需要南通这个“龙头下颌”的紧密配合。只有在这

个龙头“上下颌”开合能吞“中国制造 2025”“德国制造 4.0”和“美国重返制造业”之“云”和能吐“中国科技领先”和“军工领域领先”之“雾”时，中国长江流域交流和合作发展的“中国龙”才能有“龙抬头”带起的“长江经济带龙身、龙尾和龙爪”一起飞的顺势，才能有“一带一路”协同发展和惠及其人民伟大成就的期待。

南通农业对接服务上海的途径概括起来就是南通“一产接二连三”对接服务上海。具体来说：一是主动适应，直接瞄准上海食品需求侧变化，调查研究上海市食用农产品市场结构和变动趋势以适应市场需求及其变化；二是积极引领，着重加快南通农业供给侧改革，主动作为把南通农业接轨融入上海问题想在先、干在前，有规划、能落地；三是稳中求进，承接和发展沪通农业合作项目，探索切实可行的合作、共赢、分享的发展新模式；四是拓展渠道，全面统筹农产品沪上市场营销，注意四大策略有机组合以及销售渠道拓展和环节耦合；五是主动作为，鼓励发展南通农产品电子商务，农产品电子商务是“互联网 + 农产品”的生动实践，有着巨大的发展潜力；六是开拓创新，着力打造三大休闲观光农业，南通是上海的北大门里的后花园，建好花园城市和沿江、沿海休闲观光农业带，能促进和带动沪通旅游业发展；七是对标找差，注重优化沪通农业接轨环境，主要探讨南通农业对接服务上海的软硬环境优化问题。七个方面环环相扣、链链相连和节节相通的全方位、立体式和交叉型有机组合，就构成南通农业对接服务上海的全途径，我们要上下求索之，聚力足践之，以使南通农业对接服务上海好上有好、能快则快。

发挥优势　彰显特色　推动启东休闲农业迈上新台阶

——启东休闲农业对接服务上海的SWOT分析

中共启东市委党校　黄云峰

休闲农业贯穿农村一、二、三产业，是融合生产、生活和生态功能，紧密连接农业、农产品加工业、服务业的新型农业产业形态和新型消费业态。加快发展休闲农业，对于转变农业发展方式，促进农民就业增收，推进新农村建设，统筹城乡发展，满足城乡居民日益增长的休闲消费需求具有重要的意义。① 启东市位于我国最具活力和发展潜力的黄金地带——长江三角洲地区，与上海隔江相望，至上海浦东直线距离仅50多公里。独特的区位优势、江海特色的农垦文化、富饶美丽的田园风情，为启东发展休闲农业提供了优越的自然条件和广阔前景。近年来，启东充分发挥紧靠上海的区位优势，依托江海资源禀赋，大力发展休闲农业与乡村旅游，精心打造“追江赶海看启东”旅游品牌，取得了明显成效。2016年，全市共有休闲企业和乡村旅游项目106个，全年接待游客380万人次，其中60%以上来自上海，营业收入突破10亿元。休闲农业已成为启东农村经济发展的重要主导产业、农民增收的重要渠道和现代农业的重要组成部分。同时，也面临着一些挑战和瓶颈制约，亟须解决。

当前，跨江融合、接轨上海，建设上海“北大门”已成为南通新一轮发展的重要战略。启东市与上海地缘相接、人缘相亲、文化相通、经济相

① 农业部：《农业部关于印发〈全国休闲农业发展十二五规划〉的通知（农企发〔2011〕8号）》，2011年8月23日。

融，在对接服务上海方面具有得天独厚、不可替代的优势。启东市委第十三届二次全扩会进一步明确了“全面接轨上海，全力促进民富”的工作主题，把做足做好对接服务上海文章，打造“一堡三地”“四个城市”作为建设“门柱子”的有力抓手，在全方位对接服务上海中走在前、干在先，为南通扮靓上海的“北大门”作出应有的贡献。在启东新一轮对接服务上海战略中，休闲农业的地位和作用不可或缺。对接服务上海，对于启东休闲农业不断拓展目标市场，规范行业管理，促进产业提档升级、提质增效，树立品牌形象，增强综合竞争力具有十分重要的现实意义和深远影响。本文运用 SWOT 分析方法，对启东休闲农业对接服务上海的优势、劣势、机遇和威胁进行客观分析，并提出对策建议，为启东休闲农业的健康可持续发展提供理论参考。

一、启东休闲农业对接服务上海的 SWOT 分析

（一）优势（Strengths）

1. 交通区位条件优越

靠江靠海靠上海，为启东休闲农业对接服务上海提供独特的地理条件和区位优势。启东与上海隔江相望，距浦东直线距离仅 50 多公里，而位于崇明岛北端的启隆镇，作为一块天然的“飞地”，成为“无缝对接”上海的风水宝地。2011 年 12 月，崇启大桥全面贯通，启东跻身“上海一小时交通圈”“上海一小时经济圈”“上海一小时生活圈”，展现出强劲的后发优势。近年来，启东全面推进“六纵、六横、两沿、两高速、一环、一通道”重点交通网络建设，江海河联运、公铁水配套的集疏运体系逐步形成。目前，启东拥有国道 2 条，分别为 328 线（临海高等级公路启东段）、345 线（原 336 省道），宁启高速、扬启高速（在建）贯穿全境，北沿江高铁项目正在论证阶段。境内的吕四港是国家一类开放口岸，作为昔日举世闻名的国家级中心渔港，现正在向“上海北翼第一海港”目标全力冲刺。港区内可建设 10 万 ~ 30 万吨级的深水泊位数十个，内连通吕运河，

外接小庙洪深水航道，至日本神户、韩国釜山距离约420海里，是我国除宁波、大连、香港外又一个不可多得的天然深水良港。随着崇启大桥的建成通车、宁启铁路的加速上马、吕四港开发的纵深推进，启东正成为南接上海、苏南，西接南通市区、苏北，延伸西北、东北腹地的交通枢纽节点，原先的交通末梢成了名副其实的交通枢纽。

2. 乡村旅游资源丰富

启东一手揽大江，一手拥沧海，独特的江海风情、浓郁的沙地文化，丰富了休闲农业的外延和内涵，成为一张张吸引上海游客纷至沓来的亮丽名片。有圆陀观日——圆陀角风景区，三水交汇、第一缕阳光、湿地公园；金滩拾贝——黄金海滩，玩沙滩冲浪、坐牛车出海、拾泥螺、踩文蛤、挖沙参、摘紫菜，跳“海上迪斯科”；候鸟王国——兴隆东沙，共有鸟类216种，包括国家一级濒危鸟类丹顶鹤、白头鹤、白鹤、白鹳等。垦牧之光——清末状元、一代实业家张謇筹办的通海垦牧公司遗址，昔日的挡浪墙历久弥新；鹤城访古——千年古镇吕四镇，传说仙人吕洞宾曾四次驾鹤而至，进士府、洞宾楼、三清殿、集庆庵、八仙居古韵犹存；渔港神韵——吕四渔港，开渔盛会百舸争流、千帆竞发，渔歌号子高亢亮丽、韵味十足；沙地风情——南北交融、兼容并蓄，渔盐文化、拓荒文化，享誉世界的“启东版画”艺术奇葩诞生于此；农庄小憩——得天独厚的原生态湿地、四季分明的海洋性气候、充沛的雨量、未经污染的自然环境，为发展乡村旅游提供了一个不可多得的平台。

3. 农（渔）业经济基础良好

近年来，启东依托丰富的江海资源，围绕“农业强、农民富、农村美、机制活”目标，推动农业转型升级，拓宽增收致富渠道，改善农村人居环境，推进农村综合改革，取得明显成效，为启东休闲农业对接服务上海提供了良好的产业基础。启东依江傍海，三面环水，拥有203公里江海岸线，60多万亩滩涂。这里绿野平原、风光秀丽，气候宜人、物产丰富，被誉为“粮棉故里，东疆乐土”。吕四渔场是全国四大渔场之一，吕四渔港是全国六大中心渔港之一，拥有2000余种海产资源，海蜇、紫菜、文蛤、鲳鱼、黄鱼等水产品闻名海内外，每年海产品捕捞量占江苏省的1/3，是江苏省第一个全国渔业百强县。2016年，全市实现农林牧渔业总产值131.73亿元，粮食总产量26.14万吨。农业基础设施良好，拥有高标准农田面积46.2万亩，设施农业面积达23万亩，分别占全市耕地面积的43.9%、22.2%，累计完成农业投资180亿元，建有省级农业标准化示范区2个，万亩现代农业园6个，被评为全国平安农机示范县；农业产业化步伐加快，建有省级农业龙头企业10家，南通市级农业龙头企业54家，年销售500万元以上的龙头企业385家。拥有“全国一村一品示范村”2个，全国首批农业合作社示范社19家，国家级有机食品、绿色食品、无公害农产品130个。①

4. 服务对接源远流长

由于地相邻、人相亲、文相通，启东休闲农业的发展与上海有着不解之缘。启东的休闲农业起步于20世纪的90年代，主要是以观光为主的参观农业，慕名而至的外地游客主要以上海人为主；20世纪90年代至本世纪初，启东的休闲农业进入以观光和采摘相结合的体验农业阶段。启东的旅游部门和一些乡镇瞄准上海市场，利用本地独特的优势，开发了采摘、垂钓、花卉苗木、野餐等多种旅游活动，逐步形成“吃农家菜、住农家屋、观农家景、干农家活”的农家乐模式。2012年以来，启东先后制订了《关于规范管理全市休闲观光农业发展的暂行办法》《全市十佳休闲观光农业园区评选细则》《休闲农业与乡村旅游发展工程实施意见》，加大规范、监管、扶持力度，积极开拓上海旅游和农产品市场，主动承接上海项目梯度性转移，充分吸引上海资金、管理、人才、信息、技术等资源要素，并逐步进入规范和提升阶段。据不完全统计，目前启东45%的农产品供应上海，60%以上的游客来自上海，在全市100多家休闲农业项目中，有80%的投资直接或受上海影响进入启东。

① 彭红辉、李世大：“启东‘十二五’发展回眸（上）”，《启东通讯》，2016年第2期。

5. 休闲农业初具规模

经过多年发展，启东休闲农业初具规模，并在上海市场及周边地区具有一定的影响力和知名度。至 2016 年底，全市共发展各类休闲农业项目 106 个，占地面积 7 万多亩，总资产 25 亿元，全年接待游客 380 万人次，营业收入突破 10 亿元，经营项目覆盖各类休闲方式，农事节庆达 30 多个，带动农户 6000 多户。目前，启东已基本形成了“一核两带一线”的休闲农业发展空间格局：吕四沿海风情观光休闲区以渔业休闲景点为主，兼顾农业采摘等，如吕四渔港、吕四古镇、滨海渔家乐、黄金海滩、圆陀角风景区和盈康农庄等；沿江生态观光休闲农业带以果树、花卉生产和都市农业休闲为主，如大自然度假村、惠萍镇乡村旅游集聚区、江天生态园和台蓝生态农业园等；城北生态休闲农业带以农业休闲景观点为主，如中友海鲜城、长丰生态农业、合作葡萄园和田仓农庄；省道 221 农业景观廊道按照“一村一品”原则，形成良好的村容村貌和优美的田园景观。如启东现代农业产业园、香樟花园等。全市拥有全国休闲农业和乡村旅游五星级企业 1 个（启东江天生态园），四星级企业 4 个（大自然生态农庄、盈康休闲农庄、如意农庄、印象沙地休闲农庄），三星级企业 3 个（启隆嘉仕有机生态园、金港农庄、通海苑），南阳镇启兴村被评为江苏省魅力乡村，海复镇滨海村被评为江苏省农家乐集聚村。2016 年，启东市被国家农业部认定为全国休闲农业和乡村旅游示范县。

（二）劣势（Weakness）

1. 宏观管理能力有待加强

一是规划引导相对滞后。近年来，启东先后编制了《2010—2020 现代农业发展规划休闲农业篇》《旅游业发展 2010—2020 规划休闲农业篇》《休闲农业和乡村发展 2016—2030 总体规划》等一系列规划，为启东休闲农业发展作出了统一规划和统筹安排。但由于执行的时滞性和投资的盲目性，导致一些休闲农业项目存在布局不合理、选址不科学、集聚效应不明显等问题。一些项目盲目跟风、重复建设、项目单一，经营效益不容乐观。休闲农业景点与传统旅游景点之间缺乏有机联系，共生性差，也影响了对游客的吸引力。二是规范管理尚不到位。目前，启东休闲农业的主管部门是市农委。但一个休闲农业项目，从注册登记、规划建设、农业生产、旅游管理、食品卫生、环境保护、质量监督、治安管理等，涉及多个政府主管部门，在现实生活中就可能存在谁都可管但谁都不管的混乱局面。当前，启东还没有成立真正意义上的休闲农业行业协会组织，在引导和组织行业的规范管理、合法经营方面存在缺位。三是政策扶持有待提高。近年来，启东相继出台鼓励和扶持休闲农业发展的政策措施。如制定规范管理休闲农业发展的暂行办法、对评定为南通市级以上的休闲农庄予以2万~10万元的财政补助、酌情调剂一定数量的用地指标用于市重点扶持的休闲农业项目、实施“阳光工程”，以及为休闲农业发展培养人才等。但针对性不强，资金投入不足，扶持力度较小，政策效应尚未充分发挥。

2. 规模偏小，带动性不强

目前，启东市共有休闲农业项目106个，规模以上的农业休闲企业有30多家，其中注册资金超过1000万元的只有7家，带动农户数超过500个以上的有6家，有经认证或自主品牌农副产品的4家。由于规模较小、分散经营、模式单一，相关产业之间缺乏联动，对农产品种养业、农产品精加工业、手工艺品制造业、农产品物流业等推动作用发挥不够；同时，产业供应链上下游之间合作较少，产业链的整合力度不够，对产业经济的拉动作用不明显。同时，启东农业合作组织发展还不快，缺少具有一定知名度的高品位、多功能的品牌龙头农业企业，抵御市场风险能力不足，辐射带动能力不强，难以形成产业发展优势。

3. 地方特色不浓，项目同质化

启东农业旅游资源丰富，具有优美的自然生态景观和独特的江海农垦文化，为休闲农业开发烙下不可复制的地方特色。但在实际的开发过程中，启东的一些休闲农业项目缺乏周密的市场论证和发展规划，一味地照搬他地或城市化倾向明显，对特有的江海资源利用不够，对江风海韵的自然风情展现不足，未能将资源优势转化为产品优势；对农业文化内涵挖掘和开发不够，没有把启东独特的农耕文化、地方特色和民俗风情有机地融入产品之中，加工提炼出鲜明的文化主题。当前，启东以农业为主题的高品位、高档次、多功能、知识型的产业园区很少，无法满足游客求真求知求趣的心理渴望。部分高档的休闲农庄侧重于突出餐饮、娱乐功能，对高附加值的旅游项目开发不多，难以给旅游者留下深刻的印象与感受，停留过夜住宿的情况较少，下次重游的可能性很低。

4. 经营服务能力有待提高

当前，启东休闲农业经营管理不规范，缺乏专门的经营团队和具有专业知识的经营人才，从业人员整体素质较低已经成为制约产业发展的重要因素。启东休闲农业的经营业主大多是当地农户或个体经营商，学历相对较低，经营理念落后，市场竞争观淡薄。一些经营业主宁愿在主体建筑等硬件建设上花钱，也不愿在经营特色、服务质量、人才培养等软件方面下功夫。更有一些经营者商誉意识淡薄，服务随意性大，不能严格按照对外承诺的内容提供服务，以次充好，缺斤少两，“宰客”现象时有发生，抹黑了启东休闲农业旅游的整体形象。当前启东“农村空心化”现象严重，一批有文化的年轻劳动力流向城市打工，留下来的农村劳动力普遍文化层次较低。大多数休闲农业从业者没有经过正规的业务培训，缺乏从业知识和行业要求的技能，人员素质参差不齐，与休闲农业服务应达到的专业化水平还有相当大的差距。

5. 基础设施条件亟须改善

目前，启东的休闲观光农业点的食宿条件及公共配套设施状况不容乐观。如一些农家乐厨房卫生条件不达标、餐具清洗不消毒、厨师和服务员无健康证，住宿条件简陋，设施不全，安全无保障；一些休闲农庄景点交通不便、指示牌不明显，存在“路难走、点难找、车难停”等现象，一些景点没有专门的停车场，自驾游的汽车只有停在并不宽阔的乡村公路上，存在道路安全隐患；还有一些景点缺乏专业技术人员的讲解和信息资料，无法为游客提供专业的意见或示范；没有必要的标志标牌，不仅不能实现知识传递的功能，也不利于农业环境资源的保护。另外，休闲农业季节性较强，旺季较为短暂，导致经营者从休闲农业旅游中收益有限，食宿等相关配套设施建设落后，使得休闲农业景点建设较为粗糙。

6. 宣传营销滞后，品牌意识不强

近年来，启东市旅游部门对休闲农业和乡村旅游虽然进行了一些宣传，但宣传广度和力度有限。一些休闲农业经营者缺少主动宣传和参与促销的积极性，市场促销意识淡薄，宣传手段单一，往往是等客上门，依靠“口碑”效应生存，常见的促销手段就是印发传单，或是在马路边竖块自制的广告牌，未能充分发挥广播电视、报纸杂志、互联网等现代传媒的作用。外地游客只对一些大型的、较成熟的休闲农业景点有所了解，对其他小型的农业旅游点知之甚少。当前，启东休闲农业对网络营销的应用还处在初级阶段，仅有部分星级休闲农业点建立了网站，已有的网站还存在着信息更新不及时、宣传内容单调、网络宣传手段单一及品牌特色、地域特色和文化特色不突出、与消费者交流的平台不健全等问题，制约了网络营销作用的充分发挥。目前，启东的休闲农业企业普遍缺乏长远的经营战略与品牌意识，没有形成自身品牌，具有一定知名度的高品位、多功能的品牌龙头企业少之又少。节庆活动是休闲农业市场营销与推广的重要手段，启东连续多年举办的海鲜节、江海文化节虽有一定的知名度，但更多的是为招商引资服务，而不是纯粹的农业节庆活动。

（三）机遇（Opportunity）

1. 休闲经济蓬勃兴起

近年来，随着我国国民经济的发展、居民收入的不断提高以及节假日的调整、闲暇时间不断的增加，对休闲产业的需求也大幅上升，休闲经济正进入蓬勃兴起阶段。根据国际经验，人均 GDP 达到 1000 美元时，观光性旅游急剧膨胀；人均 GDP 达到 2000 美元时，基本形成对休闲的多样化需求和选择；人均 GDP 达到 3000 美元时，人们就有度假需求。2016 年，我国的人均 GDP 达到了 8866 美元，而长三角地区的上海、江苏、浙江等省（市）的人均 GDP 均超 1 万元美元（其中上海 17120 美元、江苏 14361 美元、浙江 12635 美元）。2013 年，国务院办公厅印发《国民旅游休闲纲要（2013—2020 年）》，进一步推动带薪休假制度的落实。据统计，目前我国每年的国家法定假日有 114 天（含周日），加上国家逐步推广的带薪休假制度，人们每年将有 1/3 的时间在闲暇中度过。目前，上海有常住人口 2400 多万，是华东地区最大的旅游市场和国内外旅游人口的集散地。休闲经济的蓬勃兴起，激发了上海市民外出休闲度假的热情。有调查显示，上海人在假期选择外出旅游的占到 39.6%，为周边地区的旅游市场提供了巨大的发挥空间。

2. 政府政策支持发展

当前，各级政府越来越重视休闲农业的发展，把休闲农业作为农村经济新的增长点，加大政策引导和扶持力度。2015 年，国务院办公厅发布《关于进一步促进旅游投资和消费的若干意见》，提出发展乡村旅游需完善休闲农业和乡村旅游配套设施。重点加强休闲农业和乡村旅游特色村的道路、电力、饮水、厕所、停车场、垃圾污水处理设施、信息网络等基础设施和公共服务设施建设，加强相关旅游休闲配套设施建设。到 2020 年，全国建成 6000 个以上乡村旅游模范村，形成 10 万个以上休闲农业和乡村旅游特色村、300 万家农家乐，乡村旅游年接待游客超过 20 亿人次，受益农民 5000 万人。[①] 2017 年的中央“一号文件”再次提出了大力发展乡村休闲旅游产业，从产业发展、财政金融支持、用地保障机制和人才培训等方面进行了顶层设计。江苏省作为农业大省，历来重视和支持休闲农业的发展，把它作为建设美丽江苏和率先实现农业现代化的重要抓手。江苏省《“十三五”规划纲要》明确提出，要完善促进休闲观光农业发展的扶持政策。2014 年，省级财政提供 5246 万元作为休闲观光农业发展基金，共扶

① 国务院办公厅：《〈关于进一步促进旅游投资和消费的若干意见〉（国办发〔2015〕62 号）》，2015 年 8 月 11 日。

持了307个休闲观光农业项目的基础设施改造和产品提档升级。2012年，启东市出台《关于规范管理全市休闲观光农业发展的暂行办法》，从建前申报、用地管理、审核程序、监管职能、政策扶持等方面对休闲观光农业发展作出明确规范。今年3月份，又出台《关于加快发展现代农业的若干政策》(启发〔2017〕3号)，加大对休闲农业的扶持力度。

3. 启沪合作深入推进

启东与上海地缘相接、人缘相亲、文化相通、经济相融。多年来，启东一直把“融入上海”作为整个经济社会的发展战略。2013年，启东市政府委托上海市政府发展研究中心开展对接上海专题研究，针对园区开发、物流、人才、农产品供销对接、旅游、科技创新、港口发展、职业教育、服务外包等九大领域，提出对接的推进路径、工作举措和保障机制，并形成具体行动计划，简称“139”工程。2014年，启东明确提出全面接轨上海的“2468”目标，即：20%以上的工业产品配套上海，40%的农产品供应上海，60%的旅客来自上海，80%的投资源来自上海。在农业旅游对接方面，启东先后与上海市旅游协会签订了战略合作框架协议，与上海崇明县、静安区旅游局共同搭建政府间区域合作平台：“启东—崇明—静安旅游联盟”，推出了一系列的休闲专题产品；围绕上海都市休闲旅游的内在需求，重点发展真正能吸引上海人的项目，打造“品鲜之旅”“追江赶海之旅”“赏花采果之旅”等旅游线路；积极推进供应上海的菜篮子工程建设，形成了合同批销、定点购销、农超对接、产销联合体、会员制销售等多种销售模式，已建立了100多家启东特色农产品上海“直销店”，开通了启东农副产品到上海“直通车”。[①] 2016年9月，启东在上海举行休闲农业专场推介会，推出十大精品休闲农业和乡村旅游景区及10条旅游线路。

---

① 戴丽丽、王伟玮：“启东：沪上‘北大门’做强‘门柱子’”，《新华日报》，2017年4月24日。

（四）威胁（Threats）

1. 上海周边地区旅游市场竞争激烈

长三角地区旅游资源十分丰富，旅游市场竞争激烈，严重挤压着启东休闲农业争夺上海市场份额的空间。比如上海本地的金山、南汇、崇明，浙江的嘉兴、苏南的苏锡常地区，旅游市场较为成熟，拥有科学高效的现代管理和服务体系，市场竞争力强，对尚处于初具规模的启东休闲农业形成强有力的冲击。与启东近邻的海门、海安等县市也纷纷立足江海、生态、人文等优势大打特色品牌，如海门市围绕具有鲜明地方特色的“七个一”，即一个人“张謇”、一座山“蛎岈山”、一条江“长江岸线休闲农业带”、一个古镇“余东”、一个花镇“海永”、一座城“叠石桥国际家纺城”、一只羊“海门山羊”，全力打造沿江、沿海、内陆三位一体的休闲农业，形成了独具特色的休闲农业和乡村旅游品牌。[①] 海安县提出“河豚之乡，休闲海安”的发展品牌，以苏中七战七捷纪念馆和韩国钧故居为主体的红色之旅、以中洋河豚庄园为主体的海滨现代农业观光之旅、以青墩新石器遗址、523 文化主题公园为龙头的文化之旅吸引了越来越多的游客。面对周边咄咄逼人的竞争态势，启东休闲农业只有采取差别化战略，标“新”立“异”，扬长避短，不断整合资源要素，发挥优势特色，形成特有的品牌效应，才能在激烈的市场竞争中占有一席之地。

2. 扩张发展过程中的土地资源制约

启东地少人多，人均耕地面积 0.91 亩，低于全国和江苏省的平均水平，并呈逐年减少趋势。土地指标紧张，往往使一些大型建设项目难以落地，坐失发展良机。目前，启东规模以上休闲农业园（企业）中，占地面积 100 亩以上的有 23 家，其中租赁经营的有 16 家，占比 69.5%。休闲农业项目开发，不仅需要利用大量的农业用地，并且随着规模的扩大，其附

---

① 王继亮：《江苏海门发力特色乡村游做强品牌成就富民产业》，光明网，2017 年 4 月 20 日。

属设施包括餐饮、住宿、会场展厅、加工场所、停车场等也需要占用一定的土地资源。由于没有用地指标，这些设施往往是建在临时租用土地上，成本较高，且有不确定性（有的甚至是违规建筑），导致项目开发缩手缩脚，资金投入和扩大规模有所顾虑。当前，土地资源的瓶颈已成为制约启东休闲农业进一步发展壮大的重要因素。在土地资源相对紧缺的情况下，启东休闲农业应该更多地依靠科技和资金的大力投入，走集约化经营之路，重点开发高档化和精致化的休闲农业项目。

3. 旅游开发与生态环境的矛盾

由于休闲农业承担着为城市提供农副产品和休闲度假的职能，而后者的人文景观建设必然会挤占部分土地，可能造成土地资源无序开发、浪费耕地等现象，引发旅游开发与生态环境之间的矛盾。当前，启东一些休闲农业项目缺乏科学规划，开发无序、毁“农”造景等现象比较严重，对原有的地形、地貌及植被、物种等大肆破坏，导致水土流失、生物多样性减少等一系列生态环境问题，生态景观遭受破坏。同时，休闲农业具有较强的季节性，大量游客在特定时段（主要是双休日、节假日）集中涌入休闲农业区域，超出农村生态环境的承载力，生态环境破坏现象严重。一些游客的不文明行为，如随意丢弃的食品袋、食物残渣、瓜皮果核、啤酒瓶、易拉罐、废塑料等，对水体、土壤、植被等产生严重污染，直接影响农村的生态景观环境。

二、启东休闲农业对接服务上海的对策建议

（一）强化规划引导，推进产业集聚

规划是发展的龙头，是指导发展的科学依据。启东休闲农业要以对接服务上海为契机，进一步科学规划，合理布局，既要因地制宜，又要注重规模集聚。目前，《启东市休闲农业和乡村旅游发展2016—2030总体规划》（以下简称《规划》）已编制完成。该《规划》结合启东现代农业和旅游发展的总体规划构想，进一步明确了“一核三区四带”的总体发展布

局，勾画了“面向上海、辐射长三角、省内有地位、国内有影响的乡村旅游休闲目的地”的优美蓝图，是指引启东休闲农业未来发展的纲领性文件。“一核”即以吕四渔港、圆陀角旅游度假区、启隆长岛为核心的发展极；“三区”即北部休闲渔业体验度假区、东部沿海风情度假区、西部绿色田园观赏旅游区；“四带”即沿海渔家风情休闲旅游带、沿江农家生活体验休闲旅游带、沿岛有机农业与养生休闲旅游带、沿路林果采摘与花卉观赏休闲旅游带。要围绕总体规划，进一步编制和修订园区（企业）专项规划，发挥不同农业区的功能、特色，满足不同层次的游客需求，促进产业集聚发展。重点打造六大板块：一是路景景观廊道，规划建设好启东市（南阳）现代农业示范园区。二是吕四休闲观光农、渔业园，打造吕四港镇现代农业产业示范园，突出吕四盈港市场建设。三是沿江都市农业园，打造大自然度假村和水果小镇等。四是启隆生态观光农业园，建设嘉仕有机农业园和林洋生态园等；五是合作经典文化产业园，建设圣合·圣心玫瑰园，打造北上海文化时尚、美感生活、生态空间的高端养心艺术度假胜地。六是圆陀角旅游度假区，推进恒大五国温泉城、海洋公园、水上世界、十里江海风情带等项目建设。要加强与上海各层次规划的衔接，错位发展，优势互补，整合优化资源要素，着力推进休闲农业与乡村旅游集聚区建设。特别是启隆镇，要充分释放“飞地”活力，积极策应崇明世界级生态岛建设，进一步落实《东平—海永—启隆区域协同规划》，围绕建设“上海北翼生态宜居城、长三角地区独特的原生态旅游观光基地、国家级生态型绿色食品生态基地”的目标，做大做强休闲农业产业，做精做细休闲农业项目，打造启东休闲农业“无缝对接”上海的先行区和示范区。

（二）加强规范管理，提升行业标准

规范管理是当前推进启东休闲农业发展的重中之重，也是对接服务上海的重要保证。要充分发挥全市休闲农业与乡村旅游领导小组的协同管理机制，明确分工，各司其职，为休闲农业的健康发展提供良好的外部环境。市农委作为主管单位要加强同旅游、文化、交通、公安、环保、城

建、水利、电力等部门的合作，加大科学管理力度，合理利用农业资源，明确管理主体，切实加强休闲农业的监管工作。根据全市休闲农业发展的基本情况，积极组织专家学者深入基层调研，商讨制定切合启东实际的休闲农业园区管理办法和市场准入政策，进一步规范休闲农业的项目立项、申请程序、审批办法、价格制定、经营管理、接待服务等方面的管理，明确休闲农业项目规模、资金投入、占地面积、管理人员数量、游客容量、卫生安全措施等，为休闲农业项目的规划建设提供决策咨询。建立休闲农业产权保护制度，以法律形式界定和保障休闲农业经营者的产权，避免休闲农业经营活动中的一些短期行为，规范休闲农业产业发展。同时，加强标准化管理，以创建活动为抓手，积极培育一批休闲观光农业示范点、示范园、示范村，培育一批有一定体量和规模的休闲农业龙头企业，以点带面，全面提升启东休闲农业企业的基础设施建设和经营服务水平。

（三）加大扶持力度，优化政策环境

政府部门要以对接服务上海为契机，加大对休闲农业的政策扶持力度，制定完善休闲农业产业的相关政策。一是财税政策方面。市财政要每年增加休闲农业专项资金，通过奖励、以奖代拨、项目资金贴息等方式，激励各类休闲农业示范点、示范村等发展特色农业和产品提档升级，重点扶持水果小镇、花海小镇等一批重点休闲农业项目；鼓励休闲农庄、农业科技园等规模较大的综合经营户申报农业龙头企业，享受龙头企业待遇，在土地使用税、房产税、营业税、城市建设税、排污费等方面推出减免政策。二是信贷政策方面。全市各类商业银行要把休闲农业项目建设纳入信贷支农重点，在审批程序、抵押担保、贷款利率等方面给予一定的政策倾斜。对经营特色明显、带动能力强、运作规范的休闲农业项目要优先给予信贷支持。积极推进信用村建设，开展休闲农业经营户信用评定活动，通过降低贷款要求和放宽还贷条件为休闲农业经营户解决资金方面的后顾之忧。三是投融资政策方面。发挥政府引导作用，建立由政府、企业和个人联合投资的休闲农业融资平台，鼓励和引导社会资本通过协作、参股、合

资、独资、合伙等形式参与休闲农业项目的开发与经营，实行多层次、多元化、多渠道的投融资形式。四是土地惠农政策方面。完善农村产权交易市场，设立“农村土地流转扶持资金”，对具有一定规模的、土地集中连片流转的农村土地流出方（农户）给予资金扶持，鼓励农户在自愿原则下，将土地使用权通过转包、转让、出租、股份合作、抵押等形式进行有偿转让，从而整合利用农村土地资源，提高土地产出率，适应休闲农业规模化发展需要。

（四）培育龙头企业，增强带动效应

龙头企业是休闲农业产业化发展的根本动力和重要标志。启东休闲农业在对接服务上海过程中，要加快培育壮大龙头企业，增强示范带动效应，形成以龙头企业为主体，生产集约化、功能多样化、产业规模化的休闲农业基地与示范园区，提高休闲农业组织程度和经营管理水平，推动启东休闲农业产业化发展。一是积极引进龙头企业。培育壮大龙头企业的前提是大力引进龙头企业。要加大招商引资力度，通过启东休闲农业资源优势和市场优势吸引龙头企业来启投资，建立休闲农业基地，围绕区域主导产业和资源优势，合理布局和建设龙头企业。当前，要重点把握好上海产业转移历史机遇，积极引进沪上企业移师北上，带动更多的投资资金和优质休闲农业项目落户启东。二是培育壮大龙头企业。要加大扶持引导，推动优势企业增资扩股、传统企业提档升级、在建项目加快进度，切实增强自主创新能力，做大做强特色产业，延伸服务功能，拉长产业链，打响企业品牌，不断提高市场抗风险能力。如江天生态园通过多年的培育，不断加大资金投入和产品创新，注重以特色求发展，做强“农业”，做活“旅游”，成为苏中休闲农业旅游的品牌企业，被评为启东首家全国休闲农业与乡村旅游五星级企业。三是增强龙头企业带动能力。在休闲农业发展过程中，要重视建立、完善与之相适应的运作体系和机制，完善龙头企业与农户间的利益分配机制，建立龙头企业与农户间的利益共同体，在一体化经营体系内实现利益互补，实现农户小规模经营与大市场间的对接，提高

农户进入市场的组织化程度。海复镇滨海村通过引进上海铁化公司创建“渔家乐”项目，采取“公司＋基地＋农户”的运作模式，以农户为核心主体，门对门接送和招待游客，直接让农户参与接待和服务，逐步形成了以农带旅、以旅富农的富民强村新途径。通过延伸“渔家乐”产业链，带动有条件的群众开办农（渔）家乐 20 多家，新增果蔬种植面积 800 亩，年增生态鸡鸭鹅猪 25000 多头（羽）。“渔家乐”项目共转移农村劳动力 300 余人，从业人员年均收入超 3 万元。①

（五）发挥资源优势，彰显地域特色

所谓特色是指树立休闲农业旅游品牌、吸引潜在消费者、避免休闲农业同质化竞争。启东休闲农业在开发过程中，要因地制宜，精心策划，优势互补，保持特色，求新求异不求全，避免重复建设。一是突出资源优势，丰富参与活动。围绕本地的资源基础和游客的需要，突出农味搞项目，在“农”字上做文章，彰显水、田、村、湖特色，力求贴近农家生活，吃农家饭、住农家屋、干农家活、享农家乐，让游客能够体验农家风情、农村环境、农事乐趣。充分挖掘特有的自然、人文、民俗等区域资源，做大特色文章。② 同时，要丰富活动内容，突出参与性和兴趣性，提高游客的重游率。如惠萍镇乡村旅游集聚区依托“万亩梨园”为基础，着力打造“水果小镇”，形成以踏青、赏花、摘果、游河、品乡村土菜为特色的农家旅游品牌，让游客真正体验“融大自然、深生态、活文化、真生活于一体”的沙地农家生活。二是突出本土特色，保护当地文化。深度挖掘启东本地人文、民俗、历史内涵，突出特色和差异性，突出农村天然、质朴、绿色、清新的环境氛围，强调天趣、闲趣和野趣，运用特有的乡土文化、乡土生活方式和风土民情去尽力展现乡村旅游的魅力，为休闲农业注入旺盛的生命力。要充分挖掘民间传说、民间曲艺节目、民间节庆文化

---

① 海复镇滨海村：“‘渔家乐’进村滨海换新颜”，《启东通讯》，2017 年 7～8 期。

② 陆会峥、周波、王卫生：“泰州休闲农业可持续发展探讨”，《江苏农村经济》，2014 年第 9 期。

现象，使地域性的休闲农业乡村旅游活动萦绕在地域文化的氛围中。[①] 如吕四港镇要紧紧围绕“海洋、渔业、古镇、民风民俗”主题，突出吕四风情游项目的优势，提炼吕四“海文化”“渔文化”，让游客除了在海鲜一条街大快朵颐品尝海鲜、选购新鲜海产品外，还可以坐上渔船参与海钓活动，体验海上捕捞的乐趣；走进传统渔村，了解与参与沙地文化与江海文化民俗；参观集庆庵、三清殿、进士府、古明井、古银杏树，听八仙的传说；等等。值得注意的是，在充分挖掘区域具有吸引力的乡村自然景观、深厚的民俗文化的同时，要考虑到旅游地的环境承载力，防止破坏性的开发，以确保乡村旅游景点生态环境的可持续发展。三是突出区域品牌，塑造乡土产品。充分依托启东本地的自然风貌、农俗民俗、地域文化等资源，找准市场定位，深入发掘和策划特色旅游产品，塑造具有乡土文化因子、游客互动性强的旅游产品和项目来满足游客的体验需求。要在“吃”上下功夫，重视对传统海鲜名菜的挖掘和海鲜美食文化的发展，突出沙地风味和海鲜特色，让“美食启东”成为一张亮丽的名片。启东是著名的海洋经济之乡，盛产号称“天下第一鲜”的文蛤、黄鱼、带鱼、对虾、梭子蟹等；江鲜河鲜有刀鱼、鲥鱼、蟛蜞、江白虾等；芋头、山药、香芋、金瓜、青茄子、青蚕豆、洋扁豆、紫糯玉米被称为“素八珍”，独具特色的江海美食，让游客回味无穷；要在“游”上做文章，重视对垦牧文化特色内涵的发掘和传统农事节庆的设计开发，展现江风海韵的独特风情和养生、休闲、度假的新体验，全力打造“休闲启东”品牌形象。以江海文化节为载体，举办系列旅游节庆活动，策划吕四开渔、江海美食、寅阳日出、黄海温泉、民间艺术等特色地方旅游活动；开发完善出海观光捕鱼体验项目，推出“新渔民养成计划”，满足旅客个性的、深入的、体验式的休闲需求；优化提升追江赶海之旅，沐浴第一缕阳光，吸天然氧吧，坐牛车赶海、跳“海上迪斯科”，凸显江海风情特色，令游客流连忘返。另外，

---

① 杨旺生等：《江苏休闲农业发展报告 2014》，北京：科学出版社，2015 年第一版，第 129 ~ 130 页。

要重视吕洞宾等传说人物和张謇等历史名人、望海楼、烽火台、挡浪墙等历史古迹以及吕四渔歌、沙地山歌、十番锣鼓、评弹北调等非物质文化遗产的发掘、策划和包装，整合资源，塑造乡土产品，增强核心竞争力。

（六）加大配套建设，完善基础设施

休闲农业的设施条件会对游客在休闲农业景区（点）的休闲体验产生直接的影响。一是加强公共基础设施的规划建设。要把休闲农业园区的公共基础设施建设纳入全市规划，加强交通、供电、供水、污水管网、垃圾无害化处理、安全饮水工程、安全保障、卫生服务等方面的投入与建设，加快推进移动通信、网络通信、邮政服务网点等信息化设施建设，切实改善休闲农业产业发展条件。① 市财政划拨专项费用用于农村公共基础设施建设，对新建配套设施建设给予项目投资补贴，并进一步吸引外资、信贷资金及其他资金投入。不断改善休闲农业园区道路与交通状况，建设联系城乡的公交及自驾车交通网络，适当增加通往休闲农业景区（点）的交通线路，推进村村通公路建设，实现城乡路网无缝对接，完善景区交通、照明、停车场等基础设施，规范交通指引标志，提高休闲农业目的地的可进入性和通达性；不断改善休闲农业生产条件，在设施农业、精品农业、循环农业生产设备和技术设备等方面加大建设力度，为拓展农业功能创造条件。二是加快配套设施建设。改善休闲农业开发地区的住宿、餐饮、娱乐、绿化、美化、亮化等服务设施，促进村容村貌整治，改善农村发展环境；推进配套设施现代化，包括生态旅游公厕、生态停车场、标志导向系统、游客中心等设施配套；强化休闲农业园区商务服务功能配套建设，适度发展餐饮、酒店、农副产品超市等配套设施。三是完善休闲农业景区（点）的服务设施。休闲农业园区（企业）也要加大自身基础设施和服务设施建设与改造力度，提高休闲农业服务档次与水平。一些有条件的园区景点要针对上海、苏南等地区市场建立班车制度，定期安排班车接送游

① 杨旺生等：《江苏休闲农业发展报告2014》，北京：科学出版社，2015年第一版，第91～92页。

客，可根据实际情况，免费接送或适当收取接送费用，以达到稳定客源市场的目的。完善休闲农业景点（区）的交通标志系统建设，加强与交通等部门的沟通协调，增加指路牌数量；加强园区内道路两侧指示牌的建设，将指示牌安装在明显位置，保证指示牌完好无损，无错别字且保持图片、文字清晰。进一步规范标准，改善住宿、餐饮、停车场、娱乐、垃圾污水无害化处理等服务设施，提升休闲农业园区的服务水准；推动休闲农业景区（点）公共厕所及停车场升级改造工作，完善园区洗手间的规划、建设，合理分景区（点）卫生间，并在指示牌上标注卫生间的具体位置，方便游客寻找；在适当的地方，建设游客休憩区域，也可建一些土特产经销店，既方便游客休息，又增加销售收入。

（七）注重宣传营销，塑造品牌形象

一是增强市场营销意识。休闲农业不同于传统的农业生产活动，对市场营销提出了很高的要求。休闲农业经营必须根据市场需求，针对客源市场特征，立足本地区的优势资源、特色资源和次级资源确定休闲农业主题特色及休闲农业项目的类型和档次，并制定相应的市场营销策略，形成休闲农业经济优势。启东休闲农业在对接服务上海的过程中，要进行充分的市场调研，了解目标客源休闲消费水平、消费个性化方式、休闲活动倾向等，以此作为投资决策依据；通过细分目标市场，明确休闲农业企业的市场定位、市场选择、定价策略、促销策略、市场推广，选择行之有效的营销策略，慎选媒体，以最低的成本达到最好的促销效果。加强策略联盟或连锁经营，促进休闲农业园区（景点）之间资源互补互利，避免恶性竞争，达到双赢的目的。二是加大宣传推广力度。要把休闲农业纳入全市旅游促销的总体计划，形成上下联动的宣传促销机制和激励机制；重视休闲农业的形象策划与包装，打造启东休闲农业品牌，广泛利用互联网、广播、电视、报纸等各种媒体进行宣传促销，不断挖掘上海游客的消费潜力，激发游客的消费兴趣；要加强与本地旅行社及上海旅行社的合作，积极开展专题促销活动，包装组合乡村旅游精品，策划推荐一批赏花摘果、

农事体验、民俗观赏、特色餐饮等主题突出、特色鲜明的“一日游”“二日游”等精品线路，[①] 扩大旅游市场，以吸引更多的上海游客。三是加强品牌化营销。推进政府和企业“互联网+”网络平台建设，完善网上经营环境，通过网站推广、信息发布、品牌宣传、销售促进、在线调研、顾客关系维护等网络营销方式将休闲农业相关知识和经验以信息交流的方式向目标客户群进行传达，并与国内各大旅游网站链接，通过手机、网页服务等对休闲农业区域的路线、景区进行迅捷引导；精心制作图文并茂的旅游指南、景区景点图册、广告宣传品、影视宣传片等展示休闲农业项目，利用各种媒体进行全方位、多层次的推广；注重休闲农业形象设计，以休闲农业经营理念为核心，建立休闲农业视觉识别系统，通过企业经营者有效的管理活动和服务活动塑造良好的休闲农业形象，在休闲农业园区指示标志、企业办公用品、广告宣传资料、产品与包装、环境陈设、公关礼品、从业人员服装饰品、运输工具及设备等方面实现形象应用[②]；继续筹划举办好江海文化节、渔港开捕节、梨园赏花节等农村节庆活动，赴上海、南京等地举办展示展销休闲农业与乡村旅游推介会、名特优农产品展览会，不断扩大启东休闲农业的知名度；加强区域合作，重视与上海、苏南和周边地区重点旅游线路与旅游景区景点的联动开发，实现不同旅游目的地间资源互补与客源共享，打响“迪士尼下一站”旅游品牌。

（八）加强队伍建设，构筑人才体系

当前，休闲农业从业人员的素质偏低已成为制约启东休闲农业发展的短板。要以对接服务上海为契机，积极引进和培养休闲农业的专门人才，完善农民培训工程平台，大力开展休闲农业培训，重点抓好休闲农业企业经营者和一线从业人员的培训，培养一批发展休闲农业的带头人。一是大力引进专业人才。对接上海人才市场，通过广泛引进、技术交流、公开招聘等形式，挖掘有潜力的专业人才，完善人才流动机制，实现休闲农业从

① 袁圣菊：“追江赶海看启东”，《江苏农村经济》，2016 年第 10 期。

② 杨旺生等：《江苏休闲农业发展报告 2014》，北京：科学出版社，2015 年第一版，第 95 页。

业人员结构优化和数量、质量的全面提升。加强产学研合作，鼓励上海各类农业技术类院校来启开设实习基地，有针对性地培养农业规划建设、种植、养殖、园艺、餐饮、宾馆等专业的实用性人才。二是提高经营者素质。加强与上海有关行业协会和学术团体的交流合作，通过举办各类座谈会、研讨会、交流会、专题讲座的形式，对休闲农业经营者开展政策法规、创业理念、信贷融资、生产安全、卫生服务等方面的知识培训，定期组织企业经营者赴上海等休闲农业发达地区进行实地考察学习，提高自身专业素质和经营管理能力。三是广泛开展从业人员培训。结合新型职业农民培训、农村电商培训等教育培训项目，对休闲农业服务人员开展专业知识、服务技能和职业道德培训与教育，提高从业人员的综合素质和服务水准。如针对休闲农业从业人员以农民为主的特点，开展“星级酒店服务进农庄”活动，组织星级饭店的管理和服务骨干下乡、进点，对休闲农业旅游点进行经营管理、接待礼仪、服务技能等方面的综合培训，提高农民及从业人员的整体服务水平，提升服务品质。加强休闲农业地区镇（村）干部的培训，切实提高镇（村）干部发展休闲农业的意识、能力和水平。四是鼓励外出农民工返乡创业，从事休闲农业相关产业。积极搭建创业平台，吸引返乡人员从事农产品加工、乡村旅游、农村服务业等工作，提供资金、技术、信息和培训等方面的优惠政策和配套服务。

（九）健全中介组织，促进合力发展

发育较为成熟的民间组织和完善的服务体系是产业健康发展的保障。一是建立健全休闲农业行业协会组织。政府要积极引导，通过建立各层次的行业协会和组织，加强对休闲农业景点规划编制的指导，规范休闲观光农业的经营行为，提高企业的经营管理水平和服务质量，促进休闲农业又好又快发展，有效弥补政府直接管理的盲点。二是发挥专业合作社的牵头作用。鼓励休闲农业经营主体建立起自愿联合、民主管理的互助性经济组织，通过专业合作社为休闲农业经营者提供相关服务信息，避免恶性竞争，联合推介休闲农业活动，建设完善的营销体系、培训体系、行业自律

体系，形成龙头企业带动、专业合作组织和行业协会推动休闲农业规模化经营的趋势。三是优化产业组织模式。当前，启东休闲农业经营模式主要有“政府＋企业＋农户”“企业＋社区＋农户”“企业＋基地＋农户”“企业＋农户”“农户＋农户”“个体农庄”等。要充分发挥休闲农业企业在资金、技术、人才、设备方面的优势，引入休闲农业先进理念，规范休闲农业经营管理，推动休闲农业规模化、市场化发展；要发挥村委会等农村基层组织管理农村集体经济、协调内外部关系等职能，在基础设施建设、解决公共产权处置和收益冲突方面发挥作用；通过建立休闲农业合作社、行业协会等合作组织，有效解决农户分散经营的问题，形成统一协调的利益市场。要建立有效的农户参与机制，充分发挥农户的积极性和创造性，在制定休闲农业相关政策与规定、发展目标与计划、监测与评估措施方面要听取当地农户的意见与建议，鼓励农户直接从事休闲农业经营。

借对接上海之力　助如东农业跨越发展

中共如东县委党校课题组①

上海“十三五”规划中明确提出要加强同周边城市的协同发展，2016年江苏省委提出把南通建设成为上海“北大门”的新要求，成为上海大都市北翼门户城市，借力上海实现自身更大发展。2017年5月《南通建设上海大都市北翼门户城市总体方案》通过批复，方案指出南通要以现代先进产业协同发展基地、文化旅游休闲度假基地、优质农副产品市场服务保障基地为重点，形成“三港三城三基地”全市域对接服务上海的空间格局。如东县积极抢占新机遇“风口”，积极主动对接服务上海。充分发挥“靠江靠海靠上海”的区位优势，将对接服务上海作为引领发展的首位战略，着重借力上海、精准对接上海。就如东农业而言，要充分发挥地域优势和比较优势，更加积极主动融入“长三角”，加快调整农业结构，提高农业现代化水平，增加农民收入。

本文通过分析如东农业对接服务上海的必要性和可行性，来论证如东农业主动对接服务上海，充分利用上海这个平台，提升农业发展水平。目前对接服务上海已取得一定的成效，但才刚刚起步，还存在许多问题，通过调查情况分析问题找到对策，助力如东农业实现跨越式发展。

---

① 执笔人：顾卫琴。课题组成员：赵春霞、黄红梅、王孝誉、薛菡、马璀翠、姚炜、袁经天、顾雯虹。

一、如东农业对接服务上海的必要性和可行性分析

（一）对接服务上海的必要性分析

上海新一轮城市发展，把生态环境作为城市实现创新、绿色、共享发展的底线和红线，推进都市现代农业发展，农业农村发展进入新的历史阶段。呼应上海农业梯度转移的趋势，如东农业主动对接服务上海，充分利用上海这个平台，提升农业发展水平。

1. 扩大供沪市场份额，增加农民收入的需要

上海作为我国最大的农副产品消费城市和主要集散地之一，由于本地土地稀缺，主要靠全国各地提供农产品。“上海菜、全国来”，上海日蔬菜消费总量 1.5 万吨，其中 70% 以上来自外地。① 如此庞大的需求以及强大的经济实力，使得上海对周边地区有着强烈的辐射和带动效应。如东是传统的农业大县，将以建成上海优质农副产品市场服务保障基地为目标，争取农产品供沪基地达到 4 万亩。② 2016 年全年供沪农产品 27 万吨，销售额 22 亿元。③ 2017 年供沪农产品力争达 30 万吨，实现销售 30 亿元以上。④ 通过图 1 和图 2 的数据分析可知 2017 上半年无论是从单品还是总量、从销售量还是销售额来看都比 2016 年同期要好（粮食、油料除外）。如东农产品通过对接服务上海农副产品市场，建立产销对接，构建多元化销售网络，不断扩大供沪农产品市场份额，从而实现农民收入的不断增加。

---

① “多地‘菜园子’对接上海‘菜篮子’”，《解放日报》，2017 年 8 月 21 日。
② 《如东做大做优对沪农业“蛋糕”》，如东新媒体网站，2017 年 4 月 25 日。
③ 如东县农委：《关于建设优质农副产品市场服务保障基地的调研报告》，2017 年 8 月。
④ 《如东做大做优对沪农业“蛋糕”》，如东新媒体网站，2017 年 4 月 25 日。

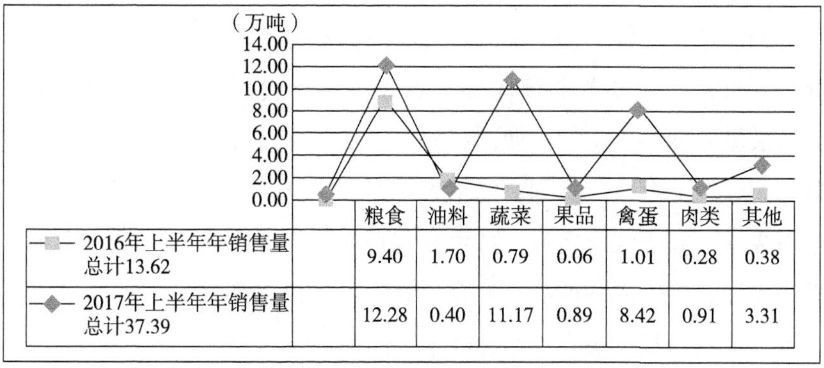

图 1　2016 年上半年与 2017 年上半年如东农副产品供沪销售量对比图①

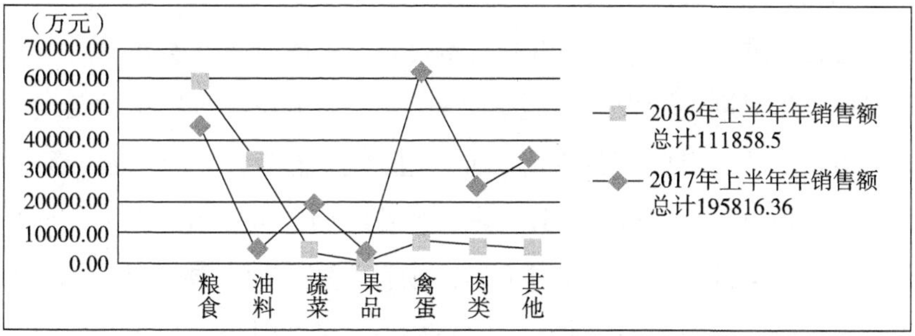

图 2　2016 上半年与 2017 上半年如东农副产品供沪销售额对比图②

2. 加强基地建设，解决农业结构性矛盾的需要

当前如东农业发展正进入方式转变、动力转换、结构升级的新时期，面临不少新挑战。农业结构性矛盾突出，农产品需求结构加快升级，但供给结构没有及时调整，产品附加值不高，优势产业、主导产业发展不足。由于上海对农产品的品种数量要求全、质量高，特别是对食品安全问题有逐年重视的趋势，在激烈的市场竞争中，如东供沪农产品面临严峻挑战。在农业供给侧结构性改革的形势下，呼应上海农业转型和农业梯度外移的趋势，如东农业从产地建设、招商引资、科技合作、宣传营销多个方面对

① 如东县农委：《关于建设优质农副产品市场服务保障基地的调研报告》，2017 年 8 月。
② 如东县农委：《关于建设优质农副产品市场服务保障基地的调研报告》，2017 年 8 月。

接服务上海，2017 年重点建设供沪优质农副产品市场保障基地，使如东成为上海的绿色、环保、安全蔬菜、食品的生产加工基地。按照多元化、特色化的要求，发挥如东资源优势和农业生产比较优势，大力调优种养结构，发展城郊型、生态型农业。抓好农产品市场体系建设，做好特色产品品牌打造，在上海建立农副产品销售综合体，努力适应上海不同层次市场的消费需求。如东农业通过打造供沪优质农副产品服务保障基地发力，发展精品农业，提供品牌产品，迎合上海市民对高品质健康农产品的消费需求，有利于进一步解决农业结构性矛盾问题。

3. 实现产业对接，加速农业转型升级的需要

如东是农业大县，但农业现代化水平还需要进一步提高，农业的发展理念、运行模式和产出效益还有待转型提升。2016 年如东县出台《如东县全面对接上海促进产业发展实施意见》，开展全方位、多层次的招商引资和产业对接活动。引进一批在上海的行业龙头企业、生产基地、研发基地、营销基地等落户如东，提升如东县产业结构；重点引进在上海面临土地供给、项目审批、政策落实等问题的项目，完善如东县产品结构。2017 年 1 月由上海农科院国家技术研究中心和小鲜蛋有限公司合作共建的“徐鸿飞小鲜蛋研发基地”正式成立，主要从事研究功能蛋及生物饲料的研发、试验及技术推广服务等。农业开发区 2017 年重点加强了与上海普陀质量技术协会、食品专业委员会的有效对接，成立了农海产品加工区，年内计划能够实现上海八融食品等企业的整体搬迁。下一步，还将与上海食品行业协会、上海水产协会、上海旅游协会等对接食品、冷链物流、休闲旅游等相关企业。通过产业对接，加速如东农业产业结构的转型升级。

（二）对接服务上海的可行性分析

如东农业与上海的合作交流由来已久。早在 20 世纪 80 年代，如东农产品开始登陆上海市场，到 90 年代后期，许多营销大户和专业合作组织已与上海市场建立了长期的合作关系，大量的鲜活农产品源源不断地运送到上海各大市场。如东有后发优势，空间优势非常大，沿海 106 公里的黄金

海岸线、丰富的土地资源，对于上海来说都是十分稀缺的资源，这是我们承接上海产业的底气。

1. 如东农业生产基础好、水平高

如东不仅是南通的农副产品生产基地，也是供应苏南、上海等地重要的农副产品生产基地，同时农产品也远销海外。狼山鸡、条斑紫菜、文蛤、大米，已被国家冠名，通过国家地理标志产品认证。日本八家株式会社认为江苏如东是优良的蔬菜出口基地。如东县跻身全省首批“亩产吨粮县”，并被农业部评为“全国粮食生产先进县”。如东农业机械化水平2018年达到90%，2020年达到93%；农业科技进步贡献率，2018年达到70%，2020年达到74%。[①]

2. 培植了一批对接龙头企业

如东对准上海市场需求，分行业、分领域培植一批带动能力强、辐射范围广、产业集中度高的大型骨干龙头企业，形成了一批销售龙头。截至2016年底，全县各级农业龙头企业131家，其中国家级龙头企业1家、省级17家、市级57家、县级56家，[②] 龙头企业规模在扩大，辐射带动能力也越来越强，特别是南通正大有限公司、江苏金太阳油脂有限公司等龙头企业已成为带动农产品加工业发展的主力军。据统计，2016年，国家级、省级和市级重点龙头企业累计带动农户总数42万户。[③] 众发禽业在沪设有直营店和配送中心；鸿轩农业在沪设有1000多个销售窗口和28个直营店，自2009年以来在上海禽蛋市场单体占有率第一；陈福记食品等在上海都有自己的销售窗口。2016年部分龙头企业在沪销售额参考图3。目前，全县在沪销售龙头企业80个，全县销往上海及周边农产品44亿元，其中销往上海市区28亿元。[④]

① 如东县农委：《如东现代农业推进情况介绍》，2017年1月。

② 如东县农办：《如东县省级农业产业化龙头企业年报分析报告》，2017年2月。

③ 如东县农办：《如东县省级农业产业化龙头企业年报分析报告》，2017年2月。

④ 李志石：“如东农民菜园子对应上海市民菜篮子”，《中国商务新闻网》内贸版，2017年4月26日。

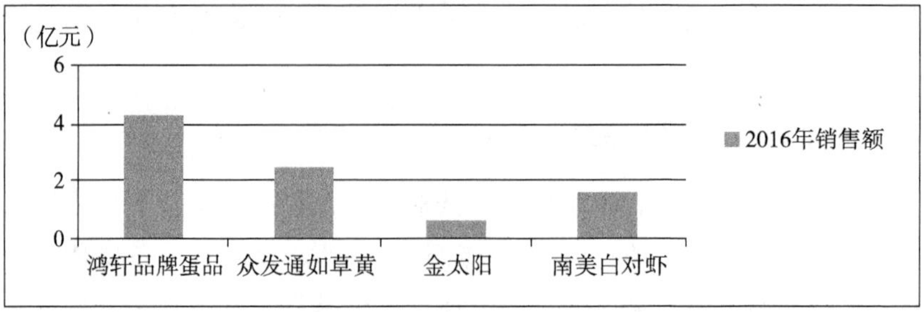

图 3 部分如东龙头企业 2016 年对沪销售额①

3. 招引了一定规模的沪资投入

如东多次组织本地知名企业去上海开展农业专场推介活动，成效明显。2015—2017 年，通过展销会、推介会等多种方式，吸引投资项目 40 个，引进产业项目 27 个，服务上海客商 32 人次，实际投资 39 亿元。② 2016 年，“中国如东（上海）现代农业推介会”，签约投资项目 17 个，总投资近 11 亿元；承接上海产业梯度转移项目 11 项，投资总额 4 亿元，其中上海客商投资总额 3.7 亿元，其中 4 项为合作项目，7 项为独资项目。③

4. 有一批品质好、销路畅的农产品

如东加大农产品品牌建设，把农产品质量安全作为对接上海的重要内容。全县有地理标志产品 4 个，有效期内“三品”数 256 个，其中绿色食品 26 个、无公害 230 个，农畜产品省级抽检合格率 98%。④ 如东生产的西兰花、鸿轩蛋品、南美白对虾，通如草黄、狼山鸡、金太阳等品牌在上海很受市民的欢迎，打响了知名度。特别是“徐鸿飞小鲜蛋”获得“2017 中国最具价值的鸡蛋品牌”，在上海打开较好的销售局面。据统计，在上海销售的品牌鸡蛋，十个就有八个来自徐鸿飞小鲜蛋，很受年轻人喜欢。

① 如东县农委：《关于建设优质农副产品市场服务保障基地的调研报告》，2017 年 8 月。

② 冯仕根：“发展‘四大农业’加快接轨上海”，《江苏经济研究》，2017 年第 7 期，第 46 页。

③ 冯仕根：“发展‘四大农业’加快接轨上海”，《江苏经济研究》，2017 年第 7 期，第 46 页。

④ 冯仕根：“发展‘四大农业’加快接轨上海”，《江苏经济研究》，2017 年第 7 期，第 46 页。

5. 外部基础设施明显改善

农村公路、水利和农机装备等农业生产条件有所改善。公路、港口、铁路快速建设，通洋和沿海高等级公路已与全省高速联网互通，如东与上海的交通更为便捷，农业发展的区位优势日益明显。随着“十三五”江苏交通体系的继续优化，城市轨道交通和海启高速的建成，如东与上海的时间距离会更短。还有，洋口港是江苏沿海天然深水良港，与上海洋山港互为补充，成为洋山港的组合港，这也是周边市县所没有的优势。高速交通连接将如东县融入上海两小时商务圈，可以充分利用区位机遇吸纳上海先进的技术、农业发展模式，开拓上海安全优质农产品供给市场，加速现代农渔业的发展。

二、如东农业对接服务上海存在的主要问题

纵观近年来如东农业对接服务上海所取得的成效，如东与上海间的农业对接由原先的民间自发行为到政府主动对接，领导力度逐渐加强，认识层次不断提高，有力地促进了如东农业的发展。但是我们也清醒地看到，如东农业对接服务上海才刚刚开始，工作中还存在许多问题，需要今后重视并切实加以解决。

（一）品牌产品少，整合意识不强

如东有一批知名农产品在上海市场有一定的影响力。2009 年国家质检总局将狼山鸡列为国家地理标志保护产品，2017 年又荣膺“江苏十大人气地理标志品牌”，但知名品牌还是太少，如东盛产文蛤、鳗鱼、紫菜、沙蚕、梭子蟹等多种海产品以及西兰花、白菜、三水梨、西瓜等特色果蔬，却并没有形成区域品牌。

有些知名度不错的农产品经调查存在着品牌整合意识不强的问题。比如如东优质大米一直以来在上海就深受消费者的追捧。但目前，市面上流通的如东大米品牌多且杂，价格也相差悬殊，令消费者无所适从。如果消费者买到低质或者伪劣产品，必将对如东大米甚至其他农产品的质量形象

造成不良影响。

（二）销售模式分散，直销窗口相对偏少

上海周边各地乃至全国农产品都在抢占上海市场，竞争异常激烈，全方位多渠道的销售模式成为必然。但目前如东行业联合和合作经营不多，农民组织化程度较低。如东农产品大多以自发的方式进入市场，没有相应的组织，也没有比较规范的销售场所，各自为战，形不成合力。更有甚者，同类产品经销者存在相互竞争、相互压价的现象，缺少组织统一供货、统一定价、统一分销渠道。一旦市场有波动，农产品首遭其冲。

如东农产品虽然在上海不少超市和市场建立了直销窗口或门店，但是相对于如东这样的农产品生产供给大县来讲还是显得相对不足，见表1。调查发现，有不少在上海各大批发市场从事农产品销售的如东经纪人销售的不全是如东生产的农产品；还有一部分农产品如如东狼山鸡在上海有很高的知名度，但是缺少专营店。这一部分销售资源在推进农产品进入上海市场过程中可以进一步加以挖掘和利用。

表1　2016年如东农副产品在沪直营店销售情况

序号	直营店名称	主营品种	2016年销售量（吨/株）	2016年销售额（万元）	面积（平方米）
1	上海易初莲花连锁超市有限公司	正大鸡蛋	125	140	4800
2	徐红虎经营部	食用农产品的零售、食品流通、大米	9000	3600	20000
3	上海市申徽粮油食品销售有限公司	大米	4680	1890	11000
4	上海思文农副产品有限公司	禽蛋	7200	10000	14000

（三）新型农业人才资源稀缺

农业转型发展面临人才缺口，基础性、公共性服务平台还不完善，农技服务难以满足农民多样化需求，新型职业农民培育程度这一现代化指标

还低于全省平均水平。如东是一个农业大县，“科技兴农”是提高农业产业水平的必然选择。目前农业科技人才队伍主要存在两方面的问题：一是层次偏低，推广科技应用的活力不足。从学历来看，大多数人员是中专及以下的；从年龄结构看，普遍年龄偏大，大多数是35岁以上的人员。二是总量偏少，发展没有后劲，特别乡镇中农业科技的人员就更少了，引进的人才也少，严重影响了农业进一步发展的迫切需要。如东产品要想在上海市场占有一席之地，势必要生产有技术含量、附加值高的产品，这就离不开对农业新型技术人才的培养。

（四）政策扶持不均衡

在做好农产品“走出去”的同时，还要注意到休闲观光农业带来的巨大农产品销售商机。创意农业是农业产业的跨界融合，既是农业发展理念的创新，也是农业发展方式的转变。紧抓上海对休闲农业、创意农业需求，建设创意休闲农业园区，但是休闲观光农业投资大，见效慢，很多休闲农业企业目前只是维持状态，有的甚至亏损。这让许多有意向投资休闲观光农业的企业家抱有畏难心理。在“请进来”的道路中发展特色小镇、生态园等观光农业，扩大如东特色农产品知名度，政府在政策扶持上要向休闲观光农业企业的基础设施配套上予以倾斜。

三、对接服务上海的对策研究

如东农业对接服务上海，总体上具有比较优势和后发优势，接受上海辐射的条件慢慢成熟。一是区位条件日益改善。从区位上，已经迈进上海“一个半小时经济圈”门槛，大大增强了接受上海的辐射和对外发展空间能力。二是后发优势明显。如东土地成本资源丰富，后发优势渐显。三是产业对接初具雏形。根据长江三角洲经济发展的态势和以往对接服务上海的经验，如东农业要想实现跨越发展，必须在思路上与上海农业发展规划相衔接，通过发展高效农业，生产高品质的农产品，采取多元化的市场营销模式，实现三产融合。

（一）规模化经营，发展高效农业

农业规模化经营有利于发展现代农业、增加农民收入、保障农产品供给。但规模化经营需要一定的条件，如土地产权清晰，能够自由交易，且交易成本较小；农民有意愿出让土地；农民愿意购置土地，并有能力进行农业规模化经营；金融部门与政府的支持等。这些条件在当前如东县尚不完备。在推进农村土地流转，培育新型农业经营主体过程中也存在一些问题亟待解决，如总体实力不强，抗风险能力差，这与加快发展现代农业的目标要求不相适应。为了推动如东县农业规模化经营发展，建设供沪服务保障基地，必须保证以下几点。

1. 建立规范的土地流转制度，明晰农村土地产权

结合如东实际，积极探索多种形式的土地流转，完善土地流转服务体系，建立土地产权交易平台。目前，如东县各镇（区）均成立了土地流转服务中心，充分发挥土地流转服务平台的职能作用，为土地流转双方提供多层次、全方位服务。解决好土地流转方面的问题，才能探索多种土地合作方式，发展规模化生产。

2. 培育新型农业经营主体

如东农业生产组织化程度较低，主要采用单一农户的小规模生产模式，龙头企业、专业合作社的带动作用弱，经营管理粗放。家庭农场、粮食生产“全托管”服务组织和龙头企业都是新型农业经营主体，它们是农业规模化生产的主力军，特别是龙头企业，它通过产加销一条龙、贸工农一体化经营方式，促进农业生产不断走向规模化、专业化、集约化，推进农业经营方式的根本改变。如东县拥有省级以上农业产业化龙头企业十几家，但企业的单体规模偏小，知名度不高，集聚发展力度不够。在《2016年现代农（渔）业发展意见》中，明确了激励省级龙头企业发展的政策，对省级农业龙头企业的发展给予政策支持，有效地激发了农业龙头企业的积极性，促进了省级以上龙头企业的发展。为了保证龙头企业不断做大做强：一是企业项目建设力度要不断加大，注重设备改造更新，新上建设项

目；二是提升科技转化能力，与科研院所、大专院校开展多种形式的科研合作，加速了科技成果转化。根据《关于2017年度扶持家庭农场、粮食生产“全托管”服务组织的实施意见》的要求加大对家庭农场、粮食生产“全托管”服务组织的扶持力度。到2017年4月底，全县登记注册的家庭农场达935家，家庭农场和龙头企业等新型农业经营主体正在成为农业实现规模化生产的主力军。①

（二）标准化生产，提高农产品安全质量水平

上海市场对农产品质量安全的要求越来越高，通过省级农产品质量安全放心县和省级农产品标准化生产示范县的创建，不断提升如东县农产品知名度和美誉度，用高品质跨过上海市场的高门槛。

1. 标准化生产基地让产品质量有保障

农业标准化是农业现代化建设的一项重要内容，它通过把技术和经验形成农业标准，应用到农业生产活动中，实现高产、优质高效的目标。建设农业标准化生产基地：一要设立扶持资金，出台优惠政策，推进农业基础设施等农业标准化工程建设。二要推广标准化生产技术的应用。如东县大豫镇强民村生产基地广泛推广二氧化碳气肥、有机肥、微肥、生物农药和高效低残留农药新技术，有效地减少了污染，实现了标准化栽培、全程质量控制的运行管理模式，2015年，被江苏省列为省篮子工程和省出口蔬菜基地。三是鼓励各家“菜园子”申报、建设上海市外延蔬菜生产基地，这对如东蔬菜的标准化生产提出了更高的要求。按照外延基地的标准，对于种植的规模、种类、方式都提出了具体、精准的标准，从播种到准出、从第一步到最后一个环节，以精细的管理制度和标准化的生产流程来全面把控农产品的品质，将农产品质量检测常态化，从自有检测设备监管和第三方监管两个方面双管齐下，有效保证基地产出蔬菜的品质。

2. 推行生产基地档案可追溯制度

根据上海市政府对进沪蔬菜等农副产品准入制度的高标准要求，如东

① 如东县农委：《如东县推进农业供给侧结构性改革情况汇报》，2017年6月。

县进一步加强对农产品质量安全的监管，开展农产品质量安全县建设，完善农产品质量可追溯体系，大力推行农业标准化生产。加强农业投入品使用指导和管理，打造农作物的“健康档案”。在流通过程中，落实“流通档案”，避免因手续不全等原因给农户造成损失。“徐鸿飞小鲜蛋”采用国际领先技术，多达12道工序，每枚鸡蛋独一编码，全程可追溯。如东还利用“放心吃网”正式生成的企业二维码进行包装设计，达到产品可追溯的目的，并印刷在产品包装上，不断扩大“放心吃”入网企业规模，有利于进一步提升如东县农产品质量安全水平。

（三）精深化加工，增强农产品市场竞争力

如东是农业大县，还不是农业强县，虽然农产品数量较多，但技术含量偏低，附加值不高，区域影响力还不够，关键是深加工企业多但不强，农业产业链较短，主要以农业生产为主，农产品加工特别是精深加工水平比较薄弱。抓住上海新一轮产业结构调整契机，加强与当地知名农副产品加工流通企业、种植公司的对接，以江苏省如东如泰农产品加工集中区、如东经济开发区（苴镇）农产品加工集中区等为主要载体，导入一批科技含量高、产业链长的精深加工项目，引导农业加工企业向园区集中，促进农产品加工企业的集群化发展，形成产品链企业集群。开展农产品加工领军企业培育工程，提升如东县农产品加工业水平和市场竞争能力。引导和扶持企业与科研机构结合，开展农产品精深加工的新品种、新技术研发，提高农产品加工工艺的技术含量和产品附加值。

（四）多元化营销，扩大供沪农副产品市场份额

如东现代农渔业发达，要做好特色产品的品牌打造，在上海建立农副产品全方位销售网络，以农副产品的生产、加工、销售骨干企业为龙头，统一标准、统一品牌、统一销售，积极对接上海市场，加快适应上海不同层次市场的消费需求。

1. 品牌化营销，打响如东农产品的知名度

品牌农副产品具有相对市场垄断优势，缺乏品牌意识，是如东县农副产

品参与上海市场竞争的软肋。在激烈的市场竞争中，创建和培育自己的农副产品品牌已成为必然要求。不断加大农产品无公害农产品、绿色食品、有机农产品“三品”建设步伐，提升产品内在质量，扩大影响力。实施品牌化经营战略。加大“如东文蛤”“条斑紫菜”“狼山鸡”“中华绒毛蟹”等特色农产品品牌包装推介力度，提高产量、品质，依托品牌优势扩大销售市场。引导农产品加工企业树立品牌意识，围绕品牌开拓市场。到2020年，“三品”农产品比重达55%以上，新创建省级以上名牌农产品20个。①

2. 电商化销售，转变农产品流通方式

如东县农业新型经营主体不断壮大，特别需要借助网络平台，促进农产品销售电商化。这不仅扩大了销售渠道，也增加了消费者的参与度和认可度。实施“互联网+”现代农业行动，开展电子商务培训，推进特色产业与电商融合发展，做大做强一批特色农产品电商平台，形成一批影响力较大的农村电子商务龙头企业和特色品牌。同时还将重点发展肉类、海产品及果蔬三大冷链物流，推动全县特色农产品流通更便捷、更高效。抓好农副产品交易市场建设，加快推行直销配送、连锁经营和农超对接等现代流通方式。

（五）区域化发展，深化沪通两地农业合作与交流

紧紧围绕如东现代农业对接上海市场的引进来、走出去、联合起来的合作基调，加强如东与上海区域农农之间、农企之间、农商之间、农科之间的合作与交流，站在更高的角度加强资金、品牌、技术管理层面的融合，不断向如东现代农业注入活力。通过丰富提升农产品种类和品质，扩大消费者对农副产品自由度的选择；增加产品科技含量，研发新型农副产品，提升农产品竞争力。在深化农业合作交流的框架下，推进如东农业发展更上一层楼。

① “提质增效，实现现代农业新突破”，《如东新媒体》（网站），2016年10月27日。

（六）一、二、三产业融合，休闲农业创意无限

创意农业是农业产业的跨界融合，已经成为农业现代化建设的新趋势。突出“互联网＋”，线上线下融合，在智能农业生产上求突破；突出休闲观光，在农旅结合上创亮点。积极依托如东县港口、风电、千亩梨园、生态休闲农庄等特色资源，将生态旅游融入现代农渔业生产的各个环节，形成各旅游景点连片发展，旅游贯穿农渔业全产业链的发展格局。发展滨海特色风情区，并积极研发、生产以农渔产品为原材料的特色旅游商品，提高农渔产品附加值，增加农民收入。加强配套设施建设，发展住宿、餐饮、度假设施等相关产业链，打造集农渔业休闲观光、渔港风光、渔村风情、海鲜品尝、旅游度假于一体的现代旅游业。

发展的机遇已经来到眼前，错失时机，只能与领跑者渐行渐远；迎头赶上，借对接服务上海之力，有助于如东农业实现跨越发展。近年来，我们主动学习上海、依托上海、对接上海、服务上海，已经取得了一定的成效，农业发展提速换挡，驶上快车道。前景是光明的，但道路可能并不平坦，在对接服务上海的路途上还有很多困难要克服、障碍要跨越、规律要探索。但只要我们能够以改革创新的精神、勇于担当的责任意识，攻坚克难，奋力直追，在新的历史发展时期，如东作为传统的农业大县，实现华丽转身，成为现代化的农业强县指日可待。

抢抓新机遇　打造先进制造产业新体系

中共南通市委党校　李汝

2003年，南通市委、市政府提出“接轨上海、服务上海”发展战略，凭借靠江靠海靠上海的区位优势，在交通、产业、园区、科技、金融、社会事业等方面与上海全方位接轨，在借力上海、依托上海、服务上海，服务长三角等方面取得显著成效。2016年，时任江苏省委书记李强针对南通的经济社会发展指出：南通是江苏发展的“潜力股”，当前要做好“跨江融合、接轨上海”这篇大文章，努力把南通建设成为上海的“北大门”①。2017年4月27日，中共南通市委书记陆志鹏在上海召开的“南通对接服务上海大会”的发言中提出：长期以来，南通与上海交往十分密切，形成了多层面、宽领域的合作关系。站在新的发展“风口”上，南通把握上海建设卓越的全球城市对南通的积极影响，认真审视自身在长三角和江苏发展大局中的角色定位，确立了建设上海大都市北翼门户城市的目标和思路②。5月16日，江苏省政府正式批复了南通市《建设上海大都市北翼门户城市总体方案》，要求南通市充分发挥靠江靠海靠上海的地域优势，积极参与上海大都市圈协同发展，全面推进交通互联互通、城市功能互补、产业协同配套、文化相通融合、生态共保共治，构建全方位、宽领域、高层次对接服务上海新格局，建设集“生态屏障、产业腹地、创新之都、文化名城”等功能于一体的上海“北大门”，在实现江苏“两聚一高”和建

① 李强：“在江苏省第十三次党代会南通代表团上的讲话”，《南通日报》，2016年12月19日。

② 陆志鹏：“在南通对接服务上海大会上的主旨演讲”，2017年4月27日。

设长三角世界级城市群中发挥更大作用①。南通是我国首批沿海开放城市，是江苏省制造业大市，2016 年地区生产总值达 6768.2 亿元，位居全国第 21 位，其中，制造业增加值占比高达 38.9%②。国务院颁布的《长三角城市群发展规划》也将南通定位为承载上海产业转移的首选地③。因此，制造业成为南通对接服务上海最主要的领域之一。

一、南通制造业对接服务上海的基本特点

南通位于长三角核心区，上海对南通制造业的辐射带动效果显著，制造业对接服务上海主要呈现以下五个特点。

（一）产业层级不断提升：由低端制造业向中高端制造业攀升

改革开放以来，作为外向型经济城市的南通，引进外资、实施“两头在外”的对外贸易、对外加工是主要经济发展模式。凭借靠江靠海靠上海的区位优势，以相对廉价的土地、优质的劳动力和优惠的政策，吸引大批上海外溢资本、产业项目涌入南通，成就了南通—长三角纺织服装、床上用品、食品加工、电动工具等生产基地的美誉。如 2006 年由上海宝钢集团为主要出资方在南通市港闸区建立的南通宝钢钢铁公司，建成后经济效益显著，生产规模很快扩展到二期，成为当时南通制造业接轨上海的典范。2010 年以后，随着产业转型升级，南通有选择地从上海引进如蓝光科技、振华港机等一批海工装备、新医药、节能环保的高科技项目；如熔盛重工、上海双钱集团、上海中技桩业、上海三强容器、上海爱登堡电梯等亿元以上投入的重大行业龙头项目，大幅度提高了南通制造业层级。

（二）产业规模不断扩大：地区特色产业集群逐渐形成

当前，南通接收的上海外溢产业由过去以服装加工、机械加工等劳动

---

① 南通市政府：《建设上海大都市北翼门户城市总体方案》，2017 年 5 月 16 日。

② 南通市统计局：《2016 年南通国民经济和社会发展统计公报》，南通统计信息网，2017 年 3 月。

③ 国家发展与改革委员会（〔2016〕 1176 号）：《长江三角洲城市群发展规划》，2016 年 6 月。

密集型的中小企业逐渐向资本密集型、技术密集型大中型企业转变。上柴动力、振华传动、振华重工、中远海工等国际顶尖技行业龙头企业纷纷落户南通，不仅为南通经济发展增添动力，也带动南通本土企业积极跟随龙头企业补齐产业链缺环，打造全产业链，为打造地区特色产业集群发挥决定性作用。例如沿江船舶修造产业集群、沿江海工产业集群等均是在上海外溢产业龙头的带动影响下，联合本土企业和机构共同努力打造成型的。特别值得一提的是海安县的家具产业集群，堪称地区特色产业集群打造的典范。从 2015 年开始，海安经济技术开发区大规模承接上海及苏南家具产业转移，吸引诸如斯可馨、迪高乐等上海家具龙头企业以及为龙头企业配套的辅料、木材加工等众多中小企业入驻。在吸引企业的同时，海安经开区还建设、运营了中国东部家具城、家具产业相关辅料大市场等大型家具产业专业交易市场，基本建成中国东部家具产业生产基地，使海安家具产业从无到有，由弱变强，不到 3 年已初步形成海安家具产业集群。

（三）产业领域不断拓展：产业融合步伐加快

当下，南通制造业对接服务上海已由单一的制造业领域向生产制造与服务贸易融合发展转变，借助“互联网 + 制造业 + 服务”，逐步向产品设计、技术解决方案、产品营销、金融服务、会展服务等生产性服务业拓展。上海外溢的生产性服务业企业在南通如雨后春笋不断涌现，且呈现辐射带动效应。如设在海安的上海交通大学工业机器人研究院江苏分院，是一家为南通制造业企业解决“机器换人”智能制造方案的生产性高科技服务企业，该公司在南通落户的 2 年间不仅为南通制造业企业设计、订制非标工业机器人，大幅度提高企业劳动效率，还同时孵化了两个相关的高技术企业，加速了南通二、三产业融合发展，也拓展了南通制造业对接服务上海的产业领域。

（四）产业园区不断优化：平台载体多种多样

产业园区是制造业落地、生根、发展的重要基础和孵化器，是南通对接服务上海，承接上海产业转移的主阵地。目前，南通境内各级各类产业园区中50%以上的产业项目或投资来自上海。而南通与上海的合作园区正常运行的已有7家，承接的产业类型由加工制造业、电子信息等中低端产业升级为现代生物医药、智能制造、现代物流、新能源、新材料、互联产业等中高端产业，合作模式从产业招商模式（托管）扩展到股份合作模式、异地生产、统一经营模式等。如2008年建立的上海外高桥启东产业园，目前的支柱产业是现代装备制造业和生物医药制造业，仅2016年就承接了50多个超亿元的上海产业转移项目。其中，祝桥镇和合庆镇几乎将其所有的制造业项目转移至该园区，在园区内建立了承接祝桥镇和合庆镇产业的“园中园”。海门海宝工业园是海门市与宝武集团共建的产业载体平台，目前园区产业发展规模逐步扩大，园区功能也由单纯的生产型向生产性服务、社会服务领域拓展。

（五）产业模式不断创新：“四新”经济发展方兴未艾

现阶段，全球产业发展进入崭新阶段，创新是发展的第一动力，新技术、新能源、新思潮催生出层出不穷的新业态、新产业。南通凭借上海建设国际金融中心，国际商务中心、国际经济中心、国际航运中心以及全球有影响力的创新中心的有利条件，积极引入国际资本和上海资本不断拓展新技术、新模式、新业态、新产业等“四新”经济在南通的发展空间，尤其推进了南通跨境电子商务平台升级优化。如海安的工业机器人、如皋的服务机器人、港闸区市北新区的“创新大街”和南通科技城的云院项目等，都是近两年南通从上海引进的“四新”经济项目。“家有梧桐树，引得凤凰来”，有高端项目才能集聚高端人才，“四新”经济的引入和发展不仅丰富了南通经济发展模式，提升了制造业层级，更是增添了南通对高端人才的吸引力。

二、南通制造业在对接服务上海方面存在的不足

尽管，南通制造业在对接服务上海方面取得了较大成就，然而，我们也清醒地认识到南通制造业在对接服务上海中依然存在着诸多问题，具体

表现在以下五个方面。

（一）长期以来，制造业对接服务上海缺乏中长期的科学规划，对接服务行动缺少统筹性、规划性和科学性

制造业对接服务上海的最终目标是通过沪通两地产业的接轨、融合实现南通本土产业的优化升级，促进南通构建具有核心竞争力和地区特色的现代产业体系。因此，制造业对接服务上海应有全局性，前瞻性、科学性的中长期规划，且“一张蓝图干到底”。然而，南通制造业对接服务上海恰恰缺少中长期规划，主要体现在：第一，各县市区以上海外溢产业为导向，调整本地区产业发展规划，迎合上海外溢产业发展，这在经济发展初期非常适用。然而，当南通产业发展具备一定基础和条件时，一味地被动迎合，一方面使本地区产业发展特色和优势消失殆尽；另一方面又难以培育地区产业比较竞争优势。第二，由于缺乏全市协调一致的产业发展规划，各县市区及各职能部门在推动产业对接服务上海时，更多地强调本地区本部门利益，导致各县市区之间产业错位发展少，产业互补性较差，产业重复性、同质性发展现象较为严重，甚至造成恶性竞争等恶劣影响，无法实现全市整体利益的最大化。第三，缺少统筹的产业发展规划，各自为政的结果是引进的产业不成体系，产业链缺环多，全产业链整合少，难以形成产业集群建立的雄厚基础，造成南通企业大而不强、多而不合。第四，在接受上海外溢产业时，忽视与本土产业和地域文化的相互衔接、融合，造成引入项目与本土产业的磨合期较长，效益提升不显著。

（二）认识不到位，导致招商引资成为制造业对接服务上海的主要方式

改革开放之初，以较低综合制造成本吸引上海资源或借力上海引入项目、资源，推动本地产业发展是南通制造业接轨上海的主要方式，且当时几乎是无条件、无选择性地接收上海外溢产业。20 世纪 90 年代末，南通开始有选择性地根据地区经济社会发展目标和需求承接上海外溢产业，摒

弃“两低两高”而偏向选择大项目、高端产业项目和高科技产业。然而，制造业对接服务上海依然以承接上海产业转移、招商引资为主，引思、引技、引智、引人、引新等方式较少，导致上海方面对南通对接服务上海战略产生了误解：认为南通对接服务上海就是“挖上海的墙角”“抢上海产业发展的先机”“与上海企业争项目”等等，这对南通制造业对接服务上海的进一步深化非常不利。今天，如果南通仍然遵循招商引资的思维定式开展对接服务上海工作，不重视吸纳、集聚上海乃至国际的先进理念、高新技术、高端人才、新业态、新产业，既会导致已引进的项目根基不牢，后备枯竭，不能长成根深叶茂的龙头企业“大树”，又令产业发展路径单一、后劲乏力，失去跨越发展和超越其他对手的先机。

（三）制造业对接服务上海的目标不明确，产业发展缺乏层次性和梯度性

制造业对接服务上海最终目标应是借力上海，集聚南通产业发展所需的项目、资金、技术、人才等资源要素，为南通制造业发展夯基垒台、立柱架梁，搭建南通现代产业体系的主体框架。然而，一直以来南通制造业发展存在着一定盲目性、跟风性，忽视系统性、前瞻性，使产业发展的梯度性、层次性欠缺，难以构建全产业链。没有全产业链的支撑，在严酷的市场竞争中即便是大项目也独木难支，当不利影响侵袭时，企业生产经营将更加艰难。如熔盛重工，曾经是上海技术、国内顶级人才和南通本土资本成功融合的范本，被江苏省确定为“十一五”重点建设工程项目。2005年在如皋市长江镇建厂时，厂区四周还是一片荒滩，周边无任何相关产业基础，经过十年不懈努力，最终建成全国最大的民营船舶修造企业，手持订单量居世界造船企业第五位，同时带动了周边相关产业的兴起。然而，受国际金融危机的影响，国际市场对船舶需求大减，企业经营风险加剧，负担加重。尽管政府多次扶持援助，企业也多次力求转型，最终都因种种因素阻碍而失败。熔盛重工的问题很多，其中之一就是在建成后没有发挥其龙头企业带动效应打造具有比较竞争优势的船舶修造产业集群，没能补

齐船舶修造全产业链，健全产业集群形成的要件，形成周边船舶修造产业的层次性和梯度性发展态势。

（四）引进的世界500强企业较少，企业大而不强、缺乏核心竞争力

目前，南通50%的制造业企业来自上海，其中规模较大的如宝通钢铁、中远海工、振华重工、振华传动、振华港机等均为世界500强企业。然而，更多的来自上海的制造业项目是中小型企业、劳动密集型企业，如家具制造、运动用品制造、服装加工、机械加工、食品加工等。大量劳动密集型的中小型企业为南通经济社会发展做出巨大贡献，但是也随之带来诸如附加值较低、技术含量较低、土地利用强度较低、环保压力较大、企业核心竞争力缺乏等难题。对比同样将接轨上海作为地方经济社会发展中心战略的浙江省嘉兴市，其在引入制造业项目之初，就有计划地选择世界500强企业，特别注重引进与本土产业配套的装备制造业、汽配产业、高端食品、药品制造业等。2010年才升级为国家级开发区的嘉兴经济技术开发区，目前已引进了26家世界500强企业入驻，投资规模超亿美元的重大项目就有17个。嘉兴经开区还特别重视高新科技项目建设，区内智慧产业创新园企业入驻率已达95%以上，逐步形成以世界500强龙头企业带动、以高新科技企业为主干的多重点、多层次产业发展格局。

（五）南通制造业多数是以生产环节嵌入上海产业体系，不利于打造全产业链，不利于培育、壮大本土制造业产业集群，不利于构建地区现代产业体系

上海要在“十三五”期末基本建成“四个中心”和全球有影响力的创新中心，在2030年建成全球城市，2040年进入全球卓越城市行列①，就必须向周边地区疏解非城市核心产业和核心功能。上海向周边城市疏解的多

① 上海市城市总体规划编制领导小组：《上海城市发展总体规划（2016—2040）》，上海市规划局网站，2016年8月22日。

数是需要消耗大量生产要素、资源，对环境保护产生较大压力的产业如电子产品、钢材、家具等中、低端制造业。南通承接上海产业转移基本属生产制造环节，即总部、设计、技术、营销等部门在上海，生产在南通的嵌入式产业转移模式。将生产环节嵌入上海的产业体系中，将导致南通产业分化，使制造业基本固化在中低端制造业，长期处于“微笑曲线”最底端。这种嵌入式产业转移，一方面造成南通制造业过度依赖上海的技术、人才、营销渠道，仅仅成为上海的“生产制造车间”，弱化南通制造业产业集群的形成态势；另一方面，基本隔绝了新技术、新业态、新产业等为南通制造业创造的优化升级的契机、压力和技术基础，挤压产业提升空间，阻碍产业转型升级。此外，嵌入式产业转移通常针对的是过度依赖资源、对地区环境及生态系统破坏较大的产业，不加选择地承接上海产业转移会使南通陷入生态保护压力加大、资源要素约束加强等困境。

三、上海的发展目标为南通制造业提供的发展新机遇

上海“十三五”规划提出，到2020年要基本建成综合经济实力雄厚、产业能级高、集聚辐射能力强的国际经济中心、贸易中心、航运中心、金融中心以及形成具有全球影响力的科技创新中心[①]。2016年上海颁布《上海市城市总体规划（2016—2040）》，规划在2020年将上海基本建成“四个中心”、全球有影响力的科技创新中心和国际文化大都市的基础上，2030年建成全球城市，2040年进入全球卓越城市行列，成为令人向往的创新之城、人文之城和生态之城[②]。上海的一系列发展目标也为南通制造业发展带来新的发展机遇。

---

① 上海市政府：《上海市国民经济和社会发展第十三个五年规划纲要》，上海市政府网站，2016年2月1日。

② 上海市城市总体规划编制领导小组：《上海城市发展总体规划（2016—2040）》，上海市规划局网站，2016年8月22日。

（一）上海“四个中心”建设，为南通制造业与服务业深度融合发展、推进制造业转型升级，打造上海都市圈的产业腹地创造条件

最近两年，上海开始大幅度调整产业结构，加大服务业外资引进力度和对服务业基础设施的投资规模，充分发挥万商云集、信息交汇、要素集聚、价格生成、口岸枢纽的综合平台和市场体系优势①，通过发展服务贸易、技术贸易、转口贸易和离岸贸易等，不断增强资源配置功能和影响力，不断提升国际贸易中心服务向周边地区的辐射能级。南通毗邻上海的区位优势使之成为接受上海国际服务贸易等服务业效应溢出辐射最快速、最深入的城市之一。南通制造业要转型升级，从“微笑曲线”底端向两端攀升，制造业和服务业深度融合是必然选择。以上海为跳板，积极面向国际国内两个市场，抓住上海大力发展生产性服务业、服务贸易等契机，集聚要素资源，将信息、研发、营销、大数据、物流等生产性服务业引入传统制造业中，推动制造业和服务业深度融合发展。同时，发挥市场对资源配置的决定性作用推动优化升级后的南通制造业更快地走向世界，融入全球产业发展浪潮。

（二）上海全球有影响力的科技创新中心建设，为南通制造业创新发展，打造上海都市圈北翼的创新之都增添动力

上海一直在瞄准世界科技前沿、顶尖水平，培育顶尖科研机构和一流研究团队，聚焦生命、材料、环境、物质等基础研究领域，发起设立多学科交叉研究计划，重点建设张江综合性国家科学中心，打造高度集聚的重大科技基础设施集群②。一项创新由最初的孵化到投入转化、最后出成果、效益需要经过孵化、试验、市场推广、生产、后台服务等5个环节。其中，上海作为创新制高点，核心的孵化、市场推广等环节可

---

① 上海市政府：《上海市国民经济和社会发展第十三个五年规划纲要》，上海市政府网站，2016年2月1日。

② 上海市城市总体规划编制领导小组：《上海城市发展总体规划（2016—2040）》，上海市规划局网站，2016年8月22日。

在上海本地完成，而其他的试验、生产和后台服务等环节，因其场地、设备、人员等条件制约，疏解到周边城市是最佳选择。凭借南通靠江靠海靠上海的区位优势，凭借良好的产业基础和相对低廉的制造、服务成本，南通完全可以承担起上海创新中心的实验室、生产基地和后台服务站等功能。在南通中央创新区规划建设中，以更加优惠的政策、周到细致的服务以及无限广阔的发展空间吸引上海的创新团队、人才、资金等资源流向南通，为南通打造“3+3+N”高端制造业增添全球最顶尖的高新技术、高端人才、最新信息、充裕资金等要素资源，促进南通早日建成长三角北翼的创新之都。

（三）上海疏解部分产业，为南通建设上海产业转移首选承载区，打造长三角北翼先进制造业基地提供发展先机

随着全球产业结构调整步伐加快，上海逐步向周边地区转移、疏解非核心产业，如精品钢材制造等非高端、非核心制造业，电脑组装、手机等电子信息产品的劳动密集型制造业等。统计表明，上海 2015 年和 2016 年制造业增加值增长率分别为 -0.1% 和 2.7%，2015 年六个重点行业工业产值增长速度仅为 -0.2%，其中精品钢材制造业和电子信息产品制造业降幅分别高达 7.1% 和 1.8%；2016 年六个重点行业的工业产值除汽车制造和生物制药产值为正增长以外其他行业产业均呈现下降趋势，其中降幅前三位的分别是精品钢材制造业降幅达 5.5%、成套装备制造业降幅达 2.6%、电子信息产品制造业降幅达 2.2%①。南通“十三五”期间重点发展的“3+3+N”产业项目中，电子信息产业、高端装备制造业恰好位列其中，上海疏解的产业正是南通重点发展的产业，这是南通制造业发展难得的机遇。南通凭借位于长江北岸能够辐射苏北腹地、稀缺的长江岸线和沿海岸线、港口资源、相对充裕的土地供给、四通八达的交通枢纽等优势条件，在长三角城市群中脱颖而出，成为承接上海产业转移的首选地，大

① 上海市统计局：《上海市国民经济和社会发展统计公报（2015—2016）》，上海统计信息网，2017 年 3 月。

批上海产业选择进驻南通，为南通产业发展注入新动力。随着南通轨道过江通道的建成通车，南通连接长江南北、辐射苏北平原乃至山东半岛的区位优势会愈加显现，在未来的 10 ~ 20 年后，南通将建成长三角继苏州、无锡后的第三个长三角经济中心、长三角北翼具有国际竞争力的先进制造业基地①。

（四）上海建设全球卓越城市，打造“1 + 6”大都市圈，有力地推动跨江综合交通网络体系构建，为南通制造业飞跃发展夯实基础

为实现 2040 城市发展目标，上海规划构建“1+6”大都市圈，即构建以上海为核心，汇聚苏州、无锡、南通、常州、嘉兴、宁波等 6 城市共同组成的上海大都市圈②。为密切上海大都市圈城市之间的交往和联系，方便大都市圈城市群之间资源要素的快速流动和顺畅配置，上海确定了“1 +6”大都市圈内各城市之间 90 分钟到达的交通发展目标。为此，方便、快捷的综合交通网络建设刻不容缓。然而，南通作为上海都市圈内唯一的一个长江北岸城市，与上海以及其他 5 城市之间横亘着长江，虽然目前有苏通大桥和崇启大桥贯通南北，但是，在我国大多数地区已经步入高铁时代的今天，南通与上海都市圈各城市之间交通仅仅依靠公路和水路联通明显满足不了上海都市圈的发展要求，鉴于此，南通建设综合跨江交通网络的梦想借助上海大都市圈建设已经接近实现。目前，沪通铁路公路两用大桥正在紧张建设中，预计 2020 年建成通车；盐通高铁已规划延长至张家港，并列入国家 2018 年建设计划，初步预计 2022 年建成通车；南沿江高铁规划在张家港、常熟、太仓与沪通铁路相连，计划 2018 年开工建设，预计 2022 年建成通车；北沿江高铁已被国家发改委列入“十三五”建设规划未来，南通至少拥有 4 条过江轨道通道，其中 2 条高速列车铁路、2 条普速列车行驶线，届时南通能够与上海、苏南等城市的轨道交通无缝

① 国家发展与改革委员会（〔2016〕1176 号）：《长江三角洲城市群发展规划》，2016 年 6 月。

② 上海市城市总体规划编制领导小组：《上海城市发展总体规划（2016—2040）》，上海市规划局网站，2016 年 8 月 22 日。

衔接、快速换乘，方便快捷的跨江轨道交通网络为制造业腾飞奠定坚实的基础。

四、新时期南通制造业对接服务上海的新路径

时任中共江苏省委书记李强曾经指出，新时期南通经济社会发展存在的主要问题在制造业、城市和人才发展等方面，因此，新时期南通制造业对接服务上海应有针对性地克服不足，补齐短板，以对接服务上海为抓手，推进制造业实现转型升级，打造南通特色“3＋3＋N”先进制造业产业新体系。

（一）把握全球制造业发展趋势，注重顶层设计，高端定位，科学规划，树立与上海产业有机融合、协同发展的对接服务新理念，构建南通“3＋3＋N”先进制造业产业新体系

南通制造业历史悠久，作为我国民族工业的发祥地之一，具有良好的发展基础，优越的区位、交通条件，因靠近上海而获得的丰富的要素资源、开发平台和各种支撑条件等发展优势。制造业是南通经济发展的支柱，我们要充分利用区位优势，借助毗邻上海，上海产业转移首选地的优势，站在世界高度，把握全球制造业发展走势，以打造本土特色产业集群为主线，高屋建瓴地制定南通制造业发展规划。摒弃接轨上海就是招商引资的陈旧观念，树立南通制造业与上海产业有机融合发展等新理念，以绿色发展、智能发展、服务化发展的新理念，构建南通先进制造业产业新体系。借助国际高端规划团队的力量，跟随世界制造业发展潮流，以建设长三角北翼的先进制造基地和上海都市圈的产业腹地为发展目标，科学规划形成以高端纺织、船舶海工、电子信息、智能装备制造、新材料、新能源及新能源汽车等为核心产业的若干个地区特色制造业产业集群发展路线图。有效承接上海、苏南高端资源外溢和产业转移，以产业链、产业集群和产业有机生态圈发展为前提，以形成地区特色产业集群为主线，营造与上海、苏南产业有机融合发展、协同发展的产业发展生态圈。跳出制造业

范畴，补齐生产性服务业发展的不足，以大力发展市场监督、社会保障、社会服务、中介组织、职业教育培训等营造制造业发展生态环境。

（二）制定全市统筹、协同的制造业对接服务上海实施方案，借力对接服务上海的契机做大做强做特南通制造业，重点引进一批世界500强、中国500强企业，打造一批产业标杆和行业龙头，形成具有较强优势的制造业生态链

目前，上海正根据自身发展定位，有序组织部分产业成片区、整行业外迁，为承接上海、苏南高端资源外溢，我们应根据《建设上海大都市北翼门户城市总体方案》出台的产业腹地打造实施方案，统筹、协调各县市区资源，统一各县市区产业载体、平台的发展步调，夯实各产业载体平台承载上海产业的基础，提升南通制造业配套上海产业的能力。就南通目前制造业发展现状看，我们也具备了一定的先发优势。2016年全市规模工业总产值接近1.5万亿元，高端纺织、船舶海工、电子信息三大重点支柱产业产值均突破2000亿元，智能装备、新材料、新能源及新能源汽车三大重点新兴产业产值均突破1500亿元，各县市区均入围全国工业百强县（市）行列[①]。因此，全市上下应进一步树立大南通意识，具备大局观，营造制造业对接服务上海的最优发展环境。各县市区要积极研究，根据各自资源禀赋和产业发展特点，找准产业发展方向，明确产业发展目标，选择优势产业、优势行业、优势企业下功夫做大做强做特。要重点引进一批世界500强、中国500强企业，着力打造产业地标，强化全市上下联动、区域错位协同，推进南通500亿级企业零的突破，百亿级企业县市区全覆盖[②]，打造一批具有地方标志、领跑全国乃至全球的产业标杆和行业龙头企业。充分发挥企业在创新活动中的主体作用，最大限度激发自主创新活力，尤其是支持龙头企业开展技术创新、管理创新、市场创新、模式创新、治理结构创新，以优惠政策激励企业锻造国内外名品、名牌，鼓励优势企业实

① 陆志鹏："在南通市制造业大会暨民营经济工作会议上的讲话"，2017年4月15日。
② 陆志鹏："在南通市制造业大会暨民营经济工作会议上的讲话"，2017年4月15日。

施跨国、跨界、跨地区、跨所有制并购重组。引导中小企业提升自主创新能力和转型升级能力，打造更多的“隐形冠军”和行业“小巨人”①，推进南通形成具备国际先进水平的产业配套基地和生产性服务后援基地。

（三）整合现有产业园区资源，以招引大项目、培育地区特色产业集群为抓手，提升产业园区承载上海产业转移和高端资源外溢的能力，配合沿海开发、江海联动、陆海统筹发展战略，构建对接服务上海专业化分工协作的产业大联盟

产业园区是承载上海、苏南产业转移、外溢资源的主要平台载体，南通现有国家级开发区 5 个、省级开发区 13 个、一类开放口岸 5 个、沪通产业合作园区 7 个，正是到了承载大项目、实现大发展的时期。我们应摸底全市各级各类产业园区，整合产业园区资源，促进同质产业联合、协同发展。制定全市统筹的产业园区对接服务上海规划和实施方案，超前谋划园区承载大项目的配套能力建设，大力推进基础性、功能性、产业性信息基础设施建设。加强园区环保基础设施建设，推进绿色、循环生产方式改造。加快园区与中心城区、交通枢纽之间的交通网络建设，把交通优势转变为物流优势、服务优势和产业优势。鼓励各产业园区推进“互联网 + 制造业 + 服务”的产业发展模式，建立制造业与服务业深度融合的产学研服“四位一体”大联盟组织，补齐产学研机构和中介组织等生产性服务业的短板。充分利用多重国家级战略叠加的发展优势，统筹融合沿海开发、陆海统筹和对接服务上海等发展战略，以战略统筹、产业协同、江海联动、区域对接等形式带动南通与上海都市圈城市群之间建立跨区域产业合作联动机制。着力提升高端纺织、船舶海工和电子信息等三大支柱产业的产业层次和发展实力，重点培育上述三大支柱产业的龙头企业；着力增强智能装备、新材料、新能源及新能源汽车等三大重点新兴产业自主创新能力，重点培育新兴产业的全产业链，把产业链加粗拉长，增强配套能力，降低

① 李强：“在江苏省制造业大会上的讲话”，《新华日报》，2017 年 3 月 23 日。

协作成本。力求在“十三五”期末，“3＋3”六大重点产业产值超过1.7万亿元[①]，把南通建成具有核心竞争力、具有国际先进水平的长三角北翼先进制造业生产基地、上海产业转移首选区和上海产业创新、科技创新主要后援基地、上海服务业发展后援基地。

（四）以“四新经济”破局南通中低端制造业，以新动能提升南通先进制造业比重，加快构建南通新型制造体系，加速长三角北翼先进制造业基地建设

新经济时期，培育新动能是促进地区经济增长和产业发展的重要手段。以新技术、新模式、新业态、新产业等为代表的“四新经济”正是新动能的主要表现。南通制造业在对接服务上海进程中，应选择具有比较优势的智能装备制造、智能建筑、集成电路、物联网、新材料、新能源等，重点攻关优势产业的技术研发和生产转化，做好三项工作：一是做好增量带动、以“新”促“高”的大文章，做大做强战略性新兴产业，使之尽快成长为地区支柱产业。以“双创”为推动力，大力发展平台经济、共享经济等新模式、新业态，激发大众创新、创业热情，扶持一批市场发展前景广阔，发展潜力巨大，对地区经济增长和产业发展具有爆发力和引领力的新增长点。二是做好存量提升、推“陈”出“新”的大文章，加快大数据、云计算、物联网应用，推进传统产业生产、管理和营销模式变革，推动制造业服务化，通过“互联网＋制造业＋服务”的聚合裂变，打造制造业升级版[②]。三是做好以“新”推“新”、以“新”促“新”的大文章，着力以新制度、新技术、新模式促进企业加大引智、引技、引才力度，推动企业自主创新能力提升；以新业态、新产业推进企业积极运用生产、经营、服务新模式，形成新兴产业以及全产业链协同发展新态势，增强企业核心竞争力。例如如皋软件园以创新、灵活的运营模式，招引了一批上海高端人才，带来多个创新团队，兴起多个新兴产业，从业人员也从2000人

① 陆志鹏：“在南通市制造业大会暨民营经济工作会议上的讲话”，2017年4月15日。
② 李强：“在江苏省制造业大会上的讲话”，《新华日报》，2017年3月23日。

增加到1.5万人，员工本土化率达到70%，正是以“新”促“新”的现实范例。此外，南通还应围绕建设具有区域影响力的创新之都，构建承接上海创新资源溢出、集聚研发设计等生产性服务业的全市域创新体系和配套载体，充分利用大数据、云计算、量子通讯等技术，搭建为制造业发展提供技术引领和后台服务的公共技术服务平台。

（五）巧用“加减乘除法”，深化制造业供给侧结构性改革，推动制造业向高端攀升，营造有利于建设上海都市圈产业腹地的大环境

深化制造业供给侧结构性改革，推进南通产业发展的全面深化改革。“加”：建立专注于“四新经济”培育和壮大的金融服务体系、数据服务体系和政务服务体系。构建大南通域内各级各类产业园区能够分享的社会服务、社会保障、中介组织、教育培训等公共服务资源融通体系，提升南通制造业对接服务上海形象。促进技术与质量的融合，大力弘扬工匠精神，实施品牌提升工程，打造享誉世界的“南通品牌”。从社会环境、营商环境、法治环境等多方面入手，营造尊重企业家、崇尚劳动者的氛围，健全法制环境，加快人力资源、土地、资本、技术等要素市场的改革，着力打造新常态下有利于制造业发展的生态环境①。“减”：以全域服务优化制造业发展环境，降低企业交易成本，提升营商发展环境。加快“放管服”改革，简化、消减一切不利于企业发展的行政审批手续和程序。为产业和企业发展减压、减负。“乘”：以建设长三角北翼综合信息港、华东地区重要信息港为突破口，积极推动沪通“在线”同城化，重点建设“一张网、两通道、两平台”（沪通一体化信息通讯基础网络、国际互联网专用出口通道和通沪量子干线通道、沪通城市公共数据交换平台和智慧城市公共服务平台），建成上海—南通信息高速公路②。构建南通制造业产业子信息港，搭建制造业大数据运用的区块网络、数据中心、云处理中心和物联网。构建方便快捷地通达南通域内主要产业园区的综合公共交通网络，通达上海

---

① 李强：“在江苏省制造业大会上的讲话”，《新华日报》，2017年3月23日。
② 南通市政府：《建设上海大都市北翼门户城市总体方案》，2017年5月16日。

及苏南各地的轨道交通网络。大力弘扬企业家精神，鼓励企业家树立全球视野，树立更强的市场开拓意识，积极培育和弘扬勇于创新、开拓进取、勇立潮头的“通商”精神。“除”：尽力减除一切不利于产业对接服务上海的地域间制度壁垒、行业壁垒和地方保护壁垒，摒弃一切不利于承接上海高端要素外溢、产业转移和功能疏解的体制、机制以及认识、观念的阻碍。

打造新引擎 推进服务业转型升级

中共南通市委党校 陈峰燕

南通对接服务上海，建设上海北大门是江苏省委、省政府给予南通的明确定位和要求，也是南通策应上海城市定位和发展需求的主动作为。上海“十三五”规划明确提出全面提升“四个中心”整体水平，加快具有全球影响力的科技创新中心建设。全面对接上海，包括思想、产业、文化、人才、公共服务、制度全方位的对接，而以服务经济为主的产业结构是上海“四个中心”建设的主要支撑力量。因此，服务业对接上海是全面对接服务上海的重要内容。

一、南通服务业对接上海的必要性

（一）南通服务业对接上海是加快构建上海大都市圈进程的基本要求

世界产业发展过程中的轨迹与经验表明，到工业化中后期、城市化加速期，人均 GDP 达到 3000～8000 美元时，消费需求和偏好会发生重大变化，服务业必然成为最具潜力的增长点。① 南通 2016 年人均 GDP 水平均已超过 13000 美元，已经进入服务业加速发展的临界点。当今世界，现代服务业将成为城市现代化的重要产业基础和大都市服务功能的重要载体，成为提高城市综合竞争力的重要抓手。《上海市城市总体规划（2016—2040）

---

① 王小平：《服务业竞争力》，北京：经济管理出版社，2003 年版，第 95 页。

（草案）》提出，“优化上海大都市圈格局，构建上海与苏州、无锡、南通、宁波、嘉兴、舟山等地区‘1＋6’协同发展的上海大都市圈，形成90分钟交通出行圈，突出同城效应。”上海、宁波、苏州、无锡等城市2004年就提出要大力发展现代服务业，把现代服务业作为下一轮产业发展重点，并明确将现代服务业作为建设新型城市和实现经济转型升级的战略产业。因而，作为上海都市圈核心城市、长三角地区北翼中心城市的南通，作为上海最紧密的经济腹地，是上海建设国际经济、金融、贸易、航运“四个中心”和具有全球影响力科创中心的重要组成部分，是配合上海发展重要的后援力量，应依据自身的城市定位和资源禀赋发展现代服务业，合理确定发展的重点领域和目标，形成与以上海为重点的周边城市优势互补、互利共赢的服务业发展格局。

（二）南通服务业对接上海是提高服务业竞争力的有效手段

上海提出到2040年建成卓越的全球城市，国际经济、金融、贸易、航运、科技创新中心和文化大都市。国际经验表明，经济中心城市是国内外的人流、物流、商流、资金流、信息流的枢纽。中心城市辐射带动周边城市、周边城市接受中心城市的辐射带动，是区域经济发展的客观规律。上海作为我国最具活力和竞争力的大都市，其对长江三角洲地区和长江流域乃至全国的经济带动和辐射作用日益显现，南通与上海隔江相望，上海发达的服务业将带动、影响南通服务业的发展。上海是华东地区最大、也是较成熟的旅游市场，是全国最大的商业中心，也是全国最大的金融、资本和保险市场，其最具活力的经济及强大的市场需求为南通服务业发展提供了广阔的空间。南通通过承接上海服务业的“溢出效应”来不断提高本市服务业的综合竞争力。同时，南通也可利用上海这个平台增强引进国际现代服务业项目的能力。目前，国际服务业转移已经扩展到信息技术服务、人力资源管理、金融、保险、会计服务、后勤保障、客户服务等多个服务领域。我们应主动承接国际服务业转移，引进跨国服务机构及其伴随而来的网络、人才、管理、制度等。然而，由于城市开放程度和国际化程度的差异，在这种产业转移中上海比南通具有更多的机会和信息（这是为前一轮产业转移的实践所证明了的，苏州的成功为此做了最好诠释），因此，有效利用上海的平台来提高承接国际服务业转移的能力成为提高南通服务业竞争力的有效手段。

（三）南通服务业对接上海是全面对接服务上海的重要组成部分

全面对接服务上海，产业对接是关键。而服务业是现代产业的核心，对其他产业而言，服务业对接有着先导性和基础性的意义：商贸流通业对接，促进了更多的农产品销往上海，农产品的有序、高效、快速流通促进了农产品基地建设，促进了农业产业化进程；同时，实现了工业日用品的互通有无，满足了上海居民的消费需求，也提升了南通日用品的产品竞争力；金融、现代物流业、会展、信息、会计、评估、律师等服务行业的对接和发展，为上海制造业的顺利转移创造条件；旅游业的对接，不仅可促进旅游经济的发展，拉动食、住、行、娱、购等多方面的消费，而且也促进南通产业结构的调整优化，同时也带来了先进的观念和文化，最终促进两地经济社会的一体化。①

二、南通服务业对接上海的现状及问题

近年来，南通市服务业与上海合作的领域不断拓宽，产业之间的融合也在不断加深。近两年，先后在上海举办了现代物流、加工贸易与后台服务、服务外包、贸易金融、对接服务上海自贸区等多场专题活动，积极推动沪通两地开展多层次、全方位的项目合作。在仓储物流领域，南通兴东机场有限公司与上海浦东国际机场货运站有限公司双方合资组建的南通沪通空港物流发展有限公司将南通机场打造成为上海国际航空枢纽辅助机场和“长三角北翼第一航空物流基地”。由上海自贸区骨干企业上海中仓实业有限公司和南通综合保税区共同投资建设的南通综合保税区中仓物流园

---

① 王世秀、蒋建民：“南通服务业接轨上海的思路”，《南通职业大学学报》，2004 年第 9 期。

以国际贸易为龙头、区域经济为导向、现代物流为基础、金融服务为支撑，着力于培育贸易、金融与物流的资源整合和功能集成的创新平台，全力打造再生资源交易交割中心、货物进口分拨中心、国际商品分销中心、国际中转拼箱中心等四大中心；培育空港联动功能、海运直通功能、大宗商品期货现货交割功能、国际中转集拼保税物流、贸易金融服务功能、都市配送功能等六大功能。在科技服务领域，随着人才素质的不断提高以及交通条件的不断完善，南通在科技研发、工业设计等新兴服务业领域与上海的接轨也在不断加深。经过洽谈，将原来在崇川区设立的上海科技成果转化促进会南通分会的服务范围扩大到全市，全市企业对接上海高校的“助推计划”正在进行。同时，引进了114产学研协同创新服务平台。在服务外包领域，南通积极承接上海服务外包产业，打造服务外包集聚高地，目前南通的服务外包企业中，有30%左右来自上海。已经形成了以ITO为主导，BPO、KPO占比稳步提高的态势。软通动力、携程、安客诚等一批知名服务外包企业相继落户。“中国服务外包示范城市”是对接服务上海中南通更大的一个品牌优势。在商贸流通领域，作为苏中地区的核心枢纽城市，上海客商对南通商贸流通业做大做强充满信心，在多个专业市场、商场入驻经营，借助区位枢纽优势和物流优势，设立区域总代理、总经销，积极开拓苏中、苏北市场。近年来先后引进上海华联、联华、农工商、大润发、乐购、国美、吴良材眼镜等连锁经营企业，在南通开设超市和大卖场门店近100多个，有效提升了商贸流通产业发展层次。同时，借助上海平台，SMG文广集团、江南摩尔等大型现代商业业态入驻南通形成的南通壹城、南通星光耀等商业综合体，南通的商业中心逐步形成。

但南通的服务业与上海市的服务业发展相比，还存在着思想观念、发展水平等多方面的差距，这种差距表现在：一是服务业发展总体水平偏低，2016年全市服务业增加值3231.8亿元、增加值总量居全省第4位，服务业增加值占GDP比重达47.75%，服务业经济对全市经济增长贡献率达52.7%，而上海服务业增加值占GDP的比重2016年首破70%，达70.8%，同比提高3.7个百分点。2015年上海服务业对GDP的贡献率就已达到94.9%。[①] 二是服务业结构不合理，传统服务业所占比重依然偏大，附加值、层次和科技含量较低，金融保险业、教育、科研和综合技术服务等知识密集型、技术密集型的现代服务业发展落后，与上海相比差距较大，自身还存在创新发展乏力，载体能级有待进一步提升。服务业中的新业态、新模式、新技术、新产业涌现不多，拥有自主知识产权的核心技术与品牌还不够多。品牌创新能力偏弱，研发设计、文化创意、供应链管理等新兴服务业发展急需加强。当前制造业服务化趋势明显，而南通制造业基础扎实、企业众多，应该要涌现一批像贝斯特船舶设计这样勇于创新的服务业企业。但从全省来看，只有省级创新示范企业6家、仅占全省总数的5.7%，省级互联网平台经济示范企业1家、仅占全省总数的6%，情况不够理想。与此同时，目前生产性、新兴服务业集聚区规模偏小；主题楼宇偏少，单位面积产出效益偏低；龙头企业规模小，品牌竞争力偏弱。[②]

三、南通服务业对接上海的总体思路

南通服务业接轨上海的总体思路是：坚持“主动接轨、错位发展，优势互补、合作共赢”的原则，坚持“政府引导、市场运作，企业主体、社会参与”的机制，把握上海五大中心建设的机遇，以市场为先导，以企业和人才为着眼点，进一步推进体制创新和制度接轨，进一步加大招商引资和招才引智力度，努力推动南通服务业接轨上海。

南通在发展现代服务业过程中，要充分体现自己的优势与特色，明确自身发展定位，与上海形成优势互补，特色发展，努力实现与上海现代服务业发展的错位发展、功能互补。特别是在一些重点行业，如：旅游业，上海以“现代都市、购物天堂”著称，是典型的都市型旅游城市，把上海建设成国际商务、会展购物、现代化都市观光的旅游胜地和文化体育、工农业、科技教育等专项旅游目的地是上海旅游发展的目标。南通为策应上

① 数据来源：2016年南通市国民经济与社会发展统计公报，2015年、2016年上海市国民经济与社会发展统计公报。

② 南通市委：《南通市“十三五”现代服务业发展规划》，2015年9月。

海建设世界著名旅游城市的定位，充分挖掘沿江沿海两条特色黄金旅游带资源，把“追江赶海畅游南通”作为建设上海“北大门”的重点先行产业，努力打造成“长三角富有江海特色魅力的著名旅游目的地”。金融业，上海致力于打造全国金融中心与国际金融中心，南通则努力成为上海国际金融中心的金融后台服务基地，长三角北翼区域性金融节点城市。信息服务业，上海要建成全国信息服务中心、国际性信息服务集团的主要聚集地和亚太地区最重要的电信枢纽之一，南通则要建成华东地区重要信息港。

四、南通服务业对接上海的重点领域

（一）聚焦发展航运、金融、商务、物流、信息等高端生产性服务业，主动融入上海“四个中心”建设

1. 发展商贸服务，主动融入上海国际贸易中心建设

主动争取上海连锁经营的辐射，把南通建设成为苏中、苏北的商品集散中心和“长江商贸走廊的”的重要节点。同时借助上海“国际贸易中心”的地位，沟通上海市场，找准市场定位，培植名牌产品，提高南通产品在上海市场的美誉度和占有率。以南通国际服务外包产业园为平台，以疏解上海产业发展空间制约、人力成本压力为突破口，着力引进软件和信息服务、金融、旅游、电商等后台服务大数据与云平台服务等业态，形成上海服务外包企业总部、研发在上海、配套服务在南通的新格局。发挥南通综合保税区、海安保税物流中心，如皋保税物流中心优势，发展服务贸易、技术贸易、转口贸易和离岸贸易。积极发展保税展示销售、进口商品直销等新型业态。海门工业园、南通空港产业园要大力发展跨境电子商务。①

① 沈伟京等：“实施沿江开发战略，加快‘两个率先’进程”，《新华日报》，2003年6月27日。

2. 发展特色金融服务，主动融入上海全球金融中心建设

深化金融组织体系、区域金融市场等6个方面的金融改革创新，在服务助推上海国际金融中心建设中，努力打造长三角北翼区域性金融节点城市。一方面，更多“引进来”。充分利用南通存款资源丰富、实体经济比较发达等优势，推动上海金融机构在南通设立业务总部、营运总部等专营机构和功能性服务机构，鼓励高层次会计师事务所、律师事务所、金融中介组织来通发展，并发挥好陆海统筹发展基金引导作用，吸引上海科技创新项目落户南通。筹建南通金融发展上海智囊团，促进上海、南通在金融产业链上的专业分工和错位发展，助推客户呼叫服务、数据处理与灾备服务、档案管理与缩微处理服务、培训与研发服务等金融后台产业向南通转移。另一方面，主动“走出去”。加快与上海证券交易所签订战略合作协议，鼓励企业利用上海期货交易所、上海保险交易所、上海陆家嘴国际金融资产交易市场等资本市场加快发展，支持南通法人银行到上海开设办事机构，并积极支持开展合格境内个人投资者境外投资试点，适时推进限额内资本项目可自由兑换。同时，学习借鉴陆家嘴金融城等发展经验，加快建设南通基金产业园、金融科技城等专业金融集聚区，做实中小企业金融服务中心，引进和培育创业投资和股权投资机构，构建“一站式、一体化”的金融服务链。

3. 发展科技、信息服务业，主动融入科创中心建设

主动承接上海科创中心辐射，加快推进科创、文创、医学几大中心建设，着力招引大院大所、国家重点实验室、企业研发中心和总部等，科学布局研发设计、检验检测、技术转移、科技金融、科技咨询等科技服务业。使南通成为上海科创中心的重要节点和辐射城市，推动产业创新资源和要素在南通集聚融合。围绕新一代信息基础工业设施建设，积极将南通打造成为华东重要信息港，力争实现与上海信息基础设施建设的规划衔接、技术协同。依托中央创新区，建设沪通信息港试点示范区，开展信息技术和产业合作。以上海博镶信息技术服务有限公司为突破口，积极对接

上海大数据研究中心、上海交大等科研院校，深化大数据关键技术和核心产品研究；加强南通企业与上海大数据联盟资源对接，开展产业链协同发展和区域合作。

4. 发展港口物流业，主动融入上海国际航运中心建设

围绕上海国际航运中心组合港的定位，坚持整合、改造、开发三路并进，打造沿江港口集群优势。依托不可多得的沿海深水资源，加快洋口港、吕四港的开发建设，把南通港建成长江流域大宗散货和外贸物资的仓储、中转、加工、贸易基地。[①] 以上海空港为依托，积极发挥南通机场空中管道作用，为上海空港做好配套服务。主动承接上海部分物流功能转移，引入国际型物流企业，加快发展临港物流、智慧物流、电商物流、仓储配送等业态。积极采用先进的物流管理技术和设备，建立公路、水路、铁路、航空多层面、立体型、布局合理、方便快捷、与国际规则接轨的现代化物流服务网络体系，把南通建设成为长三角区域性现代化物流中心和上海国际航运中心辅助物流枢纽城市。

（二）拓展生活性服务业发展市场，立足生态优势，发展面向上海市场的生态旅游、观光休闲、生态农业旅游、会展旅游、文化旅游以及康复医疗养生、养生保健、户外健身等生活性服务业业态。

1. 积极发展旅游业

叫响旅游文化特色品牌，打造上海周边旅游重要目的地。充分挖掘“中国近代第一城”的文化内涵，加强江海旅游资源与上海旅游资源整合，针对都市旅游痛点补位，建设一批5A景区、旅游度假区、旅游风情小镇，特色旅游村，形成两地线路互联、产品互补、客源互通的旅游网络。同时，针对上海的不同人群，贴心设计精品线路，积极回应上海游客强烈游玩诉求和高品质旅游体验需求，做深“迪士尼+南通”大文章，借力上海

① 石忆邵、徐建华：“南通市服务业发展机遇与战略重点”，《南通大学学报》，2005年第3期。

共同打造国际化水准的“中国江海之旅”。要充分发挥沿江沿海生态旅游资源优势，加强与上海崇明世界级生态岛建设的对接，推进沿海10大景区建设，高水平修复保护五山及沿江地区，打造五山森林公园和国家5A级旅游景区，推出更多“迪士尼+南通”旅游线路和产品，深化与上海旅游管理部门的合作，吸引更多上海游客来我市旅游度假。

2. 积极发展健康养老服务业

积极引进上海优质养老产业理念和资源，吸纳沪上民间资本，合作兴办高端养老机构或健康项目，努力打造与上海互惠互利、共荣共生的“养生后花园”、市民养生养老的“优选地”。打响长寿之乡等优势品牌，积极招引上海资本投资南通健康产业项目，大力发展医疗服务等健康服务业态，建设养老服务精品社区，吸引上海及周边都市人群来通进行养生养老。

3. 积极发展博物馆集群及会展业

发挥南通博物馆资源众多的优势，在南通市区濠河沿岸形成相对集中布局的博物馆群，以此带动南通旅游及会展业的发展壮大。学习上海会展业发展的先进经验，引进先进理念和经营管理思路，整合会展资源，加速会展业的发展，不断提高南通国际博览会的水平和影响力。加强与上海虹桥国际商务区的对接联系，有效利用上海举办大型国际主题会议、商务会展、文化活动、体育赛事等契机，提高接待容量，提升接待环境，积极争取一批重大国际活动到南通举办。利用上海国际技术进出口交易会推进技术进出口，积极争取与上海联合举办1~2个国际性专题展会。

五、南通服务业对接上海的对策建议

（一）加强规划引领，明确南通服务业对接上海方向

要实现服务业对接上海工作上的全面突破，就需要迅速制定切实可行的规划，确保工作的科学性。依托并立足于南通服务业现有资源和产业特点，研究上海市服务业发展“十三五”规划，进一步明确南通服务业对接

上海的重点、方向，合理确定服务业接轨上海的原则和具体思路，引导资源有效配置和集约利用，形成特色鲜明、功能完善、互利共赢的服务业发展格局。制定规划则要认真研究《南通建设上海大都市北翼门户城市总体方案》，从横向和纵向两个层面进行入手：从横向层面上看，就是要求各部门、各区镇都需要制定具体可行的计划；从纵向层面看，尤其需要从时间层面上制定短期、中期和长期的计划，短期为1年，中期为3~5年，长期为10年。

（二）注重人才引进和培养，为南通服务业对接上海提供基础性支撑

人才是发展现代服务业的关键。目前，南通服务业人才总体上还存在着层次偏低、针对性不够强等问题，在培养和引进发展现代服务业所需的高层次、国际化人才方面，力度还不够大，从一定程度上制约了我市现代服务业的发展。南通要充分利用上海的人才优势，加快制定人才引进计划，建立人才引进的激励机制，特别是要吸引职业经理、信息技术、国际贸易、现代物流管理、会展策划与管理、高级职业技能、旅游服务等高素质的紧缺专业人才和经营管理人才，引进一批文化精英、学科带头人、金融家、营销大师等。进一步加强与沪上国内外著名培训组织来通建立培训机构，健全服务业专业技术人员从业资质，全面推进职业资格及证书制度和培训考核，建立现代服务业职业资格标准体系。①

（三）加快公共服务平台建设，为南通服务业对接上海提供一流的基础设施条件

已有研究表明，各类服务业集聚平台，如大型物流园区、高等级的交通网络、金融服务业集聚区、科技服务公共平台等是服务业发展的重要载体和支撑，其建设水平将直接影响到现代服务业发展的速度和水平。加快现代服务业集聚区建设，是加快南通市现代服务业服务功能和竞争力的客

① 马飒："加快南通服务业发展的对策思考"，《科技经济市场》，2010年第2期。

观需要，也为南通服务业接轨上海提供了平台。应努力提高全市服务业的集聚度，注重规划引导、强化政策扶持，同时加快集聚区内的平台建设，构建集信息、研发、金融、物流、培训、展示、合作、检测为一体的综合服务平台。力争在金融、现代物流、文化创意等特色服务领域与上海相应的园区建立长效合作关系。加强与上海自贸区的深度对接，吸引外资总部来通设立分支机构，综合保税区创建取得实质性突然，跨境电子商务平台合作不断加深，力争每两年共同举办一次国际性活动①。

（四）多渠道增加投入，为南通服务业对接上海增强后劲

首先要发挥政府投资的引导和推动作用。引导服务业的发展方向，推动重点行业、重大建设项目的发展，充分发挥政府产业基金引导作用，利用专业类子基金，支持服务业新兴产业和高端产业发展。各级政府每年要安排一定数量的服务业引导资金，主要用于重点服务业建设项目的贷款贴息和补贴。同时，要大力扶持符合条件的上海服务业企业进入资本市场，通过股票上市、企业债券、项目融资、股权置换等方式筹措资金，最后要加强与上海服务企业的合资合作，大力引进资金投向基础设施、金融保险等服务领域。

（五）优化服务业发展环境，为南通服务业对接上海增强发展动力

以转变发展方式和优化经济结构为主线，加快建立更加公平开放透明的市场规则，为上海市服务业企业进入南通发展提供便利的市场条件，同时，加强行业引导，活跃市场供需环境，拓展服务业发展空间，开拓各类市场，为服务业发展创造需求和提高供给能力。同时，加强服务业领域的简政放权，进一步减少行政审批事项，提高审批效率。加快建设事中事后监管机制，明确监管职责，完善协同监管机制，防止出现监管真空。积极引导构建公平竞争、诚信自律的市场环境，进一步发挥市场主体、社会组织等的作用。

---

① 楼可为：“无锡现代服务业发展的现状及思考（下）”，《经济师》，2012 年 5 期。

（六）加大招商引资力度，把上海作为南通引进现代服务业的重要平台

南通要充分利用上海跨国公司（地区总部）、国内外大企业集聚和国际产业转移最前沿的优势，大力推进对外开放，吸引国际高层次的产业和资本转移，吸引国际上服务业大企业、大集团落户南通，吸引沪上规模大、实力强、拥有知名品牌的现代服务业企业来通设立分支（连锁）机构，推动南通市现代服务业的加速发展，促进更好地参与国际分工，增强综合服务功能，提高国际竞争力。服务业引进，越是我们缺失的服务功能，越是要引进；二是功能的大小，越是服务功能大的项目，越是要引进；三是功能的集聚性，越是能带来其他服务集聚的项目，越是要引进。[①]

① 纪蕊："提升黑龙江省现代服务业自主创新能力的对策研究"，《商业经济》，2010 年第 6 期

搭建全域旅游平台 促进如皋长寿旅游产业跨越发展

中共如皋市委党校课题组[①]

全域旅游是将特定区域作为完整旅游目的地进行整体规划布局、综合统筹管理、一体化营销推广，促进旅游业全区域、全要素、全产业链发展，实现旅游业全域共建、全域共融、全域共享的发展模式。[②] 在2016年年底，国家旅游局公布的第二批“国家全域旅游示范区”创建名单中，如皋名列其中，也是南通地区唯一一家。这为进一步推动城市转型升级、塑造城市新形象、促进旅游业跨越发展提供了难得的机遇和重要抓手。

根据省委对南通发展提出的“努力建设上海‘北大门’”的最新定位，做好对接服务上海工作将是今后较长一段时间全局工作的重中之重。大健康产业包涵健康旅游、健康饮食、健康医疗和健康养老等各个行业，长寿旅游是如皋大健康产业的重要组成部分，也是如皋大健康产业发展前景广阔、发展势头强劲的标志性行业。如何借助创建“国家全域旅游示范区”的平台，不断放大“世界长寿乡”的品牌效应，整合长寿特色资源，推动旅游业与长寿文化产业的融合，扩大如皋“长寿旅游”品牌，是本届政府面临的重要课题。本课题组围绕如皋市委市政府制定的“2017年接待上海游客150万人次，2020年接待上海游客300万人次”目标，确保旅游平台对接、上海来如过夜人数两项核心指标南通第一，依据调研实际，从如皋

① 执笔人：冯婷。课题组成员：冯婷、何艳、薛瑞敏、黄瑛。

② 国家旅游局：《关于公布首批创建“国家全域旅游示范区”名单的通知》，国家旅游局网站，2016年2月5日。

发展长寿旅游产业的做法、进一步发展如皋长寿旅游产业所存在的问题以及对策措施方面进行探索分析。

一、如皋积极对接上海，发展长寿旅游产业，打造旅游品牌的做法

据最新统计，如皋 100 岁以上的寿星达 338 人，90 岁以上的老人 1 万多位，80 岁以上的老人 6.9 万人，百岁老人占比是联合国长寿乡标准的 3 倍多，是世界长寿乡中唯一地处经济发达地区、平原地带的长寿乡，是中国百岁老人总数最多的县（市）。作为地处平原地区的世界长寿乡，如皋的长寿模式具有可复制、可推广的特点。① 近年来，如皋全力创建国家全域旅游示范区，形成了以世界长寿养生福地、中国花木盆景之都、华东红色革命摇篮、江苏历史文化名城四大特色旅游品牌，深度挖掘长寿文化，并推动与旅游融合，积极打造长寿游特色品牌，在以上海为中心的长三角旅游市场影响力不断提升，2016 年如皋累计接待中外游客 985 万人次，其中 75% 的游客来自上海。②

（一）精准把握城市发展定位，城市规划对接上海、服务上海

如皋“十三五”规划纲要指出，要把如皋打造成“全国知名长寿养生旅游目的地，上海都市圈社会和谐、民生幸福的全国文明城市”。其中明确要构建以长寿产品、长寿服务、长寿文化、长寿宜居为重点的长寿品牌体系，打造集绿色食品、健康养生产品制造以及旅游度假、休闲娱乐、文化体验服务于一体的长寿品牌全产业链，推动长寿养生文化与现代生活方式融合，营造养生乐活文化氛围，塑造健康宜居养生环境，将如皋市打造成为世界长寿食品的重要供给地、现代长寿养生文化引领地、长三角养生

---

① 中国如皋：“国际自然医学会会长森下敬一：如皋长寿现象具有独到的研究价值”，如皋政府网站，2016 年 11 月 2 日。

② 江海明珠网：“如皋开通至上海旅游直通车今年力争接待上海游客 200 万人”，江海明珠网，2017 年 6 月 28 日。

养老首选地和休闲体验旅游目的地，享誉全国的长寿养生之都。要对接上海、融入上海，营造宜居宜业宜养宜游的城乡居住环境和包容和谐的社会氛围，使城乡居民具有更高的获得感、幸福感、归属感，把如皋建成上海都市圈社会和谐、民生幸福的全国文明城市。①

（二）持续改善旅游交通条件，如皋对上海及周边游客吸引力不断增大

上海都市圈城市经济发达，居民对休闲养生旅游需求大，周边旅游景点众多，也是全国各地游客重要的旅游目的地，游客来源丰富。随着宁启铁路的开通运行、沪通铁路公路大桥的加快推进和盐通高铁如皋南站的规划落地，如皋阔步迈向高铁时代。2017 年，如皋市政府为民办实事的一号工程，就是开工建设如皋至南通铁路西站枢纽的快速通道，建成后从如皋至南通快速路网的通行时间将缩短至 30 分钟，如皋将融入上海周边 1 小时交通圈，这对于导入上海及周边的游客客源、提升游客交通满意度具有十分重要的意义。截至 2016 年底，如皋市公路总里程达到 3860 公里，公路网密度达到 261.3 公里/百平方公里，高于南通市公路网平均密度 211.8 公里/百平方公里，远高于全省公路网平均密度 152.1 公里/百平方公里，在全省 60 多个县市中处于第一方阵，位列第五名。②

（三）提升城市环境形象，长寿旅游产业对城市发展转型推动明显

经过多次调研，目前《如皋市全域旅游发展规划》已经进入正式编制阶段。如皋市在编制旅游规划时坚持多规合一，把城市建设、工业、农业、服务业发展以及交通设施、水利资源、环境打造等相互衔接，融合谋划。通过"旅游 +"，推动发展特色旅游城镇、乡村旅游、休闲农业等业态，大力发展生态旅游，使旅游发展从景区旅游向全域旅游转变。以数字城管平台为依托，如皋市搭建起"大城管"框架，探索建立大市容、大环

---

① 南通市政府：《〈如皋市国民经济和社会发展"十三五"规划纲要〉解读》，南通市人民政府网站，2016 年 10 月 9 日。

② 中国如皋：《如皋路网密度进全省前五》，中国如皋网站，2017 年 8 月 24 日。

卫、大物业、大统筹、大提升城市管理工作机制，推进城市管理常态长效，取得了明显成效。以“水体连通、水质提升、特色滨水景观”为目标，以城市水系规划为引领，以重点项目推进为抓手，坚持整体联动、治管齐抓，城市水系建设取得了阶段性成效。以推进中国人居环境奖创建工作为重点，在老城区规划建设一批街头小游园、小绿地、小广场，中心城区面貌改善明显，城市功能不断完善，城市环境朝着生态宜居的方向稳步转变。

（四）丰富聚合长寿旅游资源，打造如皋长寿旅游产业核心竞争力

如皋是一座古风悠长的文化之城，具有厚重的文化底蕴，境内水绘园、定慧寺、东大街、集贤里等古迹保存完好，胡瑗、李渔、冒辟疆等名人辈出，悠久的历史和古老的文化成为如皋特有的核心竞争力。眼下，如皋市正以“天下名园”水绘园为龙头，整合东大街历史文化街区、千年古刹定慧寺、百年师范如师学堂等景点，提档升级古城文化旅游核心区，提升历史文化名城的品位；推动如皋园林大观园、如皋文园、李渔文化园、胡瑗国学馆等项目建设，让文化资源成为旅游业发展的新亮点、新动力。如皋花木盆景历史悠久，始于宋，兴于明清，明嘉靖《如皋县志》就记载了20余种花木盆景。经八百年的技艺传承，逐渐形成独特风格，于中国盆景五大流派之外独树一帜，称“如皋盆景”。目前，如皋市正加快推进中国·如皋国际园艺城项目的打造，建设绿园花木盆景精品园、龙游河生态湿地度假区等；同时利用绿色生态资源，打造九华乡村旅游养生集聚区、龙游河水上生态休闲游览景区以及白雪线、蒲黄线等乡村旅游养生带，满足游客与市民体验自然生活的需求。近年来，如皋市突出长寿文化资源，重点打造了长寿旅游度假区、中国长寿城、长江药用植物园、金岛生态园等一批长寿养生旅游景区。作为“世界长寿之乡”，如皋市一直着力打造长寿食品产业，截至2016年，如皋市食品产业共有企业393家，其中应税销售2000万元以上企业有46家、超亿元企业14家，主要产品涵盖肉制品、肠衣、酒类、米面、糕点、油脂等，产业完成应税销售54.93亿元，同比增长 36.30%。[①]

（五）搭建长寿旅游节庆平台，大力宣传推广如皋长寿旅游品牌

近年来，如皋已连续举办八届如皋·中国长寿文化节和九届中国（如皋）花木盆景艺术节，两节活动每两年举办一次，是如皋对外展示形象，推广城市文化的重要载体，成功打造了"世界长寿养生福地""中国花木盆景之都"这两张亮丽的城市名片。此外，如皋还连续举办"美好江苏享寿如皋"旅游文化节，邀请来自如皋周边主要客源地特别是上海各旅行社负责人、本地旅游企业和相关部门负责人以及游客参加活动。通过旅行社精准宣传推介世界长寿乡，有效地展现了如皋作为"中国优秀旅游城市"的风采和品位，进一步扩大了影响力。如皋的特色旅游品牌在以上海为中心的长三角旅游市场形成较大影响力，吸引着越来越多的游客。由长寿养生与休闲度假两大元素融汇而成的"长寿养生之旅"，已成为如皋极具魅力的旅游金名片。

二、如皋长寿旅游产业存在的问题

（一）长寿旅游管理主体职责不清晰，旅游管理体制改革仍需深化

尽管如皋拥有较为丰富的旅游资源，市委市政府也在不断加大力度推进体制机制改革，成立了城市水系建设和大健康产业发展指挥部，主抓长寿旅游等产业重点工作高效推进，但实际工作中仍存在资源分割、多头管理、职权分散等现象。目前如皋的许多旅游资源分散在不同部门或主体手中，虽然各类型的组织对旅游开发表现出很高的积极性，但存在旅游、建设、规划、农林业、文化、宗教等主体之间的多头管理、交叉管理现象，在规划、投资、建设、管理、经营、利益分配上会出现许多矛盾，旅游开发未能形成稳健的联动优势，存在同质竞争现象，如皋市的旅游管理体制

① 中国如皋：《如皋市发展改革委抓实"聚焦供给侧、产品大走访"调研行动》，中国如皋网站，2017 年 8 月 28 日。

机制还有待进一步健全，加强改革创新，使其更加符合新时代旅游产业的发展要求。

（二）长寿旅游资源层次不高，旅游产品结构需要进一步优化

今年1—8月，如皋市共接待游客896.75万人次，实现旅游综合收入97.42亿元；其中上海来如游客数119.15万人次，同比增长22.7%，占外地来如游客总数的82%。[①] 旅游主要的目的地还是水绘园等相对知名的景点，以及体验乡村旅游点、生态农庄之类，旅游收入也主要是以门票收入为主。就目前来说，如皋现有的历史文化景区对其文化内涵的挖掘还不够到位，全域旅游概念中游客对于景点的参与性、体验性、互动性等需求较高，还需要进一步挖掘大景区文化内涵，增强游客与景区的互动，推动游客全方位体验景区文化。各景区景点之间没有相互映衬和统一规划，形成旅游文化资源的重复建设和浪费，并且层次不高。休闲度假景区中较少建设针对不同目标群体的细分养生度假休闲产品，大多数景区还停留在观光原有的农业生产场景，或者对乡村景观进行浅层次的改动和挖掘，没有挖掘到当地长寿旅游文化的核心竞争力，无法满足游客参与体验的需求。

（三）长寿旅游品牌辐射影响有限，旅游市场空间有待全面拓展

近几年，如皋市旅游在形象宣传、促销推广和品牌打造上取得了一定的成效，但与许多旅游业发达的城市相比，尤其是以上海为核心的长三角旅游市场相比，宣传推广的力度还不够，市场吸引范围还主要集中在周边地区，在中（远）程市场上的品牌形象、影响力和招徕力仍显微弱。如皋市旅游部门宣传促销经费较少，宣传资源较为分散，宣传的广度不够、深度不足、力度不大，难以产生强大的冲击力，仅在2014年投入300多万元，加上省旅游配套宣传资金200多万元，在央视投放了城市旅游形象宣传片，取得了一定的效果，但播出密度不高，持续时间较短，影响力有限。如皋市在以旅游形象驱动市场方面还有待加强，需要进一步增加市场

---

① 如皋市旅游局：《2017年第一、二季度旅游发展状况统计分析》，2017年7月。

开发投入和促销力度，创新营销手段和方法，树立鲜明的旅游整体形象，拓展国内外旅游市场空间，提高市场占有率。

（四）长寿旅游对其他产业拉动效应有限，旅游综合效益有待提高

旅游业不仅与交通、餐饮、住宿、零售业等行业直接相关，而且与工业、农业、林业、体育、文化、会展、环保、通讯、金融、保险等行业关联。如皋市拥有诸多旅游资源，但对这些旅游资源的挖掘与利用不够深入，旅游产品也仍然以简单的观光游览为主，休闲度假、商务会务、康体养生、文化体验等深度旅游产品的开发不完善。上海游客因为具有较高的消费能力，对于高档度假休闲、商务会务、保健养生和体验长寿文化等有较高需求，如皋缺少高品位、主题化、综合配套完善的龙头旅游项目，因此造成游客在如皋旅游停留的时间很短，过夜游客较少，游客往往在如皋参观了水绘园等景点后去南通市区或者周边地区住宿、餐饮消费的现象，造成游客在如皋逗留时间短，消费水平不高，对其他产业拉动效应有限。这与全域旅游中的以某个地点为基地，在此地居住、消费，在附近周围开展旅游活动的“基游”概念不符。如皋长寿旅游业还需充分发挥其在推动城乡联动发展、产业结构升级、环境提升、社会经济协调发展等方面的作用，通过发展长寿旅游业为如皋带来大量的人流、物流、信息流，加快如皋的现代化进程，提高长寿旅游业综合效益。

（五）服务意识和基础服务设施薄弱，旅游配套要素有待完善

如皋旅游接待能力、旅游交通、旅游解说、旅游购物、旅游休闲娱乐等方面还有待完善，如皋旅游要加快构建“行、住、食、游、购、娱”六大要素的科学体系，包括“康体、科教”等发展要素体系等。如皋尚未建立游客服务中心，酒店、景区等接待能力差，不能满足未来旅游发展的需求。市内交通体系不完善，对外交通网络覆盖率低，是未来开拓长三角以外市场的一个重大阻碍因素。在全域旅游建设平台上，对景区工作人员、交通、餐饮、相关机构工作人员和普通市民的长寿养生知识、市情知识、历史知识和其他综合素质上都有相关要求，现有相关从业人员水平参差不

齐，服务意识、维护如皋长寿养生形象的意识等都不足。要做到全区域、全要素、全产业旅游，这对从业人员和普通市民的素质都是一次考验。

三、对接上海，如皋发展长寿旅游产业的思考

上海作为国际型大都市，经济发展迅速，人口老龄化加剧，市民安居成本和教育成本较高，加上市民工作节奏快，压力大、工作焦虑和亚健康身体状态使得市民出行娱乐更注重长寿养生类旅游产品。如何集合优势，改善短板，承接上海市民周边长寿养生旅游的需求，本课题组结合全域旅游研究状况及如皋“十三五”旅游发展总体目标，从五个方面展开思考。

总体目标：启动“国家全域旅游示范区”创建工作（2019 年创建成功）。2017 年接待游客 1100 万人次（按照国家旅游统计口径），同比增长 13%左右；实现旅游综合收入 130 亿元（按照国家旅游统计口径），同比增长 22%左右；占全市 GDP 比重达 14%（“国家全域旅游示范区”创建期限为 2～3 年，其中，旅游业达当地经济贡献率 15%）；旅游业增加值占全市 GDP 比重达 6%左右。启动水绘园国家 5A 级景区创建工作和长寿旅游度假区创建省级旅游度假区，启动顾庄花木园艺小镇和白蒲长寿特色小镇两家省级风情旅游小镇的创建工作；成功创建国家 4A 级景区 1 家、省五星级和四星级乡村旅游区各 2 家、省三星级乡村旅游区 6 家、省级自驾游基地 1 个、国家三星级旅游饭店 3 家；建成国家 A 级旅游厕所 30 个，完善、设置旅游交通指引牌 50 处，建成旅游景区停车场 5 处、旅游咨询点 5 处；实现 3A 级以上景区免费 WIFI 全覆盖。①

（一）吸收上海等地区先进管理理念，推进旅游管理体制机制改革

全域旅游概念中，旅游的发展不是孤军奋战，而是在融合中共同发展。因此全域旅游发展的体制机制设计比传统旅游发展的体制设计要求更高，通过体制机制的创新改革设计，理顺旅游部门与其他相关部门的关

① 南通市人民政府：《〈如皋市创建“国家全域旅游示范区”实施方案〉解读》，南通市人民政府网站，2017 年 7 月 28 日。

系，突破限制新时代旅游发展的障碍，推动旅游业的跨越式发展。

如皋要改革旅游部门机构和管理机制，以新组建的“如皋市旅游发展委员会”为龙头，积极构建全域大旅游综合协调管理体制，实现旅游业发展从部门行为向党政统筹推进、整体联动转变。充分发挥市旅委会的统筹协调、服务保障作用，从市级层面加大旅游业发展的协调组织力度，为旅游业跨越发展提供强大合力。扎实推进国土、消防、安监、公安、市场监管、文广新局等部门协调办公，研究制定旅游项目专项扶持政策，有效突破规划、用地、消防等发展瓶颈，强化旅游市场监督管理，共同推动旅游业转型发展。可以选择合适的时机、合适的方式成立如皋长寿旅游投资发展集团，利用企业的平台优势，通过引入民资入股参股、打包整合景点资源、融资开展深度开发等方式，全面发挥企业体制机制活、融资手段多、管理效率高和经营理念先进等优势，把如皋长寿旅游产业引入差异化、规范化、集团化发展的轨道。

（二）坚持精品开发战略，促进长寿旅游产业转型升级

如皋的旅游业要想脱颖而出，必须树立精品意识，放在未来旅游业激烈竞争的发展环境中对待，突出如皋旅游的靓点、卖点和拳头产品，强化特色，注重新建项目的精细化开发建设，始终确保“建一处亮一处、亮一处带一片”，培育如皋旅游的综合竞争力。如皋应提升传统观光游览产品，依托如皋厚重的历史文化，深入挖掘文化旅游资源，开发长寿养生、休闲度假、文化体验、商务旅游、商贸购物等深度旅游产品，建设一批优质旅游精品项目，加速文化资源向旅游产品的转化，在旅游产品的参与性、体验性、独特性、吸引力上做文章，丰富旅游产品体系。

以健康长寿养生旅游为突破口，重点打造“一区一镇”，即长寿旅游度假区（包括顾庄生态园、中国长寿城、“梨花春雨”长寿漫城、长寿美食文化广场等）和白蒲长寿特色小镇。一是推动长寿休闲度假区核心区（顾庄生态园）丰富内涵，挖掘历史文化资源，打造文化旅游景点，完善旅游基础设施，提升度假区核心景区档次。2017 年做好国家 4A 级景区创建基础工作，力争2018年底创成，启动省级旅游度假区创建工作。二是推动中国长寿城深度开发，在项目二期开发上取得突破性进展，丰富长寿文化内涵，打造旅游新景点。三是推动长寿漫城（梨花春雨）项目落户，做好服务工作，启动项目建设。四是启动长寿美食文化广场的打造，在如城东皋市场周边，建设特色长寿美食社区，打造长寿特色美食丰富、长寿特色商品集中的食、购、娱一体化平台。五是启动白蒲长寿特色小镇的包装打造工作，整合白蒲古街、法宝禅寺等资源，进行保护性开发建设，重点挖掘清代蒲塘十景，提升林梓红木、白蒲黄酒、茶干、林梓潮糕等品牌，整体策划、包装千年白蒲古镇，为打造国家4A级旅游景区做好准备。①

（三）以对接服务上海和服务长三角地区为重点，切实加大旅游营销推广力度

1. 要实施区域旅游一体化战略

如皋长寿旅游作为南通诸多旅游景点中的一个组团，要积极融入南通、江苏和上海都市圈的旅游，形成资源共享、产品联动、客源互流、信息互通、市场共建、管理互动、利益双赢的良性竞争和精诚合作局面；积极参与南通旅游营销推广活动中，实施“区域联动、部门联合、企业联手”的大旅游营销模式，把旅游营销推广作为如皋对外文化交流、经济合作的重要内容，深度参与长江经济带、长江三角洲和“环沪名城”旅游圈营销活动。

2. 加大长寿旅游文化氛围的营造力度，提升“世界长寿乡”影响力

一是在高速口以及沿途的高速上常年固定地打出“世界长寿乡如皋欢迎您！”“如皋如歌，长来长寿”等宣传口号。二是在全市营造长寿文化氛围，尤其在主城区的大街小巷更加突出长寿文化和长寿理念，所有景区景

① 如皋市老科技工作者协会：《充分发挥“长寿”品牌优势做大做强我市大健康产业》，如皋市老科技工作者协会网站，2015年1月30日。

点、乡村旅游点、饭店宾馆重点营造长寿氛围。三是联合市民政部门向全市有 90 岁以上健在老人的家庭，颁发“寿星家庭”荣誉门牌，提高旅客参与度、体验度。

3. 整合资源加大宣传，提升长寿乡知名度

一是与上海、南京、苏锡常等周边城市的电台、电视台联合宣传推介如皋旅游资源。二是整合相关部门宣传资源，在部门网站、官方微博、微信的宣传内容里融入长寿文化内容对外推出，产生集聚效应。三是开发如皋旅游手机 APP 软件，做好设计和维护，让游客通过扫码即可全面了解全市旅游现状等内容。四是利用节庆活动和大型旅游推介会，加大在上海及周边省市的拓展力度和推介力度，融合推进招商引资、旅游营销和招引游客等工作。

（四）围绕长寿旅游打造周边服务产品，提升长寿旅游产业综合效益

全域旅游中的产业不再局限在传统的“六要素”产业，强调全产业的旅游化融合、旅游化升级，通过旅游发展产业化，产业发展旅游化，丰富旅游产品，壮大旅游产业规模，同时又促进相关产业链条的拉长和产业的升级增值。

1. 积极推进长寿旅游产业结构调整升级

如皋长寿旅游要实现从传统观光型向观光休闲度假养生复合型的转变，必须提升旅游文化品位，提升旅游产品的档次，提升如皋旅游的现代游憩功能，提升如皋旅游的核心竞争力，延长产业链，培育产业群，努力延长游客在如皋逗留时间和增加游客在如皋消费。

2. 积极推进“旅游即城市”战略

依托以古城河旅游区为中心的长寿文化游和以顾庄生态园为中心的生态养生游，使旅游发展与城市经营相结合，与城市产业结构调整升级融为一体，提升整个城市的旅游休闲功能，优化整个城市的旅游休闲环境，打造整个城市的旅游特色和个性，把城市打造成最大的旅游景区和休闲基

地，并进一步发挥旅游产业在整个城市全面、协调、可持续发展中的拉动作用。

3. 全面提升如皋旅游的品位与内涵，塑造如皋旅游鲜明的特色性格

通过开发长寿旅游商品、旅游线路，设计更多的旅游互动体验环节，彰显长寿文化品牌影响。通过对优秀文化的时尚化、产品化、市场化重组，通过物境、情境、意境设计，充分释放旅游业特殊的产业关联力度，最大化发挥、提升并实现如皋旅游所蕴涵的本体价值及附加值。

4. 树立大旅游理念，着力打造特色旅游线路和特色旅游产品

一是注重培育和延伸旅游产业链，实施旅游开发与城镇建设及新农村建设的一体化，促进旅游业和相关产业（如花木盆景产业、文化产业、现代农业、商贸服务业等）的联动；加强旅游行业内部的饭店、景区、旅行社、旅游交通、娱乐、购物等产业要素的统筹发展，使相关资源要素最优化配置。二是精心打造特色旅游商品，推动旅游服务产业发展。加大投入，引导企业不断提升旅游产品的档次和品味。打造特色旅游商品展示展销平台，推动长寿文化特产店形成规模；推动长寿文化产品的创意设计和包装。重点从长寿餐饮、长寿小吃、长寿食品、长寿礼品等方面着手推动促进，加快旅游产品的规模化、品牌化进程。

（五）提升服务水平、完善服务配套，为游客创造一流的旅游体验

全域旅游服务，在服务的规模、氛围和品质等方面都有胜于传统旅游。它突破了传统旅游区和非旅游区的二元服务结构，构建全域一体化的服务体系。因此，实施全域旅游发展战略的旅游地，都有必要进行旅游公共服务体系规划，以完善提升全域旅游服务氛围与服务品质，提升全域旅游地的软实力。

1. 完善服务功能配套，提升旅游环境品味

从吃、住、行、游、购、娱等旅游要素进行全方位细化、完善。一是充分依托长寿养生文化，着力挖掘传统风味，精心打造本地特色品牌“长

寿宴席”，打造长寿美食社区，主打长寿饮食、健康餐饮。二是发展高星级酒店、经济型连锁酒店、特色宾馆、精品民宿、露营地等多元化住宿场所。三是强化基础服务设施建设。未来几年，政府应加大交通基础设施投入，健全完善旅游指引系统和公交系统，将重点景区纳入全市大交通服务体系，更新完善标识标牌、旅游厕所、停车场、旅游咨询中心、通讯设施等基础设施，切实提升旅游舒适度。另外，增加旅行社、酒店，以满足未来旅游发展的需求。

2. 提升旅游服务水平，擦亮长寿文化名片

在融媒体时代，积极利用传统媒体和微博、微信、小视频、客户端等新媒体开展融合，一是对游客和市民开展长寿文化普及，宣传健康养生、长寿文化等方面的内容，让游客学到长寿养生知识。二是在景点和市区宣传栏、酒店大堂、餐饮集聚地分发关于长寿文化宣传小册页、小册子，供游客了解长寿养生的经验和奥秘。三是推动全市旅游企业在经营销售过程中，重视如皋长寿文化的包装融合。如饭店长寿菜谱中，对菜式营养成分进行说明解释；礼品店的长寿礼品，附上说明书；景区景点的植物花草对人体的作用说明等等。四是导游在讲解过程中，融入长寿文化、长寿历史故事、当代名人事迹，让游客在游览中学到健康养生知识，接受长寿文化熏陶，与如皋长寿老人、长寿家庭分享长寿心得。五是以旅游产品精细合理为目标，狠抓旅游线路包装，推动旅游产品的科学合理安排。根据不同旅游者特点及其需求的差异性，细分旅游产品，满足不同层次人群的需求。①

① 南通市人民政府：《如皋市关于印发〈如皋市创建“国家全域旅游示范区”实施方案〉的通知》，南通市人民政府网站，2017 年 7 月 25 日。

强培主体　推进科技创新占领新高地

中共南通市通州区委党校课题组①

2014年5月，习近平总书记在上海考察时，对上海提出了加快向具有全球影响力的科技创新中心进军的要求，并在2017年全国两会参加上海代表团审议时进一步强调上海要在推进科技创新中心上有新作为。上海科创中心的加快建设必将对全国科创，尤其是周边城市产生强大的溢出、辐射、协同效应。作为具有“靠江、靠海、靠上海”的得天独厚优势的南通市，应进一步主动谋划全面对接服务上海全球科创中心建设，推动创新资源和要素在南通集聚融合，积极建设创新之都，构建创新创业生态城。南通承接、服务上海科技创新，势必将为打造上海“1+6”大都市圈、长三角世界级城市群增添科技创新新动能。

一、南通市对接服务上海科创中心的优势

具有较高的产业结构层级和较为雄厚的金融、市场、资本，科技基础设施完备，科技人力资源基础较为扎实，对国内外优秀人才具有较强的吸引力，这些均是上海建设全球科创中心的明显优势。南通市应在充分认识上海建设全球科创中心优势的基础上，准确分析、判断南通对接服务上海得天独厚的优势。

（一）政府重视程度逐渐提升

一是对接上海意识强。自2003年南通市提出“融入苏南、接轨上海”

① 执笔人：杨曼。课题组成员：杨曼、胡永洲、张洁云、杨玲。

发展战略以来，先后将城市定位为“北上海”“上海北”再到上海“北大门”。2017年，江苏省政府批复了南通建设上海大都市北翼门户城市的方案；从2011年开始，南通市便开始制定《接轨上海重点任务及责任分解表》。同时，办公层级不断提升。南通市2003年成立了接轨上海办公室（以下简称接轨办），负责上海项目的招商引资、招才引智。2017年上半年，南通市委牵头组建了对接服务上海协调工作委员会，陆志鹏任第一主任，韩立明任主任，还专门配备了秘书长。新成立的工作委员会由南通市委和市政府齐抓共管，改变了接轨办层级较低、权限较小的状况，将对接服务上海作为南通市委市政府的中心工作，提升了接轨办的层级。发展战略的提出、办公机构设置的变化、自身定位及层级设计不断提档升级进一步彰显了南通市对接服务上海的积极性、主动性。二是决策部署导向强。《2017年南通市政府工作报告》中指出南通实现未来五年的发展目标必须牢牢把握六个方面。其中，“聚力创新转型，引领提质增效”“推动协调融合，促进资源集聚”这两方面与对接上海科创中心密切相关。“十三五”期间，南通市制定了“六大对接”思路，即对接上海科技服务机构和设施、对接上海科技园区、对接上海高校院所、对接在沪知名企业、对接上海“双创”人才、对接上海创客资源，在此基础上，南通出台了《南通市“十三五”科技创新发展规划》。这些均是南通市紧紧牵住科技创新这个“牛鼻子”，坚持把创新作为引领发展的第一动力，搭乘上海创新“便车”“快车”，着力构建创新创业生态城，走差别化、特色化的全面创新之路的政策优势所在。

（二）高新产业发展势头良好

上海之所以能建设全球科创中心，节能环保、新一代信息技术、生物医药、高端装备、新能源汽车等战略性新兴产业制造业的发展势头良好，贡献值和增速指标良好是其重要的支撑。南通市产业体系发展方向与上海基本一致，能够互为补充。在高新产业发展方面，也表现出不输于上海“1+6”大都市圈和长三角世界级城市群、扬子江城市群其他城市的强劲发展势头。具体而言，2016年全社会研发投入占GDP比重达2.61%，科技进步贡献率达61%，达到世界创新型国家中等水平。尤其是高新技术产业发展迅速，在全省的排名从第四位上升至第二位，总体上呈现总量扩大、占比提高的良好发展态势。2015年南通市高新技术产业产值达6202.45亿元，占规模以上工业总产值的45.03%，在全省的排名由“十一五”末的第四位上升为第三位；[①] 2016年南通市高新技术产业产值6883.1亿元，占规模以上工业比重达到46.0%，居全省第二；[②] 2017年1—6月，高新技术产业产值达到3969.89亿元，占规模以上工业产值的比重达到48.25%，同比增幅16.2%，高新技术产业产值与占比均位全省第二位。[③] 南通市高新技术企业增至978家，是2010年的4.2倍；企业研发机构总数达926家；大中型工业企业和规模以上高新技术企业研发机构建有率达97.58%。

（三）创新创业能力显著增强

就南通整体而言，南通市共有省级创新型试点县（市）、区8个，实现了县（市）、区全覆盖；省级创新型试点乡镇18个，居全省第四位。具体而言，一是创新创业平台基础较好。南通市拥有省级以上科技创新平台数达396家，居全省第四位。南通市建有拥有省级企业重点实验室（含企业研究院）6家，省级工程技术中心352家，院士工作站43家；新建市级公共技术服务平台3家、市级工程技术研究中心69家、重点实验室5家；省级科技服务示范区1个、省级以上科技公共服务平台20家；各类科技企业孵化器51家，其中国家级12家、省级26家；孵化场地面积303万平方米；新增省级以上研发机构35家。[④] 二是创新创业活动形成品牌。通过“创新南通”平台和“通创荟”系列活动间接对接的项目超过200个。线上“创新南通”平台得到进一步的开发完善，点击量超过60万人次，微

---

① 南通市政府：《南通市“十三五”科技创新发展规划》，2016年12月1日。

② 南通市统计局：《2016年南通市国民经济和社会发展统计公报》，2017年3月31日。

③ 南通市科技局：《全市上半年高新技术产业发展势头强劲》，2017年8月1日。

④ 南通市统计局：《南通市2016年国民经济和社会发展统计公报》，2017年3月31日。

信粉丝超过1600人，成功吸引了更多的项目、企业、孵化器和众创空间等创新资源集聚到该平台上来。线下“通创荟”活动产生轰动效用，在中关村首次上演南通创新元素，8个项目现场融资达到1.08亿元，引起了《人民日报》《光明日报》《新华社》《科技日报》等媒体的高度关注；“生命健康”类创新创业大赛12个决赛项目得到现场创投机构和企业的高度认可，每个项目都有2～4个企业与之对接。[①] 三是众创空间建设大力推进。目前，南通市已建有众创空间（包括在建）35家，其中国家级众创空间1个、省级众创集聚区1个、省级众创空间9家、市级众创空间17家，在建众创空间超过20家[②]。四是技术创新取得突破。南通市积极组织申报了553项江苏省高新技术产品，新增省级高新技术产品876项，并着力突破关键核心技术，取得了一批具有自主知识产权的重要技术和重大产品。南通市有14项科技成果获江苏省科技进步奖，其中，一等奖4项，二等奖3项，三等奖7项；获国家专利优秀奖10项。世界首座半潜式圆筒型海洋生活平台“希望7号”获国家科学技术进步一等奖，功能性真丝面料获全国纺织企业技术创新成果一等奖。江苏省经信委公布的2017年度企业重点技术创新导向计划中，南通市有160个技术创新项目入围，总量位列全省第三，占全省比重10.3%，入围项目中，核心技术突破项目39个，位列全省第二；新产品研发项目107个，位列全省第三；工业产品质量攻关项目14个，位列全省第二。[③]

（四）产学研用机制逐步完善

上海科研和教育机构相对比较密集。依托密集的科研和教育机构，上海市大型的科研平台建设启动较早，也较为完善。南通市也注重通过不断发挥科教优势和开放优势，科研平台也正逐步完善，产学研用长效机制正逐渐建立。上海市土地资源紧缺，全市建设用地总量已接近天花板，建设

① 南通市科技局：《2016年上半年我市大众创业万众创新精彩不断》，2016年7月12日。

② 刘曦：《时评：让众创空间助力经济提质转型》，搜狐网，2016年8月2日。

③ 卢兆欣：“2016年度江苏省科学技术奖揭晓 南通14个项目喜登榜单”，《江海晚报》，2017年2月26日。

用地比例已接近50%。南通市可以解决上海土地资源受到地制约，已利用自身的土地资源优势建立了南通市上海市北高新（南通）科技城、上海外高桥集团（启东）产业园、上海杨浦（海安）产业园、上海奉贤（海安）工业园、海门海宝工业园、海门复旦复华科技园、启东江海产业园、锡通未来岛科创园等8家共建园区。在产业园建设的基础上，南通市已经与上海复旦大学、同济大学、上海交通大学、华东理工大学等十多所高校院所长期对接，涉及船舶与海洋工程、智能装备、新能源、新材料等重点发展领域，每年实际签约合作项目60项左右。南通光电工程技术研究中心、南通桑夏光热技术协同创新研究院、南通中级特种储运装备研究院等一批共建研发平台相继建成。南通市先后与南通大学等省内外150多所高校院所建立了稳定的合作关系，共建新型产业研发组织20个，校企联盟总数达709家，建立省级产学研产业协同创新基地2个①；省产研院纺织丝绸研究所、省协同创新基地——船舶海工研究院以及现代建筑研究院“三大研究院”建设取得了长足发展。“2016南通—中科院兰州化学物理所产学研对接会”形成合作意向的项目12项；赴上海开展系列产学研对接洽谈活动，发布南通产业技术需求380项，收集上海高校最新科技成果近1000条。②通过积极链接“114产学研协同创新服务平台”“飞天众智”服务平台，借力上海“联盟计划”及“助推计划”等上海创新资源，南通市与上海地区高校科技项目和人才合作日益加强，“上海前期孵化、南通中期转化加速再到后期产业化”的创新合作模式取得了良好的效果。在产学研用机制逐渐完善的基础上，南通市积极争取到了国家、省项目的支持。2016年上半年，南通市申报国家重点研发项目5项、国家自然基金项目523项，申报省重点研发计划项目77项，申报省自然基金类项目103项，并积极争取成果转化、平台建设等项目支持。目前1个产学研协同创新载体、1个科技公共服务平台、2个服务能力提升项目、19个产学研合作引导项目、2

---

① 南通市政府:《南通市“十三五”科技创新发展规划》，2016年12月1日。

② 南通市科技局:《市科技局赴上海有关高校、院所积极开展产学研对接洽谈活动》，2016年11月1日。

个国际科技合作项目获得省科技厅立项支持，2个重点项目、16个竞争项目、3个开发应用项目、13个农业类项目进入公示阶段，16个科技成果转化资金项目进入现场考察阶段。①

二、南通市对接服务上海科创中心的制约因素分析

南通市虽然在对接服务上海科技创新方面有一定的优势，但对比创新能力领先地区，南通市对接服务上海科创中心，承接上海科创中心的溢出、辐射、协同效应，成为上海科创中心的重要节点，还存在不少制约因素。

（一）企业创新主体作用有待强化

据统计，江苏省50家技术创新示范企业南通有5家，与南京、无锡共同排名全省第二。南通市85%科技计划项目由企业牵头，90%研发投入源自企业，这些数据表明南通市科技创新主体在企业。要进一步学习、对接、服务、承接上海科创中心，南通市企业创新主体作用有待加强。一是整体创新能力不强。南通市高新技术企业虽有978家，但不到规上企业的15%。科技服务业规模较小，增加值占GDP比重较低。从行业分布来看，科技创新活动占比超过60%的企业所属的行业包括烟草制造业、医药制造业、仪器仪表制造业、废弃资源综合利用业、专用设备制造、电气机械和器材制造业、计算机、通信和其他电子设备制造业等行业。而传统产业（如纺织业、服饰业、化学原料和化学制品制造业及金属制品业）普遍创新意识较低、创新能力较低，科技创新活跃度偏低。从企业规模看，不同类型企业科技创新能力差异显著。大中型工业企业中，有94.56%的企业开展科技创新活动，而小型企业中，仅有32.57%的企业开展科技创新活动，比大中型企业低62个百分点。传统产业领域还属于产业链中下游，新业态尚未形成产业板块，小型企业创新能力弱，这些都说明南通市企业的

① 《市科技局不断提升法治建设工作水平》，中共南通市委政法委综合信息网，2017年3月8日。

创新升级有待加强。二是研发投入不够，产出效果不明显。一方面，研发投入强度不够。南通市2016年全社会研发投入占GDP比重为2.61%，虽然已经达到江苏省的整体水平，但全社会研发投入强度低于苏南地区，企业研发投入强度仍显不足。另一方面，产出效果不明显。虽然南通市研发投入强度逐年增长，但是最终产出具有实用性、可操作性强并且能够占领市场同时保持市场领先的产品不多。许多企业重视并积极引进、投入那些已经获得成功的项目和技术，而不重视企业自身的技术开发。传统企业创新能力弱、企业只重视研发结果，不关心研发技术、研发过程，这说明南通市大多数企业以追求研发成果为目标，而忽略了科技创新、技术积累这个关键环节。三是发明专利存在短板。南通市专利授权相比苏南地区，仍存在一定差距。总量上，2016年南通市专利授权23347件，在全省排名第四，落后于科技创新能力较强的苏州、无锡、南京。在科创能力上，南通市主要以实用新型专利和外观设计专利为主，发明专利较为薄弱。发明专利、实用新型专利、外观设计专利分别达到2725件、6296件、15316件，发明专利仅占11.2%。[①] 从专利的应用看，大多数专利为企业自产自用，除了家纺行业会发生外观设计的画稿交易，其他行业基本不存在专利买卖。由此可见，生产的专利不具备较高的商业价值、专利质量与核心科技技术竞争力不匹配、重大技术突破能力不够、高端设计研发并拥有自主知识产权的产品不多，这些在企业中存在的科技创新的瓶颈难以满足产业转型升级的需要。同时限于企业主的创新意识弱、企业研发投入大、风险大等因素，南通市部分企业创新的积极性、主动性较弱，这些均是对接服务上海科创中心存在的瓶颈。

（二）人才吸引力集聚度有待加强

上海建设科创中心有其雄厚的人才智力支持。相比较上海而言，南通市虽然加强了吸引高端人才的措施，但总体上来说，南通市人才综合竞争

① 江苏省知识产权局：《江苏省2016年12月份专利授权状况统计表》，2017年1月19日。

力全省排名不高，对人才的吸附力较弱，人才吸引力不大，人才外流现象严重，也是对接服务上海科创中心的瓶颈之一。虽然南通市基础教育好，但考上大学后回通就业占比低，这种现象持续多年，致使南通市成为人口净流出城市。2000 年以来，高考录取累计 60 余万人，返通 40%，985、211 院校学生返通不足 1 %，流出人口中劳动年龄人口占 93. 32%。而外来人口层次偏低，2014 年南通市流出人口 98. 0 万人，流入人口 60. 17 万人，净流出 37. 83 万人。流入人口中，大专及以上学历仅占 14. 5%，初中及以下占 60. 7%。① 造成人才外流现象的原因有：先天资源环境的差异、通过孵化企业吸引集聚人才方面做得相对薄弱、人才培育方面未能对接服务本地产业特色及新兴产业、高科技产业发展方向和体制机制创新不足，以及各类人才子女就学、家属随迁、团队引进等方面缺少实质性突破，创业创新环境亟待优化等方面的问题。这些问题影响了人才的引进、企业员工的稳定。

（三）创新平台载体作用有待发挥

科技成果的产出依赖于平台和载体作用的发挥。南通市现有创新平台和载体的产出效益不明显，不具备承载能力，也制约了对接服务上海科创中心。如：2016 年，南通市发明创造主体主要集中在企业，共计 11110 件，占专利申请量的 83%，院校、科研、个人分别为 702 件、105 件、961 件，分别占 5%、7. 9%、7. 2%；每万就业人员中研发人员 2015 年仅 125 人。这些数据说明，产学研用中主要依靠企业自主创新，院校、科研院所、个人的创新能力尚未被完全激发，有待提高。如：南通市通州区建立了江海圆梦谷、江海智汇园等科创平台，走过了从无到有的阶段，要实现提档升级，还面临一些困难和问题。从现有引进和建设的平台看，江海圆梦谷、江海智汇园创新平台尚处于起步阶段，未完全转化为现实生产力，各类创新平台资源整合不到位，园区科技综合实力不强。江海圆梦谷开园

---

① 季建林：“建机制、抓重点、补短板，更好更快地建设上海‘北大门’”，《党校视点》，第 1 期（总第 58 期），2017 年 3 月 1 日。

一年多来，注册企业 120 多家。入驻 30 多家，入驻率仅达到 25% 左右；其中“我的打工网”、麦辉机器人等 8 家顺利“毕业”，完成孵化，孵化率也不到 27% 。入驻率和孵化成果并未得以充分体现，并未转化为现实的生产力。

（四）创新环境营造有待完善

一是科技创新服务中心服务功能有待进一步完善。如在科技金融服务方面，南通市在引进各类投资机构、基金管理公司、发展保险再保险等方面政策力度还不够大，银行金融产品缺少创新，域外创投机构在南通的投资绝对额也较小，投资氛围还不够浓厚。现有新兴产业引导基金局限于以投资、专项补贴等形式维持企业盈利，缺乏全方位孵化功能。二是鼓励创新的社会氛围还不浓厚。长期以来政府侧重对科技资源的配置，在一定程度上忽视了对南通市创新文化的培育，对企业家现代创新理念教育的引导不够，对创新典型宣传的力度也不强，全社会鼓励创新、宽容失败的氛围不浓，创业创新还没有成为南通市上下的普遍认知和共同选择，还没有形成具有强烈地域特色的企业创新文化，从而削弱了企业创新的积极性和主动性。

三、南通市对接服务上海科创中心的几点建议

（一）以推进企业自主创新为核心

一是培育企业家精神。企业是自主创新的主体及关键。要真正对接上海科创中心，就必须在南通市的企业中，尤其是高新技术企业、战略型新兴企业中进一步重视、强调观念、理念创新。企业观念、理念层面的创新绝大程度上取决于企业的领导者、主导者、组织者也就是企业家的创新精神和创新意识。南通市企业家要继续发扬敢于冒险、善于创新、勇于担当、止于至善的企业家精神，认真思考、研究上海具有较高科技水平的产业、项目、技术，同时结合自身企业的优势，积极主动自主创新，做到愿意创新、推崇创新、积极创新，创造更多新产品、新服务、新业态。二是

协同创新产学研用。针对南通市研究院所科研能力不足、科技资源缺乏、科研能力转化弱的现状，应主动联合上海的高校研究院所进行挂钩合作，强化开展与上海产学研用灵活多样合作，全面推进企业为主体、市场为导向、产学研用紧密结合的技术创新体系建设，推动创新链、产业链有机融合，推动南通市大中型企业研发机构建设全覆盖，从而提升南通市企业自主创新能力。如：推动驻南通的高校将学科建设与全市新兴产业发展相结合，加快南通先进通信研究院等一批产学研合作平台建设，争取上海高校技术转移中心在南通建立分中心；支持企业与高校、科研院所联合组建产业技术创新战略联盟，建立成果共享、风险共担的产学研用合作机制，开展协同攻关和早期研发，对企业支付的合作经费给予补助；大力开展科技合作交流，以战略性新兴产业、高新产业和传统优势产业为重点，举办形式多样的科技节，推动企业跑高新项目、搞合作攻关、挖高端人才、谋转型发展的意愿不断增强。在资金上，主动与上海的各类协会、上海融交所、中介机构等多多合作，共同发起基金，培育项目，形成全方位、深层次合作的良好态势。三是推动企业管理创新。要推进企业产权制度改革，加快企业上市步伐，激发万众创新活力。同时，要鼓励市场主体探索新业态、新模式，让成千上万的"微行为"，汇聚成创新创业的"众力量"。

（二）以营造良好创新环境为基础

南通市要整合现有资源，努力营造全市最适宜创新创业的生态环境。一是建立创新型功能平台。围绕电子信息、新材料、新装备、新能源等新兴产业领域，加快提升南通高新区科技新城、创源科技园、通州湾科教城、如东科技城、如皋软件园、启东创新型经济园、海门生物医药科创园、天安数码城、崇川"三创"园区、能达科创园等科技园区的建设水平。同时，要抓好中央创新区"四中心一板块"规划建设，努力打造教育、科技与产业深度融合发展的创新型功能平台。利用平台的建设和投入使用，着力集聚、引进一批高层次人才（团队）、一批优质项目，推动更多项目向园区集聚，打造新兴产业、高科技产业、战略性新兴产业和高层次人才和高端研发团队的集聚高地，为南通市对接服务上海科技创新中心打造创新转型最大引擎，搭建良好的平台和载体，形成更有活力的创新创业生态系统。在平台建设过程中，南通市要有与上海共建利益共同体的思想。某些项目在上海的孵化成本在没有得到回报的情况下，在上海孵化的积极性必然会有所降低。结合产业发展实情，南通市应考虑能不能与上海共建孵化基地，将孵化和产业相结合，或者在南通建立孵化基地，共同承担风险与损失，共同分享利益与收获。二是优化创新投融资服务体系，打造政府、高校、企业、金融机构四方对接的科技金融服务平台。通过搭建好创意创新项目与投资基金之间沟通平台，利用阶段参股、跟进投资、投资保障和风险补助等方式，支持科技企业发展，拓宽创业投资资金来源，吸引天使、PE、VC 等境内外股权投资基金、社保基金、保险公司等投资机构在南通市开展创业投资业务，努力形成政府资本为引导、社会资本为主体的多元化格局；引导银行业金融机构推出科技信贷、知识产权质押、股权质押等科技金融服务。在南通建立的投资公司所引进的项目可在南通、上海两地布局，在资本层面形成产权清晰、易于合作的利益共同体。三是增强科普能力，弘扬创新文化。南通市应加快科普基础设施的建设与完善，推动“互联网 +”、虚拟现实等技术在科技场馆展览教育等方面的应用，丰富和深化科普场馆的内涵与功能，培育品牌科普活动，创新科普活动的内容、形式和组织动员机制，积极运用新媒体、新技术促进科普与日常生活、艺术、旅游、体育等融合，丰富科普推送内容，扩大科普受众面。同时，利用多种媒体形式广泛宣传创业创新理念和优秀典型，大力培育和弘扬创新创业精神，营造崇尚创新、勇于创新、敢为人先、包容多元、宽容失败的创新创业文化氛围，推进创新无所不在，鼓励创业成就梦想，促进创新创业基因植入南通城市文化。

（三）以集聚用好各类人才为重点

南通市应改变人才外流现象严重的现状，与上海人才互通，不断营造吸引、用好、留住国内外各种人才的良好氛围，使南通成为高层次人才创新创业的首选区，成为各类创新人才集聚地。一是大力推进招才引智。充分发挥“市＋区”人才新政叠加优势，着力营造尊重人才、鼓励创新、宽容失败的社会氛围。建立驻沪人才工作站，探索形成“上海孵化，南通转化”的人才工作机制。建立南通对接服务上海专家智库，充分发挥上海研究机构密集、高端人才集聚的优势，为南通市进一步科学有效地推进对接服务上海工作提供智力支持。邀请沪上知名专家学者来南通作专题辅导培训，进一步提升广大党员干部的知识水平和实践能力。二是重点打造人才培养基地。南通市要突出“高精尖缺”导向，围绕南通市重点产业、经济发展紧缺行业和传统优势产业项目，依托管理规范、技术先进、技能人才培养具有良好成效的企业和重点技工院校，建设高技能人才培养基地。三是制定完善人才引进的各项政策。坚持以真情引才，不惜重金引才，积极实施“人才房交钥匙”工程、“人才房票”工程、家庭子女随迁入学工程，完善人才分类评价和支持机制、鼓励专业技术人员离岗创业，鼓励企业以股权换人才。同时，紧扣区域产业体系发展提升的需求，优化吸引力凝聚力强的人才柔性引进制度，采用短期聘用、技术顾问、特聘专家等多种方式和手段，将“柔性”人才从四面八方引进到南通。

（四）以完善政府服务为保障

一是做好规划研究工作。南通市规划部门要认真研究《上海市城市总体规划（2016—2040）》和“十三五”及各专项规划，探索南通市在交通通勤、产业分工、文化认同等方面与上海联系合作更加紧密的最优路径，积极调整完善城市建设规划，对南通对接服务上海的总体战略、方向、重点、机制和实施进行部署，科学安排城市重点工程建设，做到市区和县市接轨、近期和中长期接轨相协调。二是做好人员培训工作。南通市应组织相关人员和人才到上海对口单位和企业进行挂职锻炼和学习。南通市要组织各县（市）、区、机关党政主要领导及相关干部到上海挂职锻炼和培训，在岗锻炼，通过跟班交流学习，到一线具体组织实施多领域、广覆盖的接轨工作，掌握前沿一线资讯，学会接轨真实本领。各级党政组织要甘愿当好调研员、信息员、服务员、接线员，积极主动地成为“介绍人”联通南通与上海。同时，也要组织企业高层、人才到上海有关高等学校、科研院所、对口企业实习、学习，掌握最新的创新动态，吸收最新创新成果。三是做好科创投入工作。南通市应重点支持和优先保障南通市重大战略项目实施和重大基础工程布局，吸引社会资本参与科技投资，形成风险收益共担机制，探索风险补偿、后补助、创业投资引导基金、天使投资引导基金、税收激励等多样化的创新支持方式，充分发挥财政资金的杠杆效应。同时，应建立公开统一的科技管理平台，统筹衔接应用开发、成果转化、产业发展等各环节科技创新工作，探索符合科技创新规律的预算和财务管理办法，进一步完善科技经费使用责任制，加大项目绩效评估和资金监管力度，完善机构信用评价和管理体系，逐步实现财政科技投入绩效评价结果与后续投入挂钩。

呼应全球卓越城市建设 推进南通城市发展转型

中共南通市委党校 崔新进

优良的城市品质、宜居的城市环境和完善的公共服务，不仅是城市建设和管理的重要内容，也是广大居民追求的共同愿望。上海作为我国经济的中心，城市转型发展也走在全国的前列。针对人地矛盾突出、污染排放增加等诸多问题，上海以科学规划为引领，按照创新、协调、绿色、开放、共享的发展理念，正在全国引领新一轮可持续发展的城市转型之路。南通滨江临海，与上海隔江相望。南通在对接服务上海的过程中，更应该深入研究上海城市转型发展的有益经验、紧紧把握上海城市转型发展的趋向，在城市功能的定位、城市的空间结构、城市的文化品质、城市的可持续的方面与上海有效对接，从而形成与上海城市功能互补、文化品质相协调的上海北大门。

一、上海城市转型发展的趋向

上海未来城市转型主要服务于全球卓越城市建设，形成具有全球影响力的科技创新中心，建成具有国际经济、金融、贸易、航运中心和社会主义现代化国际大都市。在城市建设方面将更加重视创新发展，统筹改革、科技、文化三大动力和规划、建设、管理三大环节；更加重视协调发展，进一步突出区域协同、城乡一体的空间格局，统筹空间、规模、产业三大结构；更加重视绿色发展，进一步突出底线约束、低碳韧性的路径模式，统筹生产、生活、生态三大布局；更加重视开放发展，突出上海面向国际、服务全国的门户枢纽地位；更加重视共享发展，进一步突出多方参与、协同治理的实施机制。因此，上海在城市发展中将重点聚焦空间体系、生态环境、综合交通、产业布局、城乡社区、城市魅力和城市安全等重大问题。具体表现为以下几个方面。

（一）空间体系的优化与协调

至2040年，上海的常住人口规模为2500万人左右，建设用地规模为不大于3200平方公里。① 在土地资源方面，实现规划建设用地总规模负增长，做到规划建设用地只减不增。在资源紧约束下，构建开放紧凑的“主城区—新城—新市镇—乡村”的城乡体系。以中心城为主体，将中心城周边的宝山、闵行、虹桥、川沙4个主城片区共同纳入主城区统一管理，作为全球城市功能的主要承载区，重点发展金融服务、总部经济、商务办公、文化娱乐、创新创意、旅游观光等功能。② 发挥新城在优化空间、集聚人口、带动发展中的作用，承载部分全球城市功能，培育区域辐射与服务的功能。新市镇通过生产方式转变带动农民生活方式转变，形成人居环境改善、传统风貌保护与自然环境的协调统一。

（二）生态环境的严格管控

至2040年，上海划定的生态保护控制线总面积不小于5465平方公里，其中海域面积2432平方公里，陆域面积3033平方公里。陆域生态保护控制线范围占市陆域总面积的44.4%，生态保护控制线分四类进行差异化管控。③ 加强生态空间的保育、修复和拓展，生态环境联治联控，确保生态用地只增不减。严格保护长江口、杭州湾及其邻近水域、海域滩涂湿地以及与其相依存的自然保护区、水源保护区。城市开发边界除一类、二类生态保护控制线以外的其他重要生态空间划定为三类保护控制线，包括基本

---

① 上海市城市总体规划编制工作领导小组办公室：《上海城市总体规划（2016—2040）》，2016年8月，第7页。

② 王战、王振：《开放引领创新转型——上海“十三五”发展规划思路研究》，上海：上海社会科学院出版社，2015年版，第292页。

③ 上海市城市总体规划编制工作领导小组办公室：《上海城市总体规划（2016—2040）》，2016年8月，第20页。

农田、林地、湿地、湖泊河道、野生动物栖息地等生态保护区。将三类生态控制线划入限制建设区，予以管控，禁止对主导生态功能产生影响的开发建设活动，并提升四类生态保护控制，包括城市公园绿地、水系、绿地等，严格保护并提升生态功能。

（三）便捷高效的综合交通体系

贯彻公交优先和绿色出行的理念，加强公共交通对城市空间的引导作用。在既有市域轨道交通和常规公交系统基础上，构建由区域城际铁路、轨道快线、城市轨道、中低运量轨道、中运量及常规公交和多远辅助公交等构成多模式公共交通系统。至 2040 年，全市公共交通占出行比重达到 40%，全市平均通勤时间不大于 40 分钟。构建市域轨道交通网络，形成 8 条主城区联系新城、核心镇和中心镇的射线，强化外围地区之间的联动发展，形成新城、核心镇、中心镇之间的联络线，实现多种模式轨道交通系统之间的互联互通。突出“轴线带动、区域成网、城镇成核”的总体思路，在既有铁路、高速公路等为骨干的长三角交通网络的基础上，加强沿海、沿江、沿湾，集航空、水运、铁路、公路等多方式联运、高效畅通的区域交通廊道建设。重点完善现有沪宁、沪杭、沪湖等交通廊道，提升上海与沿海城市联系的南北通道，结合沿江发展带的发展，扩展面向内陆辐射的沿江交通走廊，从而实现交通走廊与城镇发展、空间布局等方面的有效衔接。

（四）提升海纳百川的城市文化品质

以实现全球城市发展目标、提高市民的幸福感为出发点，创造多元包容和富有亲和力的城市公共空间，营造人与自然和谐共处、历史底蕴和现代气息兼容并蓄的特色风貌，从而塑造海纳百川、追求卓越、开明睿智、大气谦和的城市精神。同时打造各具特色的时尚空间与标志性区域，成为具有全球影响力、领导力的时尚之都。同时，与周边城市一道，保护并促进江南水乡、吴越文化的传承和交流，增强地域文化融合与认同，打造具有影响力的区域性文化节点、旅游线路和休闲品牌，构建多元化、特色化的区域文化网络体系。

（五）推进低碳节能和智慧城市发展

推进天然气等清洁能源代替煤炭、石油等资源，大力发展太阳能、风能、潮汐能等可再生能源，大幅度提升清洁能源使用率。通过科技创新构建低碳化、高附加值的新型产业体系，降低城市的综合碳排放。全面推广绿色建筑、装配式市政基础设施和建筑的技术应用，新建建筑绿色建设达标率 100%。在智慧城市建设方面，将建设高速移动安全的新一代信息基础设施，并推进公共数据资源开放共享和社会化开发，通过深化智慧管理、建设智慧政务，促进社会信息资源共同参与城市运行管理。①

（六）建设公平共享的公共服务体系

在住房供应体系方面，新城、核心镇和中心镇是未来人口重点导入地区，将增加住宅用地的供应规模，并相应增加就业机会。住房建设将实现与轨道交通建设、就业岗位分布、公共设施配套的联动发展，使居民出行、生活、就业更加方便。在构建全覆盖、均等化公共服务体系方面，上海将逐步消除不同地区、不同人群公共服务供给的差异性，将实现基本的卫生、教育、医疗、养老等公共服务设施的信息联动，进一步完善社区图书馆、文化活动室、市民健身中心、老年学校、青少年培训中心等多样化的文化设施建设，为市民提供多样的社区文化。

二、南通在城市转型过程中存在的若干问题

（一）城市空间格局有待进一步优化

南通滨江临海，每年淤积的滩涂约有一万亩，土地资源虽然不像上海受到极大制约，但是城市空间格局有待进一步优化。南通沿江区域用地相

---

① 王战、王振：《开放引领创新转型——上海“十三五”发展规划思路研究》，上海：上海社会科学院出版社，2015 年 11 月，第 274 页。

对饱和，但临港产业关联度不高，产业集群度较低，岸线利用率较低。同时，沿江地区缺乏商务、休闲、文化、娱乐等公共空间，造成沿江和城区之间的联系不够紧密。南通沿海地区虽然有滨海岸线20～30公里，但是没有形成与市区之间的综合交通网络，极大影响了市区要素资源向沿海地区流动。南通滨海园区的建设，使得南通由沿江布局向沿海布局延伸，城市的空间格局由条状型向哑铃型方向发展，但交通线两边早已被划为农田保护区，产业布局受到红线的制约。同时南通市中心区与通州区的产业融合和产业布局调整滞后。因此，当前城市的空间布局，制约了沿海港产城融合和港产城一体化发展，也进一步制约了中心区与沿海区域资源的双向流动。

（二）综合交通体系受到较大制约

南通对接服务上海，就交通体系建设而言，与周边城市相比有较大差距。在中心城市内部，南通主城区与通州区、滨海园区的快速通道联结比较薄弱。主城区与通州区主要道路有江海大道和金通二大道，南通火车站至通州区有龙昌大道，但仍需进一步加快建设市区与通州区和滨海园区的快速路的规划建设，从而形成交通合力。就城市之间的交通而言，南沿江高铁在今年年底将开工建设，时速达到350公里/小时，而北沿江高铁仍在论证与前期研究过程中，时间上的差距在一定程度上制约了南通对接服务上海的步伐。南通地区生产总值比浙江嘉兴市高，但嘉兴市由于沪杭高铁、沪杭铁路复线、沪杭高速公路皆穿过嘉兴，这使得嘉兴近几年接轨上海速度不断加快，上海的中高端资源与嘉兴的合作日趋显著。因此南通对接服务上海，实现城市发展的转型，综合交通体系的打造日趋紧迫。

（三）生态建设面临困难和矛盾较多

南通对接服务上海，对于上海而言，最为重要也是最为看重之一的就是南通能成为上海的生态屏障。上海提出崇明建设世界级生态岛"十三五"规划，而南通也正在推进花园城市、国家生态园林城市和国家森林城市"三城同创"，这与上海生态发展意识不谋而合。但是南通当前环境污染防治面临的矛盾和问题较多。一是产业转型升级难度大。南通第二产业比重长期居高不下，且呈重工业主导特征，经济发展对传统优势产业依赖度较大。同时，沿江分散化产业布局，印染、化工、钢丝绳等行业结构性污染问题突出，难以统一进行监管和实施污染统一管理。二是节能减排任务艰巨。随着新一轮沿江沿海开发和南通的城市化水平的提升，能源需求将继续增加，不可避免导致资源环境消耗逐渐增大，污染物排放相应增加，每年需消耗的污染量远远超过存量削减任务。同时，复合型污染可能进一步加剧，周边地区和上游地区跨区域污染依然存在。三是环境基础设施建设较为滞后。虽然市区污水处理较好，但是县市各地乡镇污水收集管网建设普遍滞后，一大部分乡镇污水处理厂运行负荷不足，使得污水和废物得不到规范处置。

（四）城市公共服务体系仍不健全

从人口老龄化来说，南通与上海的人口老龄化处于全国前两位。预计到 2020 年，南通 60 岁以上的人口将达到 225 万人，占人口总数的 30%。这使得南通在社会保障、医疗卫生和养老服务等方面的任务更加繁重。在人口老龄化背景下，南通城市公共服务体系面临诸多挑战。在社会保障领域，随着经济增长由高速转为中高速，老龄化加剧导致支出刚性，使得支出增幅不断提升。近年来随着社会保障覆盖面已经达到相当规模，但是跨区域、跨制度转移衔接等流动性问题突出。在医疗保障领域，还面临着体制不够健全、不能很好地体现公平性、流动性、可持续性。全市的制度体系和管理体系尚未完全统一，各地统筹仍存在一定的差异，城乡居民医疗并轨制度有待进一步落实。同时，新生代劳动力的自我发展和融入城市等享受公共服务的要求日趋强烈，这对城市公共服务体系建设都带来一定的挑战。因此，南通对接服务上海，不仅要在产业上对接、园区上对接、交通上对接，更要在城市公共服务体系上逐步与上海对接，这样才能真正成为上海大都市圈北翼门户城市，实现外在和内涵上的有效统一。

（五）城市文化品质有待进一步提升

南通在文化发展上受到吴文化、海派文化和江淮文化的影响，因此南通人身上具有包容会通、聪慧机敏、务实求真、敢为人先的特点。但是随着交通方式从水运时代到陆运时代的转变，南通由交通枢纽变成了交通末梢，江海之隔禁锢了南通与外界尤其是苏南的联系，使得南通长期栖息在一个相对闭塞的地方，逐步形成了心态内陆化的倾向，小富即安的思想逐步占上风。南通对接服务上海，成为上海的北大门，亟待改变自身缺陷，需要不断提升自身的品味，兼收并蓄国内外各种文化和城市发展的精髓，特别是上海的海纳百川的人文精神，来借此获得新的审美取向和价值认同。

三、南通城市空间体系对接服务上海的途径

南通要实现城市转型，实现与上海卓越城市建设的有效对接，优化城市空间体系是前提。为此，南通应以三城同创为抓手，积极推进畅通工程建设，打造宜居宜业、产业特色鲜明、与现代城市功能发展相匹配的城市空间体系。

（一）继续推进行政区划调整

虽然在2009年将通州市并入市区，实现了市区人口翻番。但是城市的区划调整，无论在时间上还是在幅度上，相比苏州、无锡、常州、扬州、镇江等地的力度要小。未来应把海门市或者海门西部地区并入市区，也可以考虑把如皋的长江镇等接近南通市区的区域并入，把如东洋口港并入市区和滨海园区整体开发。这样有利于南通在更大空间和更高层次上整合发展资源，进一步提高城市的综合承载能力和辐射带动能力。

（二）提高中心城市的首位度

要按照“一核四片区”的发展格局，壮大中心城市的实力。在核心区，重点发展高新电子、高端装备、商务商贸，打造都市型经济示范区。

依托中央创新区，加快发展区域性总部经济。扶持本市企业做大做强，培育一批处于行业领先地位的总部企业，积极吸引跨国公司、中央直属企业、国内大型企业集团在南通设立区域总部或分支机构，逐步形成一批制造业总部、采购总部、贸易总部和研发总部。同时，核心区集中力量抓好商贸餐饮、休闲娱乐、信息服务等重点产业。在中心城区的中部片区，依托通州城区、南通高新区，重点发展智能装备、新材料、航空等产业，形成现代化中部新城。南部片区，依托开发区、苏通科技产业园，重点发展电子信息、精密机械、新医药等产业。北部片区，依托港闸区，重点发展船舶配套、纺织服装、科技服务等产业。东部片区，依托南通滨海产业园，重点发展能源石化、高端装备、海洋经济等，从而打造现代化的东部滨海新城。

（三）按照“五沿”要求优化城市产业布局

沿海重点发展能源、石化、物流等产业；沿江重点发展海工船舶、电子信息、新材料等；沿上海区域重点承接上海高端装备、电子信息等先进制造业和商务、科技等现代服务业；沿大通道重点发展大宗物流、专业市场、机电设备等符合交通运输特点的、适应沿线资源环境的产业；沿重要节点发展都市型产业、先进制造业和特色产业。① 推动重点产业向“五沿”区域布局，通过轴向延伸、块状拓展，培育和壮大重点经济增长带，提升产业发展能级。在沿海增长极方面，以通州湾为龙头，洋口港、老坝港为北翼，吕四港、东灶港为南翼，构建国内一流的，对全市有重大引领作用的现代临港大型产业带。在沿上海区域，通过大力发展高附加值的加工制造和加工贸易，通过大桥等资源优势，构建影响力和竞争力较强的产业承载区。在沿大通道区域，诸如海安、如皋等地大力发展物流、交通运输设备等重点产业。

（四）构建多式联运的综合交通运输体系

围绕区域性综合交通枢纽建设，加快构建沿海、沿上海，并辐射内

① 南通市人民政府：《南通市重点产业布局指导意见》，2013 年 2 月，第 6 页。

陆，实现海陆空一体化的现代基础设施网络。一要加快推进通州湾开发、推进洋口港、吕四港、东灶港等沿海港区建设。整合沿江岸线资源，提升市区和如皋港等沿江港区的集约发展水平。二是加快形成通州湾快速通道、沪通铁路、海启高速、宁启铁路二期建设，基本形成“两纵两横”铁路干线网、“两环四射三通道”高速公路网。三是在港口建设领域，推动南通港与长江沿线港口建立战略联盟，形成通州湾综合港、洋口港 LNG、吕四港大宗散货与南通机场航空组合而成的交通一体化网络。南通机场要积极参与上海国际航空枢纽和长三角运输体系的分工，拓展干线，强化支线，扩大航空货物，发展通用航空，使之成为以支线和航空货运为主，通用航空为辅的上海国际航空枢纽的重要组合机场。通过进一步完善公路、铁路、港口、机场等基础设施，形成以公共交通为主体，各种交通方式相结合的多层安全、绿色、高效、经济的综合交通体系。

四、南通城市生态建设对接服务上海的途径

习近平总书记对长江经济带有“共抓大保护、不搞大开发”的重要指示，长三角城市群发展规划也要求上海、南通、苏州对长江口联保共治。《上海城市总体规划（2015—2040）》中提出，上海未来要促进生产生活从高耗能、高排放、高污染向绿色、低碳、宜居转变，加强环境保护，治理城市大气、水、土壤等污染，要建成全国生态环境最优的超大城市之一。同时，崇明世界级生态岛也在积极推进。因此，南通要对接服务上海、建成上海“北大门”，就要把南通建设成为上海的生态屏障。

（一）深化长江口生态保护战略的协同

加快推进在海永镇、启隆镇和长江北岸地区建设生态旅游区。要强化生态意识，强化与上海在环境管理措施上的协调与统一。在规划和发展上要考虑到自然生态、产业生态、人居生态的协调发展。要以更高的标准持续推进环境保护和生态建设，打造高品质的生态环境。要加强沿江前沿区域水系的疏通，全面完成城镇化地区直排污染源截污纳管，使得前沿地区

农村生活污水逐步做到100%全处理，实现水质高品质标准。在沿江重点区域，对于不符合区域主体功能定位、功能区划的，影响饮用水安全、岸线利用不高的化学品生产企业实现有序搬迁，实现向专业化工园区的转移，对于环保不达标的，许可、环评、用地等法定手续不全的非法企业勒令关停。对于土壤和大气的治理，要深入推进大气污染防治和节能减排，持续深化扬尘、餐饮、汽修、农业源等污染的治理，降低化肥和农药使用量。对生活垃圾搜集、运输和处置，要建立循环经济体系等。

（二）加快淘汰落后产能

南通要下大力气淘汰能源消耗强度大、环保不达标的落后产能，重点淘汰和限制钢铁、水泥、钢丝绳等严重威胁环境和人体健康的产业。限制引进皮革和炼焦产业。加大棉纺、毛纺、印染、化纤等行业落后的工艺、设备、生产线的淘汰力度。关闭、迁出、转产、重组化工生产企业，淘汰关停小化工企业，逐步提高化工企业的集中度。整治和关闭经济技术开发区、通州区污染严重的钢丝绳、金属制品企业。引导化工、印染、建材、医药、冶金等重点行业企业清洁生产，与高等院校合作，重点加大循环利用共性技术开发、循环经济改造工程与清洁生产示范活动，引导中小企业自愿开展清洁生产，逐步降低行业能耗水平。同时，严格限制新增污染源，提高建设项目准入门槛。根据国家产业政策和南通市产业导向，对"两高一资"项目和产业过剩项目一律暂停审批、核准。严格控制增加二氧化硫、氮氧化物、烟尘、粉尘排放项目以及国家产业政策指标目录明确限制的高耗能、高污染项目。

（三）加强城市内外的景观建设

在南通市区和县市区中心城区内，大力实施增绿行动，深入推进公园绿地建设、城区街道绿化、城区停车场地绿化、城市重要水源地绿化等，不断提高绿化种植的比例。在主要滨河地带、沿路地带兴建绿道系统，连接主要公园、自然保护区、历史古迹和城市居住区等，为城乡居民提供舒适、美观的生态走廊和居民休闲交流的生态空间。在城郊区域，大力推进城市周边、县区之间、城市功能分区和过渡区的生态防护隔离带建设，从而有效缓解城市热岛效应，净化生态环境。在沿江、沿海、沿河、沿湖等地种植绿化，形成城市特有的水源保护林和风景带，在公路和铁路等道路实施绿化，从而实现交通基础设施与周边区域的自然、人文景观的有效结合与互相协调。

（四）强化农村环境综合整治

在河道整治方面，积极对河道实行分段管护，定时开展保洁作业，清除水面垃圾和清扫河坡护岸。探索通航河道的市场化运作、机械化保洁方式。还要推进村庄生活污水治理设施建设。在农村污水处理方面，要采取接入城镇生活污水管网、建设分散式小型污水处理设施、生态处理等方式提高农村生活污水处理率。建立村庄地下排污管道和完善污水处理设施，禁止排放未经无害化处理的污水。同时，加快户厕无害化卫生改造步伐，完善村庄排污体系，有条件的村庄实行雨污分流。在农村畜禽养殖方面，通过合理计算环境承载能力，控制养殖总体规模，对禁养区、限养区不符合规定的养殖场限期关停、转产或者搬迁。通过倡导规模化养殖，逐步降低散养的比例。在面源污染方面，要控制减少化肥、农药使用。通过开展农药减量增效示范工作，优先使用物理防治和生物防治技术，推广高效、低毒农药和生物农药。通过一系列的环境综合整治，从而营造出“河畅、水清、岸绿、景美”的农村生态环境。

五、南通城市服务体系对接服务上海的途径

（一）城市智慧服务体系建设

加快建设城市公共信息平台、智慧公共服务、智慧社区、智慧医疗、智慧交通、智慧旅游等一批智慧应用项目，推进信息服务在经济发展、政府事务、企业管理、百姓生活等领域的广泛应用，与上海智慧城市建设有效对接。学习上海建设国际化绿色智慧城市的先进经验，与上海建立信息网络发展合作交流机制，推进南通市创建中欧绿色智慧城市及国家智慧城

市建设。实施“宽带、光网、无线南通”和“三网融合”工程，推进第4代移动通信网络南通地区的全覆盖，构建智慧建筑、智慧商圈、智慧园区、智慧社区、智慧新城，打造独具江海特色的智慧城市体系。汲取上海先进经验，推进工业化和信息化的深度融合，促进物联网、云计算、大数据等广泛应用。重点推进智慧国土、智慧城管、智慧建设等四个智能城市管理项目，实现城市高效、安全、绿色出行。全力推进智慧环保、智慧应急两个公共服务项目建设，为市民提供更高效、更智能的服务。

（二）社会公共服务领域建设

利用长三角一体化建设和沿海开发两大国家战略，借鉴上海先进的社会服务管理体系，促进南通与上海在社会服务领域的互联互通。推进畅通南通与上海、苏州等城市的“一卡通”使用平台，使南通市民可以持一张卡，畅行长三角核心城市。加大制度创新力度，打破南通与上海之间社保、养老等服务保障体系的阻碍。不断健全城乡一体、长三角地区无差别的保障体系，免除南通与上海人口迁移的后顾之忧，吸引更多的上海人来南通养老、定居、安享晚年。同时，重点推进城市新区、重要交通节点及医疗资源缺乏区域的医疗结构建设，加强儿科、老年护理、康复等卫生资源与上海的合作，逐步建立起以居家为基础、社会为依托、机构为支撑的规范化、多层次社会化养老服务体系。逐步完善南通城乡公共交通网络体系，使得南通的地铁、公路、公交体系尽快接入上海的公共交通体系，方便沪通人员的快速往来。

（三）城市综合服务体系建设

探索城市管理和服务的长效机制，构建大城管格局，推进新型社区建设和应急管理体制建设，营造安全稳定的治安环境、公平竞争的经济环境、规范有序的法制环境、安居乐业的生活环境。借鉴上海城市小区物业领域的先进经验，引进上海物业服务龙头企业来通经营，组织南通市物业服务企业赴沪学习交流。同时，借鉴上海改造老旧小区的经验，完善南通老旧小区整治的推进机制，提升整治水平。在城市管线管网建设方面，学习上海合理开发、保护利用城市地下管线空间资源，健全和完善南通的城市管线管网体系。逐步改进南通城市规划中危及公共安全和生态保护的管线设施，提高城市公共危机应急处理能力。

（四）城市文化服务体系建设

充分借鉴上海建设全球卓越城市打造文化大市的经验，充分挖掘南通城市的文化内涵，加强城市景观规划，推动人文、景观、建筑和空间发展的协调一致，进一步彰显城市个性，提升城市品位。将南通主城区的工农路、园林路和濠河周边建成汇集经典建筑、凸显地域文化、彰显江海气派的标志性路段。在重点商务、骨干道路的节点上，规划建设一批个性突出、富有魅力的地标性建筑。在唐闸、寺街等人文资源比较集中的区域，建立一批既富有古典气息、又具有启迪现代发展的历史文化街区。各个县市区应充分挖掘城市的文化内涵和发展多样化的城市文化，利用南通文化名人效应，逐步扩大南通对外文化交流和文化贸易，从而不断提升南通文化的区域辐射力和影响力。

创新谋发展　助推海门城市转型升级

中共海门市委党校课题组①

一、城市转型与对接服务相辅相成

（一）对接服务有为才有位

2017 年 5 月 16 日省政府正式批复《南通建设上海大都市北翼门户城市总体方案》。批复指出，南通滨江临海、紧邻上海，区域枢纽优势明显，产业发展基础良好，综合承载能力较强，对接服务上海具有良好的现实基础和广阔空间。进入“十三五”以来，海门市全力推进包括打造“接轨上海的示范区”在内的“三个示范区”建设，特别是海委发〔2017〕1 号文件关于《海门对接服务上海“55580”行动计划（2017—2020）年》，包括实施五大对接工程深入接轨上海，涵盖交通基础设施、产业转型、载体共建、科技人才、社会事业和人文交流等。海门市接轨上海的力度很大，成效明显，取得了阶段性成效，随着接轨上海工作的不断推进，上海海门两地实现了从民间自发往来向政府主导下的战略接轨的转变；从单个项目的引进向一二三产业全面衔接的转变；从重点领域合作向经济社会文化科技等方面全面合作的转变。

首先是城市规划引领不断强化。把研究上海、配套上海作为重要方向，在规划层面加强研究，确保对接服务上海各项工作有规可循。同时与上海市

① 课题组成员：王斌、张利萍（执笔）、顾怡、姜晓燕、沈莉莉、袁谅。

政府发展研究中心开展合作，委托他们制定了《海门市“十三五”规划纲要》，新的城市规划也委托相关机构紧锣密鼓的制作中，初步成果已经显现。

其次社会事业对接取得很大突破。海门市卫计委与上海瑞慈医疗投资集团有限公司建立了远程医疗合作关系，市中医院与上海市第一人民医院、上海中医药大学附属龙华医院合作成立分院。市文广新局与上海徐汇区合作把海门山歌送上2016年上海市国际艺术节演出，老百姓受益良多。

三是城市管理做好后勤保障工作。去年下半年，海门市组建了城市综合管理工作委员会，理顺城管体制机制，“下放权限、下沉人员、下移重心”，期待下一步能真正形成政府领导、部门牵头、街道自主、社区自治、公众自觉的“大城管”格局。城市管理对于海门市的经济社会发展而言，有着极其重要的意义，创新城市管理办法，提升城市品质，以更好地融入上海经济发展圈内。

（二）城市转型任务艰巨

对接服务上海战略的实施对海门城市转型提出了新的高度、宽度和深度。2015年12月召开的中央城市工作会议，指明了在新常态下我国城市发展的主要方向和路径。全国城市会议强调，城市工作是一个系统工作，做好城市工作，要顺应城市工作新形势、改革发展新要求、人民群众新期待。坚持以人民为中心的发展思想，坚持人民城市为人民，这是我们做好城市工作的出发点和落脚点。

近几年来，海门市委市政府在城市建设中，一方面花巨资打造新城区一流的基础设施，产城融合一体的高端项目。城市实现由背向长江到面向长江的华丽转身，另一方面，着力改造主城区面貌，城市环境变化很大。海门市十四次党代会召开以来，市委市政府将城市加速转型作为当前海门“三大任务之一”。“十三五”时期，海门市加快城市转型发展的总体考虑：坚持以人的城镇化为核心，以新型城镇化为试点为抓手，以城乡一体化为目标，全力推动城乡均衡发展，加快建设具有江海特色创业创新城市。积极推动城市由外延拓展型向内效提升型转变，由功能型向生态型转变，由管理型向服务型转变，要在推进城市转型中，让广大市民享有更多获得感和归属感。

在肯定成绩的同时，应该清醒地看到城市工作还存在一些不足和难点：一是经济发展有基础，但优势不明显，转型步子还不快；二是尽管城乡统筹有特色，但城市特色化、区镇竞争力、城乡均衡度仍有待提升；三是城市管理有成效，但离精细化管理要求还有很大一段距离，接下来的城市转型任务艰巨。

（三）对接转型紧密相连

为更好地深入贯彻落实省、南通和海门市党代会精神，海门提出“跨江融合、接轨上海”发展理念，以对接服务上海为首位战略途经，以创新转型为重点实施举措，以全面小康为主要发展目标，坚持“行政推动常态化、区域服务市场一体化、社会服务同城化、交通运输便利化”方向。这些都对海门城市转型的内涵和目标提出了更高要求，下一步海门城市转型应以对接服务上海为契机，城市功能要达到更高标准，城市布局要处理好历史沿革与新的转型要求之间的关系，要紧紧围绕上海城市的五大中心来配套转型。

尽管海门市前期对接服务上海取得了一些成效，但也要清醒地看到，在对接服务上海工作上还存在一些深层次的问题需要突破解决。因此加快海门市城市转型发展对接服务上海，是当务之急，可谓箭在弦上，不得不发。

二、难交满意成绩单的制约因素

（一）城市向外发力不够

1. 城市战略对接服务起步较慢

新世纪以来，随着上海建设国际经济、金融、贸易、航运、创新中心的加速实施，接轨上海战略成为上海周边地区乃至长三角地区的共同战略。上海坚持强力推出“辐射菜单”，上海产业外溢计划也已经实施多年，上海公交IC卡异地互通等等。上海周边各地接轨动作较快，嘉兴市及各所属区县在20世纪90年代就开始制定了接轨上海的系统实施机构，设立驻上海联络处，组织推进有力，在全面“融入上海”方面走在前列。海门市在20世纪90年代曾鲜明提出接轨上海，调研课题有很多，也有很多的研究成果。但对接服务工作时松时紧，相较而言，对接服务上海工作要借鉴先进经验，而且要时不我待。

2. 体制机制差异大成为掣肘

城市转型对接服务上海首先要做好城市管理服务工作。目前，上海已经根据中央相关文件精神，在全国率先实行了执法官衔制度。简单来说，全市的城管执法人员已经全部纳入公务员序列；同时，上海在城市管理方面，充分采取属地政府牵头、各部门联勤联动的方式，城管部门负责业务培训、日常考核、人员招录等事项。随着人员身份及管理职责的明确，上海在城市管理上成效较为显著，与国际大都市的形象较为符合。反观海门市，受待遇、执法保障等方面限制，在城市管理中，只能采取运动战、突击战等较为老套的管理模式，长效管理机制始终尚未完全建立。

3. 民生工程对接服务成薄弱环节

调研数据显示，文教卫体等民政事业方面的对接空间还是很大。海门市民看大病首选上海，但去上海看病很麻烦，需要提前挂号，还要舟车劳顿，十分不便，更有甚者，在上海医院里动个手术还要在外租房数日，老百姓对医疗方面的要求期待很高。上海名医来海门坐诊，会诊频率不高，受众面不大，难以满足患者的迫切需求。

4. 对接的配套环境不完善

海门市各工业园区周边的交通、购物、食宿等配套设施尚未跟上，土地指标难落实，对吸引企业投资、企业招工及运行管理造成了一定影响。同时，对接的政策保障较缺乏，在承接上海产业扩张性外溢、资源导入和服务的过程中，缺乏针对项目引进、人才导入、资源共享等方面的完备配套政策体系和政策保障。

5. 对接服务宣传氛围不够

在整个南通以及上海周边县市积极对接服务上海的大背景下，尽管海门市出台了一系列文件保障接轨服务上海工作的有效实施，但还是存在海门市个别园区、镇、机关干部对对接服务上海的意义认识不足，进展不快，成效也不明显。座谈中，一位负责招商引资的领导干部提出走出去招商，很多人都不知道海门在哪里。这也是城市吸引力不足的一个体现。

6. 养尊处优、看摊守业思维定势较明显

海门市前几年区位优势好，发展势头强，自我感觉良好。相较而言，其他县市区抓住机会，放低姿态，放下架子，在招商引资工作中奋起直追，后发优势强劲。有些领导干部养尊处优、看摊守业思维定势比较明显，在工作中对接上海的主动性和创造性不足，导致对上海的政策及各类规划的系统了解还不够。城市管理服务理念相较先进县市区差距较大。

（二）城市内部底气不足

1. 工业经济“爬坡过坎”任务艰巨

工业经济主要指标呈被动局面。2016 年海门市实现应税销售 636.86 亿元，实现规模工业产值 2089.97 亿元，虽与上年同期提升 0.7 个百分点，但与其他县市区相比，差距不小，“爬坡过坎”任务艰巨。尤其是项目建设单体规模偏小，新开工的服务业项目偏少，去年开工的项目转化少，形势不容乐观，要完成今年的各项任务难度还很大。尤其是招商引资排名靠后，还需加足马力撸起袖子加油干。

2. 多规配套衔接不够

规划期限不对应。“十三五”规划期限到 2020 年，海门市土地利用总体规划《2006—2020》期限到 2020 年，《海门市城市总体规划（2013—2030）》到 2030 年，生态红线区域保护规划作为中长期规划，一般不明确规划年限。规划内容重复且不一致。多项规划同时运作，沟通不充分，做不到统一谋划，“公说公有理，婆说婆有理”，容易遍地生花产生不了效益。规划依据不尽相同，审批程序也不一样，这些都给城市未来发展的空间和方向带来了不小的争议。

3. 城市交通对接难以直通

海门市对外交通系统，城市干道与高速公路出入口联系不便，仅有一条主干道与之联系，对外交通设施主要位于城区北路，南部城区缺乏快速交通；内部交通系统，主、次干道未能有效贯通，多断头路，交叉口多畸形及错位，交通运行效率低。

大桥一梦20年，至今尚未有实质性进展，对接上海区域一体化缺憾累累。随着沪通铁路即将开通，海门交通的比较优势可能更为不足。尤其是跟“动车时代、节点城市”的海安，崇启大桥直通的启东相比，差距很大。海门市与上海之间的时空距离优势已经不再明显，缺乏轨道交通将成为海门市对接上海的软肋。

4. 城市社会管理上演“猫抓老鼠游击战”

现在的城市管理就是一个筐，别的部门不管的都往里面装。从调研情况来看，在城市发展过程中碰到了很多难题：一是城市停车难问题。配套服务设施跟不上，尤其是老小区停车难问题一直困扰着城市的发展。二是外来人口的涌入加大了城市治理难度，城中村出现，违章违建，如三星外来人口十几万，治理难度相对较大。三是流动摊贩治理上演游击战，流动摊贩躲躲藏藏，城管工作人员屡禁不止。

5. 文化硬件设施“缺胳膊少腿”

创建全国文明城市工作已经告一段落，但作为2012年江苏省首批文化示范区，软件给力，缺乏文化硬件设施，这也是城市发展的软肋。市民文明素质有待提高，城市漂亮了，道路明亮了，但是乱扔垃圾、不文明出行问题较多，机动车不礼让行人，小区电梯口垃圾成堆，人的素质有待提升。三是缺地标性文化建筑，张謇纪念馆等宣传造势力度不大。四是海门足球小镇已经成功入围全省首批25家特色小镇创建名单，却没有像样的体育馆，这些都制约了海门的城市发展。

6. 城市黑臭水体污染堪忧

从调研数据来看，城区水体污染严重，治理效果不佳。城区宏伟河、日新河、通沙河“三河”实施过多次治理，但水质环境未能从根本上得到改观，水体常被污染甚至发臭发黑。经调研相关资料，海门市 263 专项行动交办单位[①]，多项内容涉及城区水体污染现象。

三、城市转型如何对接服务上海

（一）城市交通：建立以沪海大通道为引领的交通网络

1. 打造区域交通节点功能

要积极对接上海城市综合交通网络。目前，当务之急是争取建设北沿江高铁海门过江通道与海门站台，积极争取建设北沿江高铁过江公铁两用大桥，积极申报设立北沿江高铁海门站台，组织得力强将，带着百万海门人民的历史重托，实现沪海快速通道历史性突破。同时，应该审视周边交通环境，着力打造连接苏通大桥的西线沿江快速通道、连接崇启大桥的东线沿江快速通道、连接兴东机场的北线快速通道，通过数年的不懈努力，打造好一流的海门对外快速通道网络。同时探索打通出海通道。海门靠海的优势，体现在海港建设上。目前，海门港已经打造出 2 个 2 万吨级的泊位，但临港产业发展缓慢。当前，应该积极融入南通“三港”建设，主动谋求与上海洋山港、上海港的合作，积极谋求共建共管共赢。

2. 加强对海门交通等基础设施建设的支持

希望南通市委、市政府对于已经列为省委、省政府城镇体系规划，在上海市国省道布局规划和崇明三岛总体规划中都明确预留的崇海通道（公铁两用），加大支持力度，全力取得突破，尽快得以实质性启动。

---

① 海委发〔2017〕7 号：《关于印发海门市“两减六治三提升”专项行动实施方案的通知》，2017 年 2 月 24 日。

（二）城市产业：产业对接拒绝"摊大饼"

1. 产业对接不要一窝蜂

要根据海门市的发展基础和独特的潜力，抓准特色，精心策划，明确海门市的发展定位。产业深入研究上海各区镇产业重点，明确海门各区镇的优势、招商重点。基于现状基础，充分挖掘潜力。对这些资源进行充分挖掘，去粗取精，找到特质。特色要鲜明。聚焦优势产业、独特文化内涵和环境特色等因素，立足自身优势强化突出特色。擦亮眼睛，把好项目招商落户关。

2. 园区共建升能级

园区共建是产业融合发展的基础平台，共建园区既要讲究数量，更要讲究质量。海门目前优质载体平台建设比较欠缺，需要大力推进平台合作，要向海安等地学习先进经验，创建优质载体平台，以海门市委市政府与闵行区政府建立友好城区、与上海黄浦区政府建立合作关系为新起点，深度合作，重点破题。要搭建与上海区街级或者镇级开发园区的合作平台。

3. 招商引资出台出新

改"满天星式招商"为"个性化招商""片区招商"。招商要有所准备，精准制定个性化"一商一清单"，招商清单要人性化，除了产业项目专业介绍外，还应该有非常详细的政策服务条文；建立"精而专"招商人员队伍。进一步树立形成各具产业专业特色的招商方向，招商队伍应将机关、乡镇二线干部作为主力之一，充分发挥他们的人脉资源和经验优势。

（三）城市管理：实现四个转变精细管理一方

1. "胸中有丘壑"的城市发展眼光

不谋全局者不足谋一域，不谋万世者不足以谋一时。城市要接轨上海，政府要做到超前引领，转变接轨上海的思维，提升对接上海的主动意识。对接上海不能等，同时要领导干部的宏观预判能力和执行力，更要求

“杀出一条血路”的改革勇气。超前，不是大干快上盲目铺摊子、造“睡城”“死城”的借口，而是审视过去、前瞻未来，把握城市发展规律，为城市构筑更加美好的发展空间、幸福空间。要“胸中有丘壑”，要有大格局，要有长远眼光。接轨上海、对接上海、服务上海并不只是海门在做。面对激烈的区域竞争，城市建设管理者不能只紧盯着脚前的“一亩三分田”，而要放眼隔壁、放眼全国、放眼全球，多关注城市所处的经纬度，在大格局中思考城市的“未来时”。

2. 精雕细琢打造优美的城市“脸面”

对接服务上海的关键在于有一个安全、健康、舒适、优美的人居环境。通过高起点的规划城市、高品位的建设城市、高效能的管理城市，保持优良的环境质量，把生活质量的改善与生态环境建设有机地结合起来，规划建设布局合理、基础设施配套齐全、生态和谐、居住条件舒适的生态型环境。推动海门城市发展由“速度时代”向“质量时代”迈进，切实为了百姓营造安全、方便、优美的生活环境。这才是吸引人才、招商引资的真正优势所在。

3. 做足品牌效应打造海门特色文化名片

一张闪亮亮的名片才能打好对接服务上海的前站。海门历史悠久，文化积淀深厚，极具魅力的海门地域文化深深地影响了一代又一代海门人。海门文化受江南吴文化的影响深远，曾涌现出崔桐、周家禄等文史学家，以及有“外八怪”之称以丁有煜为代表的，包括程源、张光鉴、李潜昭、丁有煜、李芳梅等近10位书画家。近代涌现出实业家、教育家张謇，琵琶演奏家沈肇洲等。至当代，海门更是人文荟萃，涌现出书画家王个簃，文学评论家陈辽、林非，翻译家、文学家卞之琳，中国古典文学研家陆侃如，音乐家龙飞等。海门民间文化传统更是底蕴深厚，有独具海门地方特色的海门山歌，有通东民歌，民间舞蹈也是丰富多彩。今天，当我们全力打造海门品牌时，就必须重视对传统特色文化进行挖掘、再现和宣扬，使之成为城市接轨服务上海的助推。

4. 打造绣花式的精细化后勤服务

学习上海的精细化社区服务，着力做好配套服务工作。企业入驻海门，不仅注重综合成本、产业链相关、市场潜力等因素，也很注重招工状况、员工出行、绿色环保、文明法治、子女教育等配套，不同的企业还有更加个性化、专业化的配套要求。配套服务能力是一个地区的基础竞争力，我们要做好对接服务工作，就要持续努力，精益求精。

（四）社会发展：加足马力确保民生同城升水平

1. 深度开展沪海医疗合作

教育、医疗、文化等社会事业与老百姓的生活息息相关，我们应加足马力加强与社会领域的交流合作，为海门市老百姓带来一流的福祉，只有如此才能实现“十三五”所提出的“老有颐养、病有良医、居有宽舍、学有优教”的美好愿景。深度开展沪海医疗合作。加大与上海三甲医院合作力度，积极导入上海优质医疗资源。以建设新人民医院为契机，加大医疗改革力度。建立常态医疗交流机制，重点实现与上海医疗机构会诊常态化，医生晋升交流全覆盖；深化沪海两地社会保险、医疗结算一体化合作，实现海门市民在上海就医和上海市民来海门就医快捷支付。

2. 开发沪海教育文化资源市场

加强两地教育互动。发挥海门基础教育优势，对于引进来的上海高层次人才，要在其子女接受基础教育方面开辟绿色通道。加大海门校长、教师赴上海等地培训力度。加强与外市人才市场的联系，实现技术人才的共享共用。成立海门市职业教育集团，让职业教育更好地融入经济社会发展进程，注重学生职业技能的学习和体验。拓展沪海文化交流领域。组织麒麟红木、海门山歌等海门市特色文化艺术赴上海展览和表演。海门文化演出尽力进入上海公共文化资源采购指南，让上海百姓手中的鼠标可以自主圈点，让海门文化成为上海市民心仪的文化“家常菜”。同时，文化交流是一个独特的交流载体，要充分发挥与上海文化的交流，带动经济、民生等各方面的交流合作。

（五）就业人才：搞活沪海两地人才等要素对接机制

1. 增强沪海两地人才对接力度

人才、科技、金融、信息等要素一体化是对接服务上海的关键要义，也是对接服务上海的核心竞争力之所在。深入实施各项人才计划，研究出台《关于在招商引资中同步推进招才引智的实施意见》，进一步加大人才引进机制创新力度。大力加强上海在科技、教育、文化、医疗等方面的人才交流与合作，重点引进科技创业领军人才。实施海门人才返乡计划。开展项目返乡、资本返乡、智力返乡、信息返乡、消费返乡、文化返乡等活动，帮助海门在外人才实现反哺家乡、建设家乡的梦想，激活壮大海门对接服务上海的民间活力。大力实施干部赴沪挂职计划，大力推荐海门市优秀青年干部去上海机关部门、园区、高校院所进行挂职锻炼。实施招引人才公共服务新政。

2. 打通沪海信息新平台

搞好与上海国际信息港对接工作，先行实现与上海交通信息网、上海经济信息网、上海科技网、上海公共信息网等上海公共主干信息网的联通，并力争在上海各大信息网站发布海门信息，整体宣传海门；加速实现电子政务、电子商务和企业信用征询体系等信息资源的沪海互通共享。大力加强上海就业信息、上海商贸信息、上海建筑市场信息等方面的推介发布工作，进一步扩大海门百姓就业市场。推行市场化信息研究合作机制，加大研究上海力度，整合各方面的信息，并努力促进沪海信息共享。

（六）健全机制：做好“规划＋服务＋干部＋考核”多重保障机制

1. 城市规划“引进来”“走出去”

规划是先导。城市转型对接服务上海，首先城市规划政策要做到优化。要不断强化规划的引领作用，坚持把研究上海、配套上海作为重要方向，确保接轨服务上海各项工作有规可循、前瞻布局。当前，上海正全力推进全球科技创新中心和上海自贸试验区两大国家战略，同时实施“十三五"发展规划、2040 城市总体规划和城市非核心功能转移三大发展战略。海门对接服务上海的各项规划和工作都要围绕这些大战略、大方向来定位。

加强与上海市政府研究中心、上海社科院等智库机构的互动交流，合作设立研究基地、开展课题研究。尤其是在城市规划的对接上，重点研究《上海市"十三五"发展规划》《上海市城市总体规划（2016—2040）》等重大规划，编制海门市全面对接服务上海的专项规划，作为城市对接服务上海的行动指南。

2. 转"靠嘴服务"为"靠腿服务"

重服务，塑造口碑政府。重服务不仅仅是改进服务态度，更重要的是提高服务水平和服务质量。责任部门对项目的审批、落地、投产要全程跟踪，做好一站式服务。同时，要树立"服务效能就是招商引资第一法宝"的观念，规范行政执法的行为和范围，多为企业办实事、解难题。各部门建立项目审批协调机制，不推诿、扯皮，不断健全服务体系和提高服务水平，塑造口碑政府。进一步加快行政审批改革的步伐，减少审批环节、缩短审批时间。理顺各部门间的项目审批机制，制定快速、高效的审批事项办理流程，减少因部门职能交叉而引起的审批时限过长的问题。运用互联网技术，建设行政审批网络系统，推行网上办事。同时，抓服务效率，做到资料齐全马上办、资料不齐指导办、紧急项目加班办、特殊项目协调办。

3. 培养"拉的出、打得响、赢得了"的实战型干部队伍

打铁还需自身硬。加强党员干部队伍特别是中层以上干部队伍建设，努力打造一支"拉得出、打得响、赢得了"的实战型领导干部队伍，是做好对接服务上海的关键。具体要在"五个必须"上功夫；一是必须要有激情干事、争创一流的精神状态。做好对接服务上海工作要有"等不得"的紧迫感、"坐不住"的责任感、"慢不得"的使命感。二是必须要有精通业务、独当一面的能力素质。三是须要有吃苦勤奋、乐于奉献的敬业精神。

人是需要一点精神的。四是必须要有团结协作、和谐共事的团队精神。工作讲大局、讲协作，多“补台”不“拆台”，多理解、少抱怨，多交流、少议论，共同营造和谐的工作氛围。五是必须要有遵章守纪、干净干事的自律意识。没有规矩，不成方圆。

除此之外，党校要加强与部门的沟通与合作，定期举办中长期领导干部能力提升班。领导干部还加强自身的学习，进一步强化学习，要潜心用心地学习，并把学习马克思主义经典著作和学习中国特色社会主义理论体系结合起来，自觉认清中国社会的前进方向，把学习成果变成自己内心的信念和判断标准，把自觉变成领导能力和领导智慧。

4. 细化规则发挥考核激励“指挥棒”作用

主动适应经济发展新常态，充分调动全市招商引资工作的积极性和主动性，树立严格督查、奖优罚劣的鲜明导向，创新招商引资工作考核办法。细化考核规则，考核标准由原来的“量优”转变为“质优”。调研中，海安经济技术开发区为全面完成区2017年招商引资项目建设工作的各项目标任务，结合县区工作人员相关考核意见，制定了详细的考核办法。具体内容包括考核对象、考核单元、考核方法、任务指标、考核激励、考核组织等。

在组织架构方面，市级层面对接服务上海工作领导小组应有一个专门工作机构展开日常工作，各区镇、相关部门也应有专门人员负责对接服务上海的工作制度，构建“季度考核、半年点评、全年表彰”的常态化推进机制。海门市应该根据实际情况量体裁衣，制定考核细则，充分发挥考核激励的“指挥棒”作用。围绕市委“55580”① 接轨计划分解考核目标，全面考核经济、社会、教育、文化、交通、管理等方面对接服务上海的业绩。

① 海委发〔2017〕1号：《关于印发海门对接服务上海“55580”行动计划（2017—2020）的通知》，2017年1月3日。

创新理念 实现交通融入上海大都市圈

中共南通市委党校 倪羌莉

“一带一路”战略、长江经济带、长三角城市群等多重国家战略的提出，为南通发展交通事业提供了有利的环境，上海建设“全球城市”的未来发展总体定位更为南通带来了新的发展契机，南通对接服务上海显得十分必要且迫切。当前，南通应抓住千载难逢的发展机遇，充分发挥区位优势，以交通互联为基础，重点发展产业合作，以创新、积极的姿态参与到上海大都市建设当中去，全力对接服务上海。①

对于上海南通两地而言，交通是一项重要的“物理对接”。南通必须加快交通基础设施建设，构建区域性综合交通枢纽，打造畅通的交通环境，为经济社会对接服务上海提供交通支撑。而当前上海中心城早已突破外环线，总人口面临持续增长压力，产业发展也受到土地、环境等资源的制约等面临的问题也亟须构建现代化交通网络来满足多样化的需求与定位。

2017 年 2 月，南通市政府印发了《长江三角洲城市群发展规划南通行动计划（2017—2018 年）》。该计划将南通交通发展列为重点发展目标，从铁路、轨道交通、航空三个方面着手，全方位、立体化对接服务上海，试图构建区域性综合交通枢纽工程。② 在轨道交通方面，南通提出要积极争取上海铁路网络向南通延伸，完善普通铁路、城际铁路和高速铁路等多种

① “南通‘接轨’上海再出发，努力建设‘北大门’”，《解放日报》，2017 年 4 月 26 日。

② 南通市政府：《市政府办公室关于印发长江三角洲城市群发展规划南通行动计划（2017—2018 年）的通知》（通政办发〔2017〕23 号），2017 年 2 月 28 日。

轨道交通连接方式，构建与上海多层次对接的铁路网络体系。① 可以看到，一旦这些项目工程均能顺利推进，将大大改善南通以往受制于长江阻隔的交通局面，弥补南通交通发展的弱点，扭转南通交通发展的劣势，让以往受制于天堑长江阻隔的南通交通，慢慢成为发展新优势。

一、当前南通交通对接上海存在的不足

目前，南通各区县公路交通基本实现 60 ~ 90 分钟到达上海，但是过江通道的制约也使得距主城区较近的苏通大桥在节假日期难堪重负。而崇启大桥又因位置较偏，未能起到有效舒缓过江压力的作用。因而，在建的沪通铁路长江大桥已然成为大家新的期盼。此外，北沿江高铁的开建也将为交通对接上海带来新的通道。可以看出，各项交通基础设施的完善，尤其是铁路的完备必将进一步缩短与上海的时空距离。对此，南通提出要经过 3 ~ 5 年努力，基本确立承南起北、西进东出的区域性综合交通枢纽地位。2020 年南通与上海开通动车，轨道交通与上海实现无缝换乘。

从各县区的调研来看，虽然基于区域的利益，在路线、站址规划等方面存在一定各自为政的主观性，但是在与上海交通对接中还是存在共性的难题，这需要我们在全市乃至全省层面统筹协调，打通与上海之间的通道，为南通加快建设上海大都市北翼门口城市，建好“北大门”夯实基础。

此外，当前南通对交通对接上海的渴求是有目共睹、迫不及待的，但是上海对于南通的交通对接要求却并不觉得十分紧迫。这样不平衡非均等的局面也为南通交通对接工作带来了一定压力。

（一）北沿江高铁的过江制约

毫无疑问，北沿江高铁的建成将大大提升南通的交通优势。关于过江通道的选择，南通市铁路办做了四套方案：西线方案、崇海通道方案（经

① 江苏省人民政府：《省政府关于南通建设上海大都市北翼门户城市总体方案的批复》（苏政复〔2017〕31 号），2017 年 5 月 16 日。

城桥镇方案)、中线方案（启东西方案）和东线方案。除了方案一选择在苏通大桥下游9公里再建过江通道之外（只需要在江苏省内协调)，其他三个方案都要经过崇明岛，而当前上海正在举全市之力打造崇明世界级生态岛，从崇明通过难度较大。但是从崇明过江的选择，不仅仅能为海门打造崇海大桥提供机会，从而形成“上海北部枢纽（宝山）—崇明城桥新城—海门”的便捷交通体系（上海已经提出规划建设19号崇明轨交线)，也会进一步优化南通与上海的通道，加快长江以北地区融入全球城市区域。

虽然南通相关部门已不断加强与国家铁路部门和上海有关部门的联系，争取利己的北沿江铁路过江通道方案，但是如何调动上海对接的主动性与积极性仍较为困难。此外，我们也面临着衔接上的不协调性、规划上的不确定性、推进上的不可控性，以及沟通上的不对等性等问题。

（二）大南通内交通未能便捷通达

南通作为一个整体与上海对接，在各区县内，大南通下交通理应做到四通八达，便捷服务，协调发展，实现与南通市区的快速融合，通过接轨南通实现对接服务上海。然而，这一基础条件并未完全达到。以海门为例，虽然海门经济开发区与南通开发区接壤，但是道路并不通达。同时，公共交通便捷度也不高，海门经济开发区人员还需返还海门市区才能搭坐公交前往南通城区。此外，各区县内或区县之间快速路网的建设还未全部到位，干线通道还未延伸拓展到某些园区、乡镇等主要节点，交通服务覆盖面有待提升。最后，虽然南通主城区与上海在客运服务对接上已有所改善，但是各区县还需加强与上海交通部门对接，加强交流沟通，区县与上海两地在一卡通互联互通，客运直达班线开通及个性化需求定制线路等问题上仍需进一步沟通，达成相关协议。

（三）交通全局意识尚未形成

虽然各区县与上海的空间距离上存在远近，但是从我们的调研来看，相差不到一小时的车程对于上海与南通区县的对接（如产业转移、招商引资、人才交流等方面）影响并不大。因此，对于对接服务上海而言，各区县如以交通区位优势作为亮点，吸引力并不强。但是，当前区县在对接服务上海中，一部分局限于本区域的考虑，强调区域优势、交通便利，甚为自信；另一部分区县却是妄自菲薄，认为已从区位优势上逊人一筹，整体上已处劣势。综合来看，这一方面说明了我们交通全局意识还未形成，没有通盘考虑，以南通整体交通优势的强化作为共同名片，全市一局棋。另一方面也表明了某些区县还存在畏难情绪，上海的优质资源毕竟有限，不仅仅有南通内部的竞争，还包括外省市的角逐，交通上的非典型性正好成为做好对接服务工作的挡箭牌。

（四）沪通机场共建机制仍需创新

《上海市城市总体规划（2016—2040）》中表明，为了缓解虹桥与浦东两大机场的压力，上海将规划布局大型通用机场，地点选择在青浦，其主要功能一是为配套航空产业的发展；二是针对中小型公务机，提供起降服务等。而上海将在周边建设“第三机场”的传闻，这次规划中却没有提及。有关上海之外“第三机场”的选址似乎是尘埃落定了。

但这并不意味着沪通两地在机场合作领域已无空间。恰恰相反，可以看出上海两大机场在发展中已遇到瓶颈，运输需求量大增，两大机场均难以满足，与周边机场（南通、无锡等地）分工合作势在必行。① 相比宁波、嘉兴、无锡等地，南通兴东机场具有独到优势，但高速铁路、城际铁路等短板也十分明显。因此，南通接下来应考虑如何扬长避短，在完善基础设施的同时，在体制机制上进行创新，共创两地合作，从而既解决对方难题，又提升自身价值，达到双赢。

二、上海城市定位对交通的要求

在市民、专家和规划共同参与的决策机制下，上海2040年的目标愿景被设定为卓越的全球城市，令人向往的创新之城、人文之城、生态之城。

① 高岳：“对上海市城市总体规划（2015—2040）纲要的解读暨若干问题思考”，《交通与港航》，2016年第3期。

同时，上海也提出至2040年建成卓越的全球城市，国际经济、金融、贸易、航运、科技创新和文化大都市。上海最新的目标愿景和城市定位势必对交通提出高要求。除了在城市内部优化交通网络，提高公共交通服务水平外，还需要促进周边区域交通设施的构建，大力提升区域之间的连接度，全力统筹考虑重大交通基础设施打造，做到区域性一体化发展，形成通盘互通的局面，从而实现上海与长三角区域乃至长江经济带的联动发展。

为此，上海提出了四个方面的规划：一是加强区域航空机场群联动，做好浦东国际机场对外交通的衔接，尤其是要融入长三角区域城际铁路网络体系中，扩展集疏运通道容量，提升与长三角城市群、长江经济带、沿海经济带等腹地区域的连通度。加强上海两大机场与邻近机场之间的快速联系。二是优化区域港口功能布局。上海港、长江下游及杭州湾地区港口需通力协作，打造出现代化港口群，使长三角成为支撑“一带一路”和长江经济带战略的国际航运中心，不断提升国际航运枢纽、贸易服务功能。三是完善国家综合运输通道布局。注重国家铁路干线与高速公路通道的完善，拓展上海乃至长三角城市群与其他国家级城市群之间的联系通道，形成5个主要联系方向（分别是南通、南京、杭州、宁波、湖州）。四是强化区域复合交通廊道支撑，在区域内，提升综合运输走廊服务效率、能级和安全可靠性（线路共7条包括沪宁、沪通、沪杭、沪江、沪湾、沪湖、沪甬）。①

此外，“上海2040”规划首次提到“建设上海大都市圈”。规划的大都市圈总面积为2.99万平方公里，人口约5400万，上海则是区域一体化的核心所在。为了实现与周边区域的融合发展，上海提出与苏州、无锡、南通、宁波、嘉兴、舟山等地区协同发展（构建“1+6”大都市圈模式），通过构建以铁路为主导的多种交通模式，形成便捷迅速的交通出行网络，

① 上海市城市总体规划编制工作领导小组办公室：《上海市城市总体规划（2016—2040）》，2016年8月。

打造同城效应。

从上海的规划中可以看出其对交通的要求：一是要建成不断追求卓越的全球城市，必须要有国际化的交通体系，城市内部、周边城市之间交通均要通达。二是要构建好上海大都市圈，交通这篇文章仍必不可少，尤其是与其他6座城之间必须便捷与畅通。可以说这就应该把交通作为同城化打造的首要任务，在规划上要有前瞻性和系统性。同样，从南通对自身的定位与要求，交通也是其中关键。因此，两地交通必须互通互联，互利互赢，共同打造。

三、东京、伦敦大都市圈发展带来的交通启示

鉴于前文所述中上海与南通的城市定位，我们选择东京大都市圈和伦敦大都市圈中交通的打造案例，汲取经验，从而阐明两地交通打造的关键所在。

（一）东京大都市圈交通体系概况

20世纪60年代日本提出了“大都市圈”的概念。经过多年打造，东京大都市圈政治、经济和交通中心地位不断强化并显示出强大的集聚趋势，而且人口增长率一直位居日本之首，与世界其他大都市相比，人口密度也是遥遥领先。但即使如此大的人口压力，东京大都市圈却能保持城市有序、有效运营，城市交通基础设施发展迅猛，放射性道路优先打造，由此市中心与郊区城镇密切相连，城市化都市圈茁壮发展。①

国铁系统、私铁系统、地铁系统以及有轨电车等多种轨道交通共同构成东京大都市圈的轨道交通系统。其中，国铁系统发挥的作用最大，铁路在市内铺设成一片放射环状的交通网络，形成东京交通圈的主要躯干。私铁系统发挥辅助作用，在国铁系统没有延伸到的地方，彰显自己的灵活优势，它主要承担着连接市中心和郊区的交通职能，将东京交通圈进一步外

① 郭碧云：《国际大都市圈交通体系》，浙江大学，硕士学位论文，2015年4月。

扩。而东京地铁系统始建于1927年东京银座线，目前包含13条铁路，总长度达312.6千米，是世界上客流量最大的地铁系统，对东京的交通起到不可忽视的作用。①

总而言之，轨道交通在东京都市圈内起到重要的作用。从比重上看，轨道交通占大客运交通比重的73%。从时间上看，以全天24小时来计，轨道交通占到东京中心区客运出行的86%，在高峰期间，更是高达90%。而其他大都市如伦敦和巴黎分别只有65%和58%。②

（二）伦敦大都市圈交通体系概况

伦敦大都市圈总面积约4.5万平方公里，人口多达3650万。伦敦是世界上最早建设城际铁路的城市，它的公共交通体系比较成熟。地铁、国铁是该体系的主要骨架，支撑着整个伦敦大都市圈的交通局面，涵盖的范围不仅包括内伦敦（伦敦金融城及内衬的地区）、大伦敦地区（内伦敦和外伦敦的市辖区），还包括伦敦大都市区（伦敦市和附近郊区的郡）、伦敦都市圈（伦敦、伯明翰、谢菲尔德、曼彻斯特、利物浦等大城市在内的大都市圈地域）。目前，伦敦共有12条地铁线路，全长408千米。③ 国铁以伦敦中心区为起点，呈辐射状向外不断延伸，覆盖率极高，几乎囊括了沿线所有的主要城市，完全实现了城际间的无缝连接和换乘。此外，伦敦还有常规公交、轻轨、轮渡等其他交通方式，辅助整个交通体系的正常运行，保障伦敦大都市圈的交通秩序有条不紊。

（三）东京、伦敦大都市圈交通体系的经验与借鉴

从东京大都市圈发展来看，发达的轨道交通体系是大都市圈成功的经验之一。轨道交通的发展是城市发展的风向标，能极大地带动沿线的基础设施建设，变革、拓展城市发展的空间结构。不仅如此，轨道交通和传统

---

① 日本地铁、日本地铁协会，日本地铁协会官网，2015年3月6日。

② 郭碧云：《国际大都市圈交通体系》，浙江大学，硕士学位论文，2015年4月。

③ 姬秀春：“从世界轨道交通发展看我国城市交通现状 浅谈城市轨道交通的现状与未来”，《现代企业教育》，2006年第7期。

的道路交通相比，有着无可比拟的优势，它避开拥堵的道路交通，快、准、运输量大，成为客流的新选择，直接影响着人流量朝沿线聚集，提升着城市的空间发展结构。

对于伦敦大都市圈来说，轨道交通体系和常规公交体系互相支撑，相辅相成。在城市交通体系建设过程中两方面都要重视，两手都要硬，任何一方的偏颇都会造成交通体系的“瘸腿”，从而拖慢整个交通体系的运行。在伦敦大都市圈轨道交通体系建设过程中，优先发展公共交通，公交、轻轨、轮渡等交通方式得到了长足的发展，其策略为整个交通体系奠定了坚实的发展基础，这些成功经验都是值得我们借鉴的。

根据规划，上海常住人口规模在2500万左右。上海要保持城市有序营运，与周边城市构建大都市圈，实现城市定位，需要借鉴东京、伦敦等国际大都市经验，对城市空间结构、交通体系实行全面改造。

轨道交通的发达程度是衡量一个城市是否达到国际大都市圈标准的重要尺度，因为轨道交通的发展直接影响着该城市都市圈的发展速度和辐射能力。[①] 轨道交通和传统交通方式相比，有着自身无可比拟的优势：安全、快速、容量大、立体化等，这些优势使得人流量迅速向轨道交通沿线聚集，进一步影响着都市圈城镇空间结构向着以公共交通为导向的模式发展。目前，上海大都市圈的铁路系统和国际大都市圈的标准相比，还存在着一定的差距。城际轨道交通建设是上海大都市圈发展中的薄弱环节，尤其表现在铁路系统方面，线路数量、总长度、服务水平都是制约上海大都市圈发展的短板。当前，上海地铁达到617公里（截至2017年初），居世界城市首位，但市域铁路长度还不及地铁。虽然与拟打造的都市圈中部分城市有高铁，但是高铁较高的票价，还不能取代通勤铁路。

因此，从上海自身来讲，必须做好与周边城市交通方面尤其是轨道交通方面的对接，形成多中心、开放型城市空间结构。上海亟须补齐铁路短

---

① 江捷、宋家骅、邵源：“大都市圈轨道快线布局比较及其启示”，《城市轨道交通研究》，2017年第1期。

板，构建全方位的轨道交通体系，从而通过多种方式、现代化的交通网覆盖整个上海大都市圈。而从周边来看，上海与南通在轨道方面的连接相对较弱，这对上海交通也是不利的。我们需要在更高层面上与上海做好交通方面的对接，推动北沿江高铁等一批重点项目早日开工建设。有助上海成为真正的“全球城市”，有力引领长三角、长江经济带以至全国发展。由此可见，未来上海大都市圈的交通体系规划与建设中心必须以城际铁路网建设为核心，达成国家铁路枢纽战略目标。

四、实现交通融入上海大都市圈的建议

“十三五”规划为南通的发展带来了新机遇，南通火车西站、机场等进一步扩建优化，使整个南通的交通体系更加便捷、完备，大大加快了南通与上海及其他地区的密切联系，为南通对接服务上海提供了必要的硬件支持，迈出了南通融入上海发展战略的重要步伐。上海与南通之间的通道会更加完善、更加多样。在上海全球化城市战略发展过程中，南通由于其自身独特的区位优势，对上海大都市圈的发展有着重要意义。正如时任江苏省委书记李强同志在省第十三次党代会与南通代表团一起审议工作报告时指出，在上海经济圈一小时都市圈里，土地资源相对比较丰富的只有南通。因此，从自身的发展来看，上海也离不开南通，必须支持与打造好与南通的交通链接。交通对双方的重要性均是不言而得。这一理念不仅应是南通所强调的，也应是上海所重视的。

（一）坚持“两地”规划引导，优化现行规划体系

为主动对接服务上海，我们必须抓住机遇，发挥新优势，进一步完善交通规划体系，做好项目的衔接及配套工作，加快交通基础设施建设，加快构建完备、畅通的综合交通运输体系。我们南通“十三五”规划中已经呈现出现代综合交通运输体系的远景。同时，我们也必须认真研究上海各类规划，准确把握和理解，在此基础上对先行规划体系进行调整优化。

比如《上海市轨道交通近期建设计划（2017—2025）》中提出了规划

建设19号崇明轨交线，但是上海市相关专家认为原规划的“经过现有长江隧道直通崇明岛陈家镇”的地铁19号线（东线工程）有技术风险，提出了“由石洞口经过隧道直接到达崇明县城”的西线工程。这就需要我们密切关注上海至崇明轨道交通西通道方案规划研究进展，结合南通市轨道交通规划中的走向，开展轨道交通研究规划工作。

再如《上海市综合交通“十三五”规划》中提出了“进一步发展上海毗邻区域公路客运班线公交化运营”。这就需要我们紧抓这个信号，加强与上海交通委等相关部门的规划对接，研究推进公交化客运，对对接服务上海的客运发展规划进行详细研究，确定详细开通方案和线路走向，实现与上海的快速化、通勤化、公交化联系。

同时，站在全局来看，对接上海的交通应该是南通四区五县共同撰写的鸿篇巨制，我们应该站在全局，共同研究上海，总体规划，做好对接服务上海的交通基础。

（二）以轨道交通为抓手，构建对接上海的快速化交通通道

通过对伦敦、东京大都市圈的剖析，可以发现完善的轨道交通网络是大都市圈发展的基础环节。随着都市圈范围不断向外延伸，其辐射面积也越来越大，无形中加强了不同城市之间的联系和粘合度。上海大都市圈交通体系战略规划理应深化“以轨道交通为主”，尤其是应大力推进性价比较高的城际通勤铁路的建设。① 随着国家铁路枢纽战略的实施，许多高铁线路陆续开通，城际轨道交通建设也应要迅速跟进，适应新的发展形势，恢复某些停用路线与小站台，从而密集铁路线路，为城市之间的交流提供便利。同时，我们也不单单只是发展轨道交通，还必须灌输“促进区域公铁平衡网络建设”等理念，推进区域交通体系的整体发展与转型。

对南通而言，在满足上海定位的同时，也要抓住这次契机，促进区域一体化交通的建设和发展。譬如，我们必须站在上海的角度，根据打造崇

---

① 汪海：“以国际大都市为鉴构建基于轨道交通体系的上海大都市圈”，《上海城市规划》，2016第5期。

明世界级生态岛的交通要求，来让上海意识到北沿江高铁通道对全面提升崇明综合交通体系整体功能的重要性。

（三）强化交通衔接，加快大南通内连外通建设

南通在加强对外交通骨架通道建设的同时，也应该不断完善大南通的内连外通网络。一是要构建大南通内的交通格局。随着沪通铁路和宁启铁路的开工，南通真正意义上的交通大框架已拉开了。以此为基础上，科学、合理、有机地进行规划布局更为可行。在南通大市内，完善县区与市区快速通道建设，轨道交通链接的快速通道规划建设，实现区县与南通的快速融合，地铁、城市主干道、公交等，都应尽量与县区对接。二是各县区内部也应加强公路连接线的建设，将干线通道延伸拓展到园区、乡镇等主要节点，提升交通服务覆盖面。要逐步做强各县区重要节点镇，譬如应加强沿江公路快速化改造项目海门段规划建设，加强与市干线公路的对接工作，提升出入同行效率。

交通基础设施建设有着不同于其他行业的特殊性：建设周期长、投资大、使用时间长、占用土地稀缺等。因此，交通基础设施建设既要充分考虑当前的发展现状，又要具备适度超前的眼光，先行先导，避免滞后所带来的巨大损失。只有交通适度超前发展，才能发挥先行先导作用。

（四）超前谋划服务、机制对接

在交通硬件还没有完全能对接上海的情况下，我们可以利用已有的交通体系，在软件上创新服务，谋划对接。譬如海安已与上海交通部门对接，就两地道路客运发展方面加强交流沟通。目前已在一卡通互联互通、客运直达班线开通以及个性化需求定制线路等问题上达成初步协议。如海门积极打造与上海同城化客运服务体系，加快推进城际客运发展。争取开通沪海城际快线，配合省交通运输现代化规划提出的长三角区域公共交通"一卡通"目标，全面推行"江苏交通一卡通"工程，争取实现与上海公交 IC 卡的全面对接。积极与上海市陆管处沟通对接，增开海门到上海虹桥机场的班次，开通到浦东机场的直达班线和定制班线。

同样，即使南通不能成为上海的第三机场，仍然要推动沪通两地机场的战略合作。早在2009年，中国民用航空局就对南通兴东机场进行了总体定位：上海国际航空枢纽辅助机场。同时，明确了四个具体定位："货运航空基地""与上海国际航空枢纽优势互补的骨干支线机场和备降机场""航空公司的飞行训练基地"和"融入上海国际航空枢纽的一类开放口岸"。① 南通"十三五"规划提出将南通机场"打造上海国际航空枢纽多机场体系重要成员机场"与"兴东机场等综合客运枢纽"。

因此，在机场纷争尚未完全落定下，一方面，南通机场要充分利用好本地区客、货资源，服务好本地区的发展。坚定信念，提升品质。另一方面，我们应通过推动管理对接、项目对接、人才对接和交通对接，努力实现两地机场发展的共通、共享、共融、共赢，创新体制机制，势必赢得先机。

① "开展国际航空业务适逢其时，一如既往支持南通机场发展"，《南通日报》，2015年7月4日。

融通与互补：南通对接上海的文化路径研究

中共南通市委党校 岳文典

南通对接上海、建设上海“北大门”的规划在当前已进入了一个崭新的发展阶段。在这一阶段，南通对接上海不仅涉及交通、产业、载体等硬件基础上的对接，也关乎理念、价值、文化等软件方面的对接。硬件的对接是基础和保障，软件的对接是汇合与融通，只有在硬件对接的基础上同时实现软件的对接，才能使南通对接上海的规划在更高的质量和水平上实现。因此，在南通对接上海的诸多领域里，本文着重探讨两者在文化领域融合、对接的路径与方式。主要包括三个方面：一是文化交流和文化产业的对接，这是表层和现实的合作；二是江海文化与海派文化的互通，这是两者深层的融合；三是中华优秀传统文化的弘扬，这是对江海文化和海派文化进行底色的渲染。由此形成了南通在文化上对接上海的三个层次、三条路径。

一、现实层面的对接：文化交流、文化产业合作

文化交流一般产生于两个或多个文化源有明显差异的区域或文化体系之间，正是这种差异才使得文化交流成为可能，从而促进互通有无，增进文化的丰富性、多样性，拓展文化的广度和深度。文化交流能够让人与人之间的关系变得更加紧密，相互认同更加深刻，合作也因此更为持久。其中，文化产业合作又是文化交流的重要领域，因此，在南通全方位对接上海的过程中，文化交流、文化产业合作是需要予以重视的关键领域之一。

（一）文化交流

南通与上海同处江海之滨，又隔江相望，素有“地域相连、人缘相亲、文化相近、经济相融”的说法，因此，南通与上海在文化上有密切的联系。1895 年张謇筹议成立大生纱厂，这是南通现代化的起点，而此时上海已成为国际性大都市和思想文化中心、金融中心。因此，南通不仅在早期现代化和经济发展方面受惠于上海，而且在文化方面也深受“海派文化”的影响，这主要表现为海派绘画、海派京剧、海派电影、海派建筑在南通的广泛传播，使南通在本地文化的基础上深深地打上了海派文化的烙印，同时也为海派文化的发展增添了新的文化资源。

海派绘画与南通的渊源就是一个很好的例证。早在 1903 年，张謇在南通创办了一家出版机构——翰墨林印书局，该书局兼售书画，是近代南通文人雅士的聚会之所。而海派绘画大师吴昌硕与三个得意弟子李苦李、陈师曾、王个簃正是通过翰墨林印书局的因缘而得以结识，从而使南通也成为海派绘画的一方领地。[①] 可以看出，海派绘画在南通有重要影响，同时，海派绘画也通过南通及翰墨林印书局获得了传承与发展，上述三人最终都成为海派绘画大师，影响及于全国及海外。

此外，在近代南通与上海的文化交流中，海派京剧、海派电影、海派建筑也是双方建立文化联系的重要领域，在此过程中，南通既深受海派文化的影响与熏染，同时也为海派文化的传承与发展发挥了重要推动作用。如在海派京剧方面，出生于南通如东、祖籍安徽的王鸿寿（1850—1925），将原本属于徽调的一些唱法移植到京剧，对海派京剧的发展产生了较大影响，又运用徽班的表现形式创立了京剧生行中的“红生”这一门类，成为海派京剧独有的一个行当，后来被南北京剧界认可，王鸿寿也被尊为“红生鼻祖”。在海派电影方面，一方面海派电影在南通深受喜爱，另一方面早年在南通生活、学习的赵丹（1915—1980 年）、顾而已（1915—1970

① 丰坤武：《南通文化研究》，南京：南京大学出版社，2010 年版，第 203～207 页。

年）、朱今明（1915—1980年）、钱千里（1915—2009年）四人于20世纪30年代先后步入上海影坛，被称为奠基海派电影的南通四杰。[①]

历史的画卷永不停歇，在今天南通对接上海已成为重大战略任务的当下，南通与上海的文化交流更加频密，涉及的层面和范围也更加广泛和深入。不仅文化艺术的交流更加多样，而且在公共文化服务、建筑文化遗产保护以及人文交流合作等方面也更加深入。自2016年江苏省确立南通全面对接上海、建设上海“北大门”之后，南通和上海的文化交流也进入了一个新阶段。

2016年11月3日，第十二届上海艺术博览会开幕，南通梅庵书苑四位画家携40多幅绘画作品参会，受到众多参观者的关注，也让上海市民增进了对南通书法绘画艺术的了解。2017年4月26日，“指尖上的南通——南通非物质文化传统技艺展”在上海大剧院拉开帷幕，南通扎染、南通仿真绣、南通板鹞风筝等非物质文化项目一一亮相，南通的技艺大师不仅带来了作品，还现场展示作品背后的工艺流程，让上海观众对南通的非物质文化遗产有了深入的了解。

此外，南通还在公共文化服务、建筑文化遗产保护方面向上海取经并寻求合作。2017年初，南通文广新局徐国祥局长率队到上海浦东新区宣传部、文广局学习考察文化发展工作，并参加了在浦东展览馆举办的浦东新区首届公共文化产品服务采购大会。而早在2015年6月，南通市文广新局与上海交通大学建筑文化遗产保护国际研究中心就签订文化遗产保护合作协议，在学科建设和建筑文化遗产保护等方面优势互补、资源共享。在人文交流方面，延续多年的南通“静海讲坛”多次邀请上海各领域的专家、学者来通讲座，为南通市人文精神、人文素养的提高注入了能量。

除上述文化交流活动外，根据南通市文广新局制定的《南通市2017年文化对接上海行动计划》，南通还在2017年与上海方面组织多种多样的文化交流活动。在公共文化服务方面，将联合上海市群艺馆组织上海、通

① 丰坤武：《南通文化研究》，南京：南京大学出版社，2010年版，第207～214页。

州小戏小品交流展演，召开两地小戏小品创作研讨会；引进海派文化走进通城，丰富市民精神文化生活等。在艺术精品展演方面，将联合上海美术家协会举办上海半岛版画工作室与江苏启东版画院作品交流展；签约上海国际艺术节组委会，组织上海国际艺术节天天演通州专场；与上海中国画院联袂举办纪念王个簃诞生120周年书画精品联展等；联手上海红上红文化艺术有限公司在更俗剧院组织大型歌舞秀《激情夜上海》展演。在特色文化展示对接方面，将联合上海市评弹团开展评弹剧节目研讨；承办服务上海南通旅游推介会南通非遗展；举办上海市民文化节——“山歌飘香”国家级非遗项目海门山歌专场演出；联合上海市评弹团举办首届评弹艺术节；建设上海音乐学院作曲表演系研究生实习基地等。

总之，在跨江融合、对接上海的过程中，文化要先行、同行，为经济社会全面对接服务上海提供文化支撑。同时，南通要充分利用好上海现代化国际大都市的市场、科研、人才优势，推动文化事业发展和文化产业壮大，为南通实现跨越式发展奠定基础，同时也为上海人民展现更为精彩的“文化南通”。

（二）文化产业合作

文化产业合作是文化交流的重要路径和主要支撑。所谓文化产业，联合国教科文组织的定义是，按照工业标准，生产、再生产、储存以及分配文化产品和服务的一系列活动。文化产业作为与经济、科技相融合的一种业态，被认为是21世纪最具活力的产业之一，它是一个国家或地区“文化软实力”的重要组成部分，也是推动经济发展和产业转型升级的重要引擎。在南通对接上海的文化路径中，文化产业合作是其中重要一环。

2016年9月出台的《上海市城市总体规划（2016—2040）》提出，上海将建成卓越的全球大都市，成为国际经济、金融、贸易、航运、科技创新中心和文化大都市。这其中，文化大都市的定位是上海大力发展文化产业的基本动力，在各项利好条件的支撑下，上海文化产业发展正驶入快车道。

据《2016年上海文化产业发展报告》介绍，2015年上海文化产业实现增加值1632.68亿元，同比增长8.1%，占地区生产总值比为6.5%，占中国文化及相关产业比重的6%。

上海文化产业近年发展迅猛，主要体现在以下几个方面：一是文化产业市场资源配置火力全开。（1）文化产业投融资并购继续升温。据统计，2016年上海文化企业发生股权投融资事件141起，涉及资金规模182.6亿元。（2）骨干文化企业加强全球化布局。2016年，上海影视、游戏等领域近10家骨干企业积极着眼全球化视野，通过在全球的布局，增强对全球资源的利用驾驭能力和资源配置能力。（3）上海文化产业投资基金不断涌现。2016年，文化基金如雨后春笋般涌现，多个文化产业基金在上海成立，为上海文化产业发展进一步注入原动力。二是传统产业转型发展焕发活力。主要表现为电影产业要素加快集聚、传媒产业转型成效明显、艺术品市场发展迅速。三是文化产业中的新兴产业热点频发，如数字出版继续占据领先优势、继续推动游戏产业高地建设、网络直播发展如火如荼、虚拟现实技术（VR）领域走向成熟。四是文化产业融合跨界发展成效显著，主要包括文化与金融、文化与科技、文化与商业、文化与装备制造等跨界融合。

可以看出，上海文化产业的发展正进入一个如火如荼的高速增长期，在这种情况下，南通如何在文化产业方面对接、融入上海是一个重要的研究课题，这涉及对上海文化产业的深入调研、考查和对南通本土文化产业发展现状、问题的透彻了解，在此基础上，才可能提出两地文化产业对接的可行性方案。

从南通方面来看，虽然南通拥有丰厚的文化资源和庞大的文化产品消费市场，但南通文化产业发展至今仍处于起步、探索、培育阶段，尚未形成支柱性的文化产业领域。借助对接上海的契机，南通各方面开始在文化产业方面发力，力求在上海文化产业大发展的浪潮中推进本地文化产业的发展。为此，南通市2014年和2015年分别制定了《中共南通市委、南通市人民政府关于促进文化产业发展的若干政策意见》和《南通市市级文化产业专项资金管理办法》，并于2016年初出台了《南通市关于促进文化产业发展若干政策意见实施细则》。南通市文广新局也于2017年5月召开文化对接上海专题会议，会议强调，要推进与上海文化产业融合发展，建设沪通文化创意产业基地，建设与海派文化互通交融、富有活力的江海特色文化强市。这预示着南通文化产业发展及文化产业对接上海进入了新的发展阶段。

“十二五”以来，南通各地把文化产业项目建设，作为转型升级和拉动内需的主要抓手，大力推进文化产业建设。2016年，全市共排定文化产业重点项目66个，总投资659亿元，计划投资97亿元。项目包含新闻出版业、广播影视业、文化艺术业、文化创意设计业、文化休闲娱乐业、工艺美术业、文化用品生产等七大行业类别。

此外，根据南通市文广新局制定的《南通市2017年文化对接上海行动计划》，南通在2017年将推动如下文化产业合作的对接行动，如联合上海浦东农发集团实施垦牧小镇招商，打造集江苏沿海旅游集散基地、北上海生态度假基地、中国江风海韵体验基地于一体的，兼具国际化水准和江海人文特质的长三角江海休闲度假旅游目的地；联合中合置业华东分公司举办电影胶片博物馆招商推介会，打造具有历史感与现代感交融的中国胶片影视和数字化电影基地，为游客提供具有地域特色的旅游和文化体验；与上海蓝迪文化传播有限公司签约，建设文化传媒创意产业基地；举办以“借力上海优势，繁荣区域文化”为主题的文化产业招商会暨沪通文化企业家交流会，力求实现上海优质文化企业顺利落地；举办上海（通州）文化产业招商推介会；跟踪服务上海博济堂科技创业管理有限公司、上海思远影视文化传播有限公司等沪资重点文化产业项目建设，指导专项资金扶持，协调项目推进；江苏亚萍国际艺术馆签约黄浦区外滩中央商场，建设具有国际影响力的“上海外滩沉香艺术馆”；南通赛格动漫展示馆与上海动漫博物馆合作共建；联合上海新塞隆文化艺术有限公司，组织如意东方上海文旅小镇招商等。

在文化旅游产业方面，南通市于2017年4月26日在上海举行了南通旅游推介会，在此次推介会上，启东市魁北克艺术之城、海安乐百年健康旅游小镇、如皋长寿慢城等大型旅游项目现场集中签约。南通市旅游局与上海春秋国旅、上海海鑫国旅、上海光大国旅、上海锦友旅行社、上海莲花之旅国旅、日本HIS集团上海市支店等旅行商代表签订客源输送协议。此外，通州区通过谈判、协商，与上海震旦学院东方电影学院就国际影视文化金融项目签约，与上海丽丰包装制品有限公司就古院民宿休闲项目签约；崇川区则与上海星在文娱控股集团洽谈，拟联合投资1500万元在左岸意库沿河段东侧设立文化演艺剧场，并打造农业休闲观光旅游项目和以生态农业为主题的一站式生态农业亲子休闲体验综合体。

概括而言，上海市文化产业发展正在进入快车道，其文化大都市的定位决定了未来若干年文化产业的大发展，而南通在全面对接上海的过程中将充分调动和利用上海文化产业快速发展的机遇，深入挖掘自身文化资源，推动文化产业转型升级，使文化产业成为南通经济社会发展新的推动力。

二、深层的融合：江海文化与海派文化的融通

南通通江达海，江海特色鲜明，是江海文化的典范，上海海派文化则是在吴越文化的基础上，融合了源于欧美的近现代工业文明而逐步形成的上海特有的文化现象，两者既有差别，又有深刻的融通之处。

（一）江海文化的渊源与特质

南通东濒黄海，南临长江，系江海交汇之处，同时又是北方江淮文化和南方吴越文化的汇合点，晚近又受到海派文化和海外文化的影响，因此，江海文化是在江与海的汇流中、在南方文化与北方文化的交流中、在中国文化与西方文化的激荡中汇合而成的，是多重元素的综合，但其中江、海的元素是基底，其他元素是材质。

首先，江海风情是江海文化的鲜明标识。南通地域经过了多个历史时期才最终形成，移民也历史性地多期聚居，境内文化多元共存，并形成了

四大子文化圈，即海陵文化圈、胡逗洲文化圈、通东文化圈、沙地文化圈，这些文化圈没有同一的文化源头。但是，它们都依江傍海，其形成都与江海变迁及江海环境资源紧密联系，其文化形态和文化精神都与江海相通，显示出浓郁的江海风情。其次，淮风吴韵是江海文化的又一特色。历史上，南通本属江淮文化的地盘，江淮文化是南通的本土文化。吴越文化是在唐、五代之后，特别是在明清时期，随着苏南、崇明一带的移民迁徙南通而传来的。① 因此，南通文化的生成、发展，一方面得益于江海的涵养，一方面得益于江淮文化和吴越文化的哺育，使江海文化显示出独具特色的淮风吴韵。再次，海派风神是江海文化的近代演绎。南通"靠江、靠海、靠上海"，尤其是近代以来上海成为国际性大都市和金融中心、文化中心，与上海隔江相望的南通在现代化过程中较多地利用了靠近上海的地缘优势，以促进经济社会发展，在这一过程中，江海文化开始接受海派文化的影响与熏染，主要表现为海派绘画、海派京剧、海派电影、海派建筑及海派生活方式的流入与传播，从而使江海文化经历了海派风神的近代演绎。

上述江海文化的渊源表明，江海文化是多重元素综合汇聚而成，同时，南通地区早期以盐业、垦荒为主业，以及因应风潮水灾而形成了坚苦自立的文化性格，因此江海文化就具有了融通汇合、刚柔相济、强毅力行等文化特质。但与此同时，由于早期江海阻隔，交通不便，也导致江海文化中因循守旧、创新不足等文化因子，这是南通进一步发展必须清理的文化障碍。

（二）海派文化的由来与内涵

"海派"一词最初指绘画、京剧等艺术品类的上海流派，后来内涵逐渐扩充延展，成为一种文化类型和文化风格，乃至社会风尚、生活方式、审美情趣等也囊括其中。海派文化最鲜明的特点是其融汇中西、兼收并

① 丰坤武：《南通文化研究》，南京：南京大学出版社，2010 年版，第 184 页。

蓄、开放创新的文化气质。

上海是长江入海口的璀璨明珠，远在唐代就出现闻名遐迩的贸易重镇——青龙镇（今青浦区旧青浦镇）。宋元以降，随着海上贸易的繁荣，上海迅速崛起，并以“文秀之区”饮誉江南。及至清代，“上海为华亭所分县，大海滨其东，吴淞绕其北，黄浦环其西南，闽、广、辽、沈之货，鳞萃羽集；远及西洋暹罗之舟，岁亦间至。地大物博，号称繁剧，诚江海之通津，东南之会都也”。（嘉庆《上海县志》）可以看出，历史上上海早就得风气之先，是一块开放之地、汇通之地。

及至1842年，中国在鸦片战争中战败，1843年上海被迫开埠，成为西方列强的半殖民地，这既是上海乃至中国现代化发展的肇始，也是独具中西合璧特色的海派文化的发轫。“就在这个城市，中国第一次接受和吸取了19世纪欧洲的治外法权、炮舰外交、外国租界和侵略精神的经验教训；就在这个城市，胜于任何其他地方，理性的、重视法规的、科学的、工业发达的、效率高的、扩张主义的西方和因袭传统的、全凭直觉的、人文主义的、以农业为主的、效率低的、闭关自守的中国——两种文明走到一起来了。”[①] 中西文化在这里碰撞交汇，形成了现代意义上的多元文化和市民社会，上海“当仁不让地承担起都市文化总代表的职责。它在近现代中国的历史作用，也就在于坚持不懈地、全方位地（从科技到人文，从思想到习俗，从敬业到休闲）传播与辐射这种新型的都市文明”。[②] 也就是说，海派文化很重要的一个任务是扮演西方文化、思想、科技在中国传播的先头阵地的角色，这是海派文化的鲜明特色。

海派文化由于上海在中国近现代历史上的特殊历程，孕育和形成了具有鲜明地域特色的城市主体精神：东西交汇、兼收并蓄、开拓创新，从而使上海具备了精神取向上的先进性和文化观念上的前卫性，以及宽广的世界意识和国际心态。但同时，海派文化也历史地沉淀了风花雪月的奢靡浮

① ［美］罗兹·墨菲：《上海——现代中国的钥匙》，上海：上海人民出版社，1986年版，第5页。

② 陈伯海主编：《上海文化通史》，上海：上海文艺出版社，2001年版，第8页。

华、精明自私的小市民习气，以及崇洋媚外的心理意识等，因此，在新的发展阶段，海派文化也需要扬弃和升华。

（三）江海文化与海派文化的融合、互通

江海文化与海派文化既有其共性，也有明显的差异，既有其优长，也各有短板，因此，在南通对接上海的大背景下，要根据客观现实进行裁剪融合，既互通有无，又取长补短，以促进双方的共同发展。

就开放创新、兼收并蓄而言，在全球化日益深入的当下，江海文化要向海派文化的国际视野、汇通中西看齐。虽然江海文化也是多种文化元素的综合，本身也具有包容汇通的特质，但这种汇通主要是中国文化内部不同文化分支的融合。尽管近代以来张謇开启南通现代化的步伐，引入西方思想和理念，建设“中国近代第一城”，但中西文化融合的深度、广度是无法与上海相提并论的，因此，在南通对接上海、建设上海“北大门”新的发展阶段，江海文化必须在视野上向海派文化看齐，引入海派文化汇通中西、兼收并蓄、开拓创新的精神特质，以此为南通未来高水平、高质量的发展奠定文化基础。

就坚苦自立、强毅力行而言，海派文化似可借鉴江海文化中坚韧不屈、吃苦耐劳、自强创业的文化精神。虽然两地经过多年的发展，在经济上都已达到了一定的高度，尤其是作为金融中心的上海，但要想在现有基础上迈上更高的发展阶段，比如按照《上海市城市总体规划（2016—2040)》，上海要建成卓越的全球大都市，成为国际经济、金融、贸易、航运、科技创新中心和文化大都市，那么坚苦自立、强毅力行的文化精神是不可或缺的，这一文化精神也有助于修正海派文化中奢靡浮华、崇洋媚外的弊病，为上海的进一步发展增添内在力量。

可以看出，江海文化与海派文化各有特质、短长，因而能够在相互交流中切磋补足，融合汇通，从而更好为两地的经济社会发展奠定文化基础。同时，也只有在江海文化与海派文化的融合汇通中，南通对接上海、建设上海“北大门”的设想才能更好地成为现实。

三、底色的渲染：中华优秀传统文化的弘扬

2017 年 1 月 25 日，中共中央办公厅、国务院办公厅印发了《关于实施中华优秀传统文化传承发展工程的意见》，并发出通知，要求各地区各部门结合实际认真贯彻落实。这是新中国成立以来第一个以传承和发展中华优秀传统文化为主题的文件，也是第一个理论与实践并重、用重大工程的方式推进的行动纲领，由此可以看出国家层面对传承中华优秀传统文化的高度重视。在这一大的背景下，沪通两地的文化融合必然要以弘扬中华优秀传统文化作为一种目标指向。

（一）优秀传统文化的底色性质

中国是以文化立国的国家，源远流长的文化和历史传统是全体中国人共同的精神家园和心理归宿，尤其是中华优秀传统文化中的核心价值理念，已经嵌入中国人的观念、习俗、思维、情感和行为中，从而成为整个中华民族共同的心理状态，并转化为一种“文化—心理结构”。从这个意义上说，中华优秀传统文化已成为整个中华民族的文化底色，它内在地、深层地决定着中国人的思维模式、行为模式。

对于江海文化和海派文化来说，中华优秀传统文化同样扮演着底色的角色。就江海文化来说，无论是江淮文化，还是吴越文化，都是中华传统文化的重要组成部分，承载着中华文化的核心价值理念。因此，由江淮文化和吴越文化交汇而成的江海文化无疑也是以中华文化为依归，内在地体现着中华传统文化的核心理念和精神特质。就海派文化来说，虽然海派文化历史地承担着汇通中西、西学东渐的独特使命，但这种汇通与传播是以中华传统文化为根基的，西学的流入和传播更多地体现在实用技术层面，海派文化内在的质地仍然体现着传统的色调。因此可以看出，江海文化和海派文化有着共同的传统底色，这一底色可以为两者的汇通、融合奠定现实的基础。

（二）优秀传统文化对两地文化的升华

近代以来，由于中国整体性的沦落，使得中国人普遍性地丧失了文化自觉和文化自信，这一现实导致了中国人文精神的失落和中国人道德情操、精神境界的大幅下滑。当前，两办印发《关于实施中华优秀传统文化传承发展工程的意见》（下文简称《意见》），并力促其在各地落实，就有借助弘扬优秀传统文化的契机呼唤人文精神的回归，提高人们道德操守和精神境界的目的。在这一点上，优秀传统文化对江海文化和海派文化有同等的功效与作用。

中华优秀传统文化是以心性修养为路径内在地提高人的德行素养和精神境界的文化体系，同时它还蕴含着丰富而深刻的哲理思想，对现实的社会发展有着重要的指导意义。首先，在核心思想理念方面，中华民族和中国人民在修齐治平、尊时守位、知常达变、开物成务、建功立业过程中培育和形成了革故鼎新、与时俱进的思想，脚踏实地、实事求是的思想，惠民利民、安民富民的思想，道法自然、天人合一的思想等，这些思想理念对今天人们认识和改造世界仍能提供有益的启迪。其次，在传统美德方面，中华优秀传统文化蕴含着丰富的道德理念和规范，如天下兴亡、匹夫有责的担当意识，精忠报国、振兴中华的爱国情怀，崇德向善、见贤思齐的社会风尚，孝悌忠信、礼义廉耻的荣辱观念等，这些传统美德护佑了中华民族数千年，对今天社会整体文明程度的提高仍有重要的导引作用。最后，中华优秀传统文化还积淀着丰富的人文精神，如求同存异、和而不同的处世方法，文以载道、以文化人的教化思想，形神兼备、情景交融的美学追求，俭约自守、中和泰和的生活理念等。①

从某种程度上来说，上述中华优秀传统文化中的核心思想理念、传统美德、人文精神是一种“跨越时空、超越国度、富有永恒魅力、具有当代

① 《关于实施中华优秀传统文化传承发展工程的意见》，中央办公厅、国务院办公厅印发，2017 年 1 月 25 日。

价值的文化精神”[①]，这样一种文化精神对江海文化和海派文化的发展与提升具有重要的导向作用，这一导向作用突出地表现为对江海文化和海派文化在现代化发展历程中出现的偏差进行矫正，并对各自的短板进行补救，如革故鼎新、与时俱进的理念可以对江海文化中因循守旧、创新不足的短板进行补齐，而勤俭节约、中和泰和的理念又可以对海派文化中奢靡浮华、过于西化的偏差进行合理纠偏，从而使江海文化和海派文化在价值内涵上更上一个层级，为两地高水平的发展融合奠定文化根基。

（三）底色基础上的文化接轨

中华优秀传统文化的弘扬将为江海文化和海派文化奠定共同的底色，通过积极弘扬中华优秀传统文化，推动其核心价值理念，如仁爱和平、礼义廉耻、崇德向善、见贤思齐、诚信勤俭、自强不息、宽和中道、脚踏实地、实事求是等，在现实社会生活中落地生根，这无疑将改善和统一沪通两地的文化生态，使江海文化和海派文化中优秀传统的因素发挥积极作用，使优秀传统文化成为贯穿于日常生活的价值指引。由此，江海文化和海派文化将共同以中华优秀传统文化作为自己的底色根基。在这一基础上，无论是双方的文化交流、文化合作，还是江海文化和海派文化的深层融合、汇通，将更加自然而然、水到渠成，两地的接轨也将因此而更加顺畅。

四、结语

上述南通文化对接上海的三个层次、三条路径是一个紧密联系、层层递进的有机整体。文化交流、文化产业合作是最直接、最现实的接轨，它将直接促进、加深双方对彼此的了解，并为江海文化和海派文化的融合、汇通奠定人文、经济基础；江海文化和海派文化的融合汇通是双方更高一个层次的文化对接，这一层面的对接涉及对两者内涵、特征以及历史渊源

① 习近平在纪念孔子诞辰2565周年国际学术研讨会上的讲话，2014年9月24日。

的考查、辨识、认定，在此基础上进行对比、取舍、融合，因而更为深入；中华优秀传统文化的弘扬是对江海文化和海派文化中所具有的共同因素进行强化，并使其成为两者融合的共同底色，为两者的顺利融通奠定思想基础。

学习上海自贸区政府治理创新经验
在政府治理创新层面更好对接服务上海

中共南通市委党校　刘召

政府治理体系和治理能力在南通对接服务上海的过程中发挥着基础性作用，它为其他层面的对接服务提供了制度保障。上海自贸区在引领全面深化改革和加快创新驱动发展方面发挥了“排头兵”作用，在政府治理创新领域，就政府职能转变的主要内容、改革路径以及操作方法上进行了一系列卓有成效的尝试，积累了若干“可复制、可推广”的经验。南通市政府治理创新实践一直走在全国前列，在行政许可、行政执法以及政务服务等诸多层面进行了若干探索，取得了丰富成果，但就改革纵深程度而言，与上海自贸区相比还有一定差距，借鉴和学习上海自贸区政府治理创新的先进经验，有助于推动南通政府治理转型升级，在政府治理创新层面更好对接服务上海，同时为其他层面对接服务提供保障。

一、上海自贸区政府治理创新的主要做法及基本经验①

作为一项国家战略，上海自贸试验区建设自2013年9月29日成立以来，抓住制度创新这一主线，加快政府职能转变，创新政府治理方式，其主要做法和基本经验有以下几点。

① 本部分参考陈奇星：“上海自贸试验区建设中的政府治理创新：做法、经验与展望”，《中国行政管理》，2016年第10期。

（一）主要做法

1. 探索建立负面清单管理模式

“准入前国民待遇加负面清单管理模式”是自贸区制度创新的基础和核心。上海自贸区成立以来，在投资管理领域积极探索与创新，借鉴国际通行规则，率先在国内实行“负面清单管理模式”，即仅限定企业“不能做什么”，并以“清单”方式列示，投资者将自己所从事的经营内容和“清单”进行对比，清单以外的项目无需再经过商务主管部门审批，可直接到工商部门进行登记并办理营业执照。这项制度创新对传统投资审批制度带来了深远影响，推动政府投资管理职能由注重事前审批向事中跟踪和事后监管转变，开创了政府运行的新模式①。

2. 开展“证照分离”改革试点

2015 年 12 月国务院决定在上海浦东新区率先开展“证照分离”改革试点。重点是通过聚焦办证环节，改革审批方式和加强综合监管，以市场关注度较高、审批频次较密的 116 项行政许可为突破口，通过取消审批、审批改备案、提高审批透明度和可预期性、简化审批实行告知承诺制以及加强市场准入管理等五个方面举措，创新市场准入审批服务制度机制，大大提升了企业办证效率。此外，为了配合行政审批制度改革，为改革创造更大空间，上海自贸区还依照法定程序，提请全国人大常委会授权国务院在试验区内暂停实施一些法律的有关规定②。

3. 推进监管领域改革创新

一是遵循“宽进严管”的原则，对先前“重审批轻监管”治理模式进行彻底变革，探索建立了以政府职能转变为核心的事中事后监管六项基本制度。二是致力“社会共治”模式构建，逐步建立企业年报公示、社会信

---

① 李松涛：“自贸区试点扩容三张清单勾勒政府运行新规则”，《中国青年报》，2014 年 12 月 1 日。

② 孙懿：“外资企业法等四部法律有关规定拟在上海自贸区暂停实施”，《人民日报》（海外版），2013 年 8 月 27 日。

用体系、社会力量参与市场监督等制度，打造政府、企业、社会组织共同参与到市场监管过程中的综合性管理框架。三是在加强专业监管的基础上推进综合执法，整合市场监管执法资源，将城管执法、文化执法、规划国土、建设管理、环保、知识产权等部门依法行使的有关行政处罚权，由自贸试验区管委会集中行使，与行政处罚权有关的行政强制措施权和行政检查权一并随之转移，初步构建了一套综合性、整体性执法监管体系。

4. 优化公共服务和信用信息平台建设

近年来，上海自贸试验区紧紧围绕投资管理体制改革和贸易便利化等重点，致力实现“开放度最高、便利化最优”目标，通过优化公共服务和信用信息平台建设以及推动政府部门数据共享等举措，启动实施国际贸易“单一窗口”服务模式，构建涵盖贸易、运输、加工、仓储等业务的跨部门协同的综合管理服务平台，实现部门之间信息互换、监管互认、执法互助。企业可通过单一窗口一次性提交各管理部门要求的标准化电子信息，同时通过单一窗口接受处理结果的反馈。①

（二）基本经验

1. “试点—推广”的推进策略

政策试点是中国治理实践中特有的一种政策测试和政策创新机制，通过试点积累经验并将其逐步推广，可以最大限度降低改革风险，避免可能带来的全局性震荡，同时有助于形成凝聚效应，增强改革动力。这种“试点—推广”的推进策略是上海自贸试验区政府治理创新的一个基本经验。如2015年1月29日国务院印发的《关于推广中国（上海）自由贸易试验区可复制改革试点经验的通知》，就上海自贸试验区可复制改革试点经验在全国范围内推广工作进行了全面部署。在事项推广方面，事中事后监管领域涵盖信息共享和综合执法制度、企业年度报告公示和经营异常名录制

① 蒋硕亮：“中国（上海）自贸试验区制度创新与政府职能实现方式转变”，《哈尔滨工业大学学报》（社会科学版），2015年第4期。

度、社会信用体系、社会力量参与市场监督制度，以及各部门的专业监管制度等五个方面的 28 个事项将在全国范围内复制推广。2015 年 9 月，中央全面深化改革领导小组第十六次会议审议通过了《关于实行市场准入负面清单制度的意见》，从顶层设计层面对实行市场准入负面清单制度进行了规划，要求从 2015 年至 2017 年，在部分地区逐步推广市场准入负面制度，探索形成全国统一的市场准入负面清单及相应的体制机制，从 2018 年起，正式实行全国统一的市场准入负面清单制度。[①]

2. 机制倒逼的战略思考

上海自贸试验区设立，是党中央、国务院基于国内国际两个大局的全面认识，在新形势下面向世界的主动尝试，“以开放促改革”是其重要战略。如在上海自贸区内先行先试的负面清单管理模式：一方面确保实现了外商投资企业的“国民待遇”，另一方面，开放形成的倒逼机制进一步加快了新一轮改革的进程。“以开放促改革”，对政府治理创新提出了更多要求。“法无禁止皆可为、法无授权不可为、法定职责必须为”，三句警言明确了政府、市场以及社会的活动边界，不仅高悬在上海自贸试验区办事大厅的墙上，更深刻烙印在自贸试验区人的心中。随着负面清单、权力清单和责任清单制度的建立健全，一个更加高效透明的政府呼之欲出。[②]

3. 上下联动的改革路径

能否“上下联动”，即处理好“顶层设计”和“摸着石头过河”的关系，是衡量改革成效高低的一个重要标准。这一改革推进思路，贯穿于上海自贸试验区从酝酿、决策、成立到具体推进的全部过程之中。这里的“上”包括党中央、国务院统合国内国外两个大局，高瞻远瞩所做出的重大战略决策，以及对自贸试验区承担重大改革试点的要求和期待。“下”则是上海举全市之力，稳步推进自贸试验区建设的坚定信心和具体实践。在自贸区成立之初，上海市领导就明确意识到，现有的营商环境和体制机

① 冯蕾：“我国将实行市场准入负面清单制度”，《光明日报》，2015 年 9 月 22 日。
② 姜微、季明：“以更大开放促改革”，《新华每日电讯》，2015 年 9 月 24 日。

制已难以适应上海经济快速发展的新要求，通过建设自贸试验区，营造更加法治化、市场化、国际化的营商环境，进而提升核心竞争力是一种必然选择。自贸区扩展以后，仍然紧紧围绕制度创新这一核心，继续探索深化改革和扩大开放的新路径，努力实现“开放度最高的自贸区”这一宏伟目标。

二、南通政府治理创新的重要实践

近年来，南通市坚持以“提速、增效、降本、惠民”为总目标，以“五张清单、五个平台、五项重点改革、五大监管体系”为总框架，持续推进放管服改革，围绕相对集中行政许可、综合行政执法以及政务服务综合标准化这三大国家级改革试点，在诸多领域开展了政府治理创新的积极探索。

（一）“一枚印章管审批”

2015 年 3 月以来，南通市抓住国家级相对集中行政许可权改革试点的契机，探索“一枚印章管审批”，重点围绕“谁来批”“批什么”“怎么批”“如何管”等问题，在行政审批体制机制、运行流程、方式方法等方面开展了突破性尝试。

1. 明确审批主体

2015 年 8 月 20 日，经国务院同意和省政府批准许可，南通市在市政务中心的基础上整合组建行政审批局，为市政府工作部门，实行“一套班子、两块牌子”。将市场准入和投资建设两大领域涉及发改委等 15 家部门的部分行政许可事项统一划转至行政审批局。行政审批局启用行政审批章，依法履行行政审批职能，实行“一枚印章管审批”。

2. 明确集中事项

南通市抓住主要环节、破解主要问题，摸清政府家底，在省内率先编制完成《市级行政权力清单》《市级行政审批事项目录清单》《市级行政事业性收费清单、经营服务性收费目录清单和政府性基金项目目录清单》《市政府专项资金管理清单》以及《市政府核准的投资项目目录》等“五张清单”，并向社会公布。首先选择与“大众创业、万众创新”关系最密切的市场准入、投资建设两大领域入手，将15家部门的53个行政许可事项先行集中。

3. 再造服务流程

在审批流程优化方面：一是“减”，减少审批主体和审批环节。行使审批职能的部门由15家缩减为1家，涉及处室由26个减少到4个。政策性审批由原来6个环节减为2个环节；业务性审批减为3个环节，累计精简审批节点411个。二是“并”，建立并联审批机制。市场准入领域，实施企业设立“单一窗口”办理制度，实现“一照一码、多证合一、证照联办”，申请人在一个窗口、填写一张表格、提交一套材料，领取一张营业执照。项目建设领域，推行建设项目“集中审批”制度，实现评估立项、方案审查、施工许可、竣工备案四位一体，推进“多评合一”“方案联查”“施工图联合审查”“竣工联合验收”等审批新机制。在服务流程优化方面：坚持公众需求导向，重新梳理集中划转事项的审批要素，对内编制《审批标准汇编》，明确各审批事项的设立依据、办理流程和具体规范，对外编印《行政审批服务100问》，为办事群众释疑解惑。

4. 确保审管衔接

依托行政审批和监管信息交流平台，建立“即时推送、同步跟进、督察督办”三位一体的双向信息推送机制，做到一批就管、审管同步。对涉及国家安全、环境保护、安全生产等重点项目，根据需要组织行业主管部门进行专项审查，共同研究确定审批意见。建立联络员制度，对一些与监管直接相关的事项，根据工作需要，行政审批局可商情有关监管部门派出联络员，参与审核工作。

（二）“一支队伍管执法”

2015年3月，中央编办把南通市确定为国家级综合行政执法体制改革试点地区，市委市政府抓住这一难得机遇，整体规划、稳步推进，在市本级、县（市）、市辖区以及镇（街道、园区）四个层级开展了综合执法体制改革。

1. 市级层面，实行“一个部门一支队伍管执法”

推动执法职能“多归一”、执法机构“多合一”、执法力量“多聚一”、执法机制“多联一”，较好地理顺了上下级关系，扭转了多层执法的局面。

2. 县（市）层面，实行“一个领域一支队伍管执法”

通过推进执法权责统一，组建综合执法队伍以及健全制度机制等，加强基层执法力量，提升执法综合效能。

3. 市辖区层面，实行“一个街道一支队伍管执法”

主要做法是一个主体对外、一个队伍执法、一个平台协同和一个模式运转。

4. 镇（街道、园区）层面，实行“一个区域一个队伍管执法”

主要做法是重塑执法模式，让队伍综合化、运行高效化；组合两大信息平台，让数据多跑腿、执法少扰民；完善制度体系，让执法更规范、群众更满意。

（三）“一套标准管服务”

2014 年 4 月，由南通市政务服务中心和市质监局为承担单位的“国家级政务服务综合标准化试点”项目正式获批立项。2015 年 5 月，国家标准化委员会组织专家组对项目进行评估验收并以 98 分高分通过，取得了“首批项目、首家建成、首个通过、首个肯定”的工作成效，政务服务综合标准化与政务服务体系建设相得益彰。

1. 高企定位，系统化顶层设计

成立市委市政府主要领导为组长的全市政务服务综合标准化联席会议，省、市提供资金予以保障，出台《南通市政务服务综合标准化工作 2013—2015 年发展规划》《南通市政务服务综合标准化试点项目建设工作方案》等一系列文件。

2. 点面结合，层级化开展建设

形成政府统一牵头、部门分工负责、专家指导把关和中心成员全员参与的工作格局。

3. 注重实效，全覆盖推进运行

通过集中培训、氛围营造、日常监督和自我评价等全面推进改革试点，南通市政务中心与各进驻单位、各分中心、各处室分别签订《南通市政务服务中心政务服务综合标准化公约》，进一步明确各单位、部门的工作要求和工作责任。通过标准化建设，建立 2.0 版政务服务标准化体系共有标准 842 项，其中自有标准 765 项，标准转化率为 90.86%。

三、南通政府治理创新存在的困难与问题

南通市政府治理创新的相关举措尤其是行政管理体制改革方面的创新举措，极大地提升了政府治理效率和公民满意度水平，相关实践收到了各级领导的高度认可和社会各界的广泛关注。但另一方面，由于改革还处于探索阶段，南通政府治理创新也存在一些困难和问题，主要表现为以下几个方面。

（一）顶层设计亟待进一步完善

政府治理创新试点改革的优势在于，可以利用政策与制度赋予的“特许权”在一些领域先行先试，缺点是缺少可供借鉴的现成经验，需要在不断“试错”中前进。因此，在试点改革进行过程中，及时总结经验教训并反馈到决策层，进而对改革的顶层设计加以完善就非常必要。如果缺乏清晰、可预期的制度设计方案，改革试点就有可能会走向迷惘甚至混乱。

以南通市相对集中行政许可权改革为例，不少问题还亟须通过完善顶层设计加以规范。比如，上下级关系的理顺问题。由于省一级没有设立行政审批局，因此审批局缺乏对应的上级部门，在很多时候接受的是相关主管部门上级机构的指导，但由于缺少法律法规明确规定，这种指导通常是

间接的且不充分的，有时会带来信息沟通不畅的问题，比如在上级新出台、调整与审批相关的政策文件时，信息传导到相关主管部门以后，往往不再签批流转到行政审批局，以致审批局难以及时准确地了解最新审批政策。再比如，审批事项划转的规范化问题。从当前行政审批局的运行实际来看，相对集中许可事项的划转没有固定标准，各地在划转数量与范围上差别很大，比如南通是 53 个事项、15 个部门，盱眙是 175 个事项、21 个部门，苏州工业园区则是 114 个事项、16 个部门。毫无疑问，行政许可权的集中行使是相对的，事项划转并不是越多越好。相对集中的行政许可权应该是业务便于集中且关联性较强的事项，专业性较强且法律有明确规定许可权行使主体的审批事项，则不宜简单地集中划转①。

（二）整体治理格局未能根本形成

1. 改革试点的整体合力未能有效发挥

南通政府治理创新有一个基本思路，那就是通过具体制度机制创新倒逼行政体制改革，促进政府职能根本转变，进而构建职能科学、结构优化、运转高效、人民满意的现代政府治理模式。在这方面，南通作为三大国家级改革试点城市具有重要先发优势。但实事求是地说，这一优势并没有完全发挥出来。三大改革试点在各自领域均取得丰硕成果，但彼此之间联动性不强，对行政体制改革的撬动力还没有得到有效整合，改革试点的叠加效应还没有得到充分释放。

2. 改革中的跨部门协同有待进一步加强

南通政府治理创新的诸多改革举措是通过政府组织架构的优化重组得以实现的，例如相对集中行政许可权改革和综合执法行政体制改革就涉及政府部门间横向关系的调整，这种调整使得跨部门间协同难度加大。同样以相对集中行政许可权改革为例，尽管在某些领域实现了审批权限的相对

① 姜书彬：“相对集中行政许可权之‘行政审批局’模式探析”，《机构与行政》，2016 年第 6 期。

集中，但相关审批事项还需要得到主管部门的支持配合，同时，在审批服务过程中出现的一些政策和技术难题仅靠审批局一己之力也难以有效完成。近年来，南通市在部门协同上建立了一系列机制，但这些机制更多停留于工作习惯，而没有上升到政府文件等法制化层面，相关机制还没有完全摆脱对部门领导个人权威与协调能力的依赖。此外，出于部门间友好合作考虑，许多机制仅就协同的组织、人员、职责等结构性条件作出规定，而未对协同的绩效、责任等实质性问题加以规范，协同效力受限。

（三）政务服务的效率尚需进一步提升

南通市放管服改革取得重要进展，政务服务水平有了很大提升，但与公众的期待和经济社会发展的要求相比还有一定差距。正如时任江苏省委书记李强所言，虽然改革的“风”刮起来了，但是“风力不强”，一些顽症难题还是“岿然不动”，老百姓和企业获得感还不够多，距离审批事项最少、办事效率最高、创新创业活力最强“三个最”的改革目标还有不短的路要走。[①] 首先，办事程序和环节依然繁多。“一长四多”问题并未从根本上解决。2014 年以来，南通市坚定不移地推进简政放权，累计取消行政审批事项 79 项，非行政许可审批事项 22 项，承接上级下放行政审批事项 199 项。但也应看到，有些取消或下放事项的“含金量”并不是很高，有许多是属于极少办件量甚至是无办件量的事项（承接下放事项中 132 项至今无办件），与市场准入和投资建设相关的审批事项依然大量存在，而且许多事项都设定若干前置条件，这些前置条件本质上又构成了新的审批事项。比如，项目建设审批中的评估认定多达 23 类，施工图审查有 7 个专项，而且相互交叉重复，企业群众对此反映强烈。其次，信息技术对政务服务的推动作用还不明显，“数据多跑路、群众少跑腿”的改革目标还需加快实现。具体表现为：有些部门依然固守传统治理理念，未能主动适应互联网时代的创新规则；基于层级、部门和地区分割形成的“信息壁垒”

---

① 材料来自 2017 年 5 月 15 日时任江苏省委书记李强在“第五期县委书记工作论坛”上的讲话。

还没有全面打通，有些审批服务事项未能纳入“江苏政务服务一张网”全程办理；行政相对人重复提交材料的现象仍有存在，信息整合和共享机制有待建立健全；网上办件的数量占比还不是很高，网上办事的制度和流程设计有待进一步优化等等。

四、南通政府治理创新对接服务上海的未来展望

学习上海的目的在于更好地对接和服务上海。“对接”的重点在于寻求一致性，推动两地资源的互通共享；“服务”的重点则在于找出差异性，以提供个性化的、具有核心竞争力的产品或服务。南通政府治理创新的已有实践，推动了政府职能转变，提升了政府效能，但相关体制机制阻碍也亟待破解。学习上海自贸区政府治理创新先进经验，推动南通政府治理创新转型升级，加快两地政府治理功能有效对接，提升南通政府治理服务上海的水平与能力，需要着眼政府治理现代化的整体目标，进行前瞻性思考。具体对策和建议如下。

（一）树立战略思维，破解政府治理创新的体制机制阻碍

完善的顶层设计、明确的战略思考是上海自贸区政府治理制度创新的根本保证。无论是在国家层面还是上海市层面，决策者对自贸区改革的思路、布局和基本方向有着清楚的认识，这种整体观和大局观是南通政府治理创新值得重点学习借鉴的地方。

一是完善顶层设计。对放管服改革中出现的问题尤其是体制机制方面的问题进行认真梳理，对相关经验教训进行及时总结，形成反馈意见到决策层，为国家层面顶层设计提供决策参考。

二是跟进法制建设。推进法律法规的立、改、废。立，根据简政放权的需要，建立健全配套性的行政法规和地方性法规，确保所辖范围内行政审批权的设定和运行规范有序；改，对已经不适应深化改革要求甚至成为改革阻碍的法律法规进行修订，对相关条款进行合理性清理；废，废除不合理的法律法规，以及违背法律授权权限设定既不合法又不合理审批事项

的规章和红头文件。[1] 为了配合改革推进，也可借鉴上海自贸区经验，依照法定程序，提请暂停执行某些法律规定。

三是构建整体政府。从提供服务的视角来看，只有政府各职能部门间密切配合相互协调，才能提高服务的效率和水平。从接受服务的视角来看，公民希望在“一个窗口”“一个部门”“一个平台”实现服务需求，而不是往返奔波、疲于折腾。因此，推进政府治理创新应当着眼整体治理，理顺政府机构的上、下、左、右、内、外关系，以整体政府面向公众。

四是完善协同机制。推动结构性协同向程序性协同转变，从依赖领导权威进行协同向依托制度权威进行协同转变，从强调构建协同的组织载体向注重实现协同的程序安排和技术手段转变，努力做到协同职责明晰化、协同效果可评估化、协同责任明确化和运作管理精细化。[2]

（二）以优化政务服务环境为抓手，做好政府治理创新层面的对接服务

上海自贸区的改革实践表明，制度创新尤其是政务服务层面的制度创新会释放经济发展的潜在活力。2016 年 11 月，时任江苏省委书记李强在参加江苏第十三次党代会南通代表团审议时指出，南通是江苏发展“潜力股”，要努力把南通建设成为上海的“北大门”。此后，他还进一步强调，在新一轮发展中，南通要围绕建好中心城市、做强先进制造业、加快人才集聚三项重点工作，做好跨江融合、接轨上海的大文章。李强书记对南通经济发展提出的新要求，实际上也是对南通政务服务提出的新要求。高效便捷的政务服务是建设中心城市的应有内容，同时也为做强先进制造业和加快人才集聚创造了良好制度环境。今后，南通应借助相对集中行政许可权改革有利政策条件，进一步深化行政审批制度改革，坚持和完善“一窗

① 石亚军：“简政放权提质增效须加速法律立改废”，《中国行政管理》，2016 年第 10 期。

② 周志忍、蒋敏娟：“中国政府跨部门协同机制探析——一个叙事与诊断框架”，《公共行政评论》，2013 年第 1 期。

受理、一口告知、综合收件、内部流转”以及“证照联动、并联审批、集中会办、审管衔接”的制度机制，加快实现“3550”① 改革目标，全面打造务实高效的政务服务环境，最大限度地发挥政府治理创新对经济发展的推动作用。通过优化政务服务环境，可以为两地政府治理功能对接建立必要“端口”，促进两地政府治理资源的有效流动与合理配置，同时有利于提高南通在政府治理层面服务上海的精准化水平。在此过程中，可以学习上海自贸区政府治理创新的先进做法，如“负面清单管理模式”等，以取长补短、提质增效，缩小两地政府治理的“能力势差”。

（三）推动三大试点改革融合发展，争创国家政府治理创新试验区

上海自贸区“试点—推广”的推进策略和“以点带面、点面结合”的推进路径，不仅使自贸区的创新经验得到及时复制推广，同时也为自贸区试点能级提升，即建成国家级“政府治理现代化创新试验区”创造了有利条件。治理现代化创新试验区的最大优势就是可以“先破后立”，以全国人大常委会颁布“特别法”的形式，在一定区域内形成现有政府治理模式的“制度真空”，然后再基于新的情况和需要，构建相应的政府治理体系。② 南通在这方面有自己独特的优势，相对集中行政许可权、综合行政执法体制和政务服务标准化三大改革相互影响、互为支撑，三者几乎贯穿政府治理的全部流程。其中，相对集中行政许可权改革致力于“前道”即行政审批制度层面的创新，综合行政执法体制聚焦于“后道”即行政执法领域的探索，而标准化试点改革则专注于政府监管服务的流程规范。今后，可围绕发挥标准化改革的导引功能、激发相对集中许可权改革的倒逼机制和吸纳综合行政执法体制改革的反馈作用三个方面，推进南通政府行政管理体制的全面创新，为南通争创国家级“政府治理现代化创新试验区”积累有利因素。

---

① 即“开办企业 3 个工作日内完成、不动产登记 5 个工作日内完成、工业建设项目施工许可 50 个工作日内完成”。

② 陈奇星：“上海自贸试验区建设中的政府治理创新：做法、经验与展望”，《中国行政管理》，2016 年第 10 期。

（四）发挥“互联网+”导引作用，推进“不见面审批”改革

上海自贸区把“互联网+”引入政务服务领域，充分利用大数据等现代信息技术，优化公共服务和信用信息平台建设，推动信息互通和数据共享，不仅促进了审批服务方式方法的重大变革，同时带来了行政理念的根本转变。南通在这方面也应大有作为。当前，江苏全省正在全力推动以“网上办、集中批、联合审、区域评、代办制、不见面”为主要内容的“不见面审批”改革。南通市也在致力依托“江苏政务服务一张网”，打造“不见面审批”改革的南通样本。到2017年10月底前，力争实现80%的审批服务事项“网上办”，做到“不见面审批”是原则，见面审批是例外。当前的主要工作是：全面梳理和分批公布“不见面审批”事项清单［2017年6月底首批已形成并公布“不见面审批（服务）”事项清单2910项］；拓展国家级政务服务综合标准化体系，编制“不见面审批（服务）”工作标准，对“不见面审批（服务）”的要求原则、制度建设、服务程序、监督管理等内容作出具体规定；强化数据资源的整合运用，贯通“不见面审批（服务）”的数据网络。发挥“互联网+”的导引作用，推进“不见面审批（服务）”改革，重中之重是解决数据管理和信息的互联互通问题，为此南通在全省率先建立大数据管理体系，组建了大数据管理机构（2017年8月成立大数据管理局），未来应以政务服务数据的交换整合、开放共享和开发应用为重点，进一步完善相关顶层设计，推动改革向纵深发展。

南通对接服务上海关联机制的历史回顾、现状分析与动态展望

中共南通市委党校 马亮

2016年江苏省第十三次党代会期间，时任江苏省委书记李强参加了南通团的分组讨论。他指出“南通是江苏发展的潜力股”，寄望南通做好“跨江融合、接轨上海”这篇大文章，这也是江苏省委对南通的期望。2017年南通市十五届人大一次会议闭幕会上，南通市委书记陆志鹏重申了省委的要求，明确把对接服务上海作为全局工作中的重中之重，推动上海“北大门”建设取得重大发展。

南通对接服务上海，交通互联是基础，产业对接和载体建设是重点，公共基础设施和社会服务同城化是目标，关联机制是保障，不仅仅是保障，还有导向、协调和约束作用。回顾南通对接服务上海的历史，以规划机制、组织机制、沟通机制、考核机制、人才机制等为重点的机制体系的构建是不可或缺的重要一环。

一、南通对接服务上海关联机制的历史回顾

从2003年南通市委、市政府提出接轨上海、融入苏南的战略思想后直到今天，南通已在接轨、融入的工作实践中初步形成了一系列行之有效的关联机制，它们对提升对接服务的针对性、便捷性和实效性起到了非常重要的作用，归纳如下。

（一）规划机制

对接服务上海是篇大文章，必须做好这个战略的规划工作，用规划来指导接轨，使对接服务的各个步骤、各项建设、各类活动的展开都建立在科学规划的基础上。截至目前，市级层面南通对接服务上海最具权威性和指导意义的文件就是2003年市委、市政府印发的《南通市接轨上海工作纲要》（下文简称《纲要》）。《纲要》分为四个部分：一是接轨上海的战略地位，首提接轨上海是南通的战略抉择；二是接轨上海的目标和原则，指出接轨上海需要长期规划、依次推进；三是接轨上海的主要内容，包括产业发展、生产要素、区位功能和体制机制的接轨；四是接轨上海工作的推进措施，包括强化组织领导、窗口建设、平台构筑以及抓好工作落实，提出要依据《纲要》要求，分门别类制定区域、行业、专项规划。《纲要》结构完整、目标明确、内容充实，其“十五”和“十一五”期间接轨各有侧重的提法，已经具备了规划的时间表内涵，虽无规划之名，但已行规划之实，这也是为何其沿用十多年无重大更新的原因。上海方面，近年来上海周边地区如嘉善、昆山、常熟等，在接受上海产业转移、资源外溢方面渐趋饱和，上海也在积极考虑跨江合作事宜。2016年8月22日《上海市城市总体规划（2010—2040）（草案)》面世，划定江苏苏州、无锡、南通，浙江宁波、嘉兴、舟山6市进入上海大都市圈（“1+6”城市群），以期进一步凸显同城效应，形成90分钟交通出行圈，这对南通对接服务上海步伐的提速是个利好因素，为通沪两地规划的对接提供了契机。另外，县市层面的对接服务规划从无到有，已经逐步成型，比如海门的“55580”、启东“十二五”期间提出的“2468”和“十三五”提出的“1234”、如皋的“四园六块”、海安的“百花园”等，均是各市县对接服务上海的数字版规划，定位清晰、目标明确，朗朗上口。乡镇层面，对接服务的区域性特征很强，地理上越接近上海的区域，对接的积极性也越高。比如，启隆和海永是南通对接服务上海的最前沿地区，早在2004年，崇明就将这两个乡镇划进了其规划中五大功能区的崇北分区，两个乡镇积极策应、主动对接，邀请上海团队担纲设计乡镇二十年发展规划，取得了良好的效果，此举也为跨行政区域的规划共建与合作提供了先行经验。

（二）组织机制

对接服务上海要实现常态化管理，必须设置专职部门，必须委派专人负责。在市级层面，南通驻上海联络处和原来挂靠计委、后属市发改委的南通接轨上海办公室这两个接轨上海的常设机构运转正常，一里一外为南通对口上海的招商引资、合作平台的搭建，以及高级人才的引进起着至关重要的作用。县市层面，对接服务上海的组织建设起步较晚，专职机构设置稍显滞后，兼职机构常年取代专职机构，相关业务的主动性和专业性都有所欠缺。但随着近年来对接服务上海时机的逐步成熟，组织建设也在迎头赶上。启东、海门等对接服务上海的前沿地区相继组建了对接服务上海的办事机构和领导小组。2016 年底，“海门接轨上海四年行动计划新鲜出炉，由市委书记、市长任组长的海门接轨上海领导小组及‘一办五组’启动运行，标志着海门接轨上海步伐的骤然加速”①；2017 年 2 月 3 日上午，启东市对接服务上海工作协调委员会揭牌，并召开了第一次会议。时任启东市委书记徐锋亲自挂帅委员会第一主任。委员会下设六个工作小组，其中两个重点项目小组全员设置专职人员，等等。地理位置的先天优势加上大桥大港的助推，启东、海门接轨上海的各类活动日益频繁，其在组织机构设置上的完整性、专业性取得了长足的进步。

（三）沟通机制

广义上的沟通包括对外沟通和对内沟通。对外沟通，即南通与上海以及上海周边地区的沟通。2016 年 5 月，国务院正式批复了《长江三角洲城市群发展规划》，标志着长三角区域经济一体化进程的加速。十多年来，长三角城市各政府、部门、行业、企业和社会各界举行了一系列双边、多边谈判和全体成员的会议、协商，也签署了一系列合作宣言和协议书，同

① 俞新美、陈明：“海门：打造接轨上海示范区”，《新华日报》，2016 年 12 月 21 日。

盟关系越来越紧密，成员逐步从零散的单向合作走向了大平台的集成合作。其中，与南通对接服务上海息息相关的官方对话平台主要有二：一是长江三角洲城市经济协调会，其前身是长江三角洲 14 个城市协作办（委）主任联席会，会员已从建立初的 14 个扩充到 30 个，会议间歇也从最初确定的两年一次变更为一年一次，目前协调会已经召开 16 届，2005 年南通承办了协调会第 6 次会议。会议常任主席方是上海市，各市市长或分管市长参加会议，各市发改委负责会议所确定的课题或项目的实施。二是长三角地区三省一市主要领导座谈会，前身是苏浙沪两省一市主要领导座谈会。这一会晤机制最初由时任浙江省委书记的习近平同志提议设立，致力于打破行政界限，推动区域经济一体化，打造长三角世界级城市群。首次座谈会 2005 年底在杭州召开。2008 年，“泛长三角”概念进入中央视野，苏浙沪两省一市积极响应，邀请安徽参加，从而奠定了目前的会议格局。除此之外，通沪在市级层面的沟通对话就是通过两市党政代表团的考察互访，以及主要党政领导不定期的拜会和回访活动。

对内沟通是指南通市区、各县市在对接服务上海过程中的相互沟通和协调。从课题组在海门、启东调研的情况看，市区以及各县市在对接服务过程中缺乏有效沟通，也缺乏南通市级层面的统筹协调，往往各自为政，以致对接服务起步有先后、体量有大小、规划有粗细、认识有长短。比如，在对接服务的定位问题上，启东积极响应南通市委书记陆志鹏同志“把启东建成‘北大门’‘门柱子’”的号召，进一步提出做“北大门”的东门柱，而海门虽然在直线距离上离上海老城区更近，但由于崇海通道的缺位，错失了对接服务上海转型发展的先机，对自我定位产生了困惑，其他县市同样存在自我定位困难的问题，对在对接服务上海过程中所要承担的功能没有清晰的规划思路。

（四）考核机制

广义的考核包括对内考核和对外考核。对内考核，即对对接服务上海任务分解责任落实情况的考核。自 2003 年南通市接轨办成立以来，南通每年均下达接轨上海重点工作目标任务，并制定了责任分解表。尤其近几年，目标任务趋于细化，量化考核指标多达30余项，从基础设施、第一产业、第二产业、服务业、社会事业等方面明确了重点目标和主体责任，各职能部门和县市区均纳入了考核范围，形成了常态化对接服务上海考核工作机制，促进了南通接轨上海工作的深入、融合。除了市级层面的考核，部分县市，如海门也制定了对接服务上海的年度任务分解表，在接受上级部门考核的同时，还进行了自我考核；另外，一些行业领域，如医疗卫生领域在对接服务上海同行方面，也有类似的考核方式。

对外考核，即对引进来自上海企业、项目的考核，主要是产业门类层次筛选与项目环境影响评测。调研中我们发现，启东、海门等县市在合作园区招商过程中，都走过一条从招商引资到招商选资、从求之不得到求我所需的提升之路。近几年签约落户的企业和项目逐步从传统产业过渡到了新兴产业，比如新材料、新能源、生物医药、智能装备等。相关负责人表示，今后，化工类污染企业、中低端制造业、低税负企业以及与产业政策导向相违背的企业等原则上都不再进园区，对于早期入驻的问题企业，园区管委会表示不会一棍子打死，而要加强监管、督促创新。

（五）人才机制

南通要实现全面对接服务上海，要构建成上海的“北大门”，就需要有充足的人才作保证。历史上，张謇先生就曾为通沪两地人才的培养和交流作出过杰出贡献。他从上海引进了国内外大量人才到南通办实业、兴教育，为南通建立起完整的教育体系，同时他还在上海创办和参与创办书院、公学，以及各类专科学校。改革开放后，南通不断密切与上海的联系：上海“星期六工程师”的到来，促进了南通乡镇企业大发展；数千名上海籍专业技术人员来南通落户，助推了南通电子、纺织和教育大发展。进入21世纪，南通对人才的重视有增无减。2009年，市委市政府发布《关于大力实施人才强市战略的意见》，进一步推进人才培养和招引；2011年市第十一次党代会再提“突出人才优先，倾力打造人才特区”，出台了包括“江海英才”在内的一系列具有地区竞争力的人才政策。近年来，南通积极策应国家人才战略，一方面自主培养申报“千人计划”专家，一方面科学制定引进“千人专家”人才年度计划，成果显著。为了突出对接服务上海主题，也为了贯彻“人才强市”战略，2015 年 10 月，南通市人才工作接轨上海培训班在上海财经大学举行。以这次培训为起点，南通进一步推动了人才工作全面、深入、务实地对接服务上海。2017 年 1 月 13 日，南通市人才工作全面接轨上海“月月有、家家到”系列活动的首场活动在上海交大举行，举办此次活动是南通市贯彻落实省委对南通提出的“接轨大上海、建设北大门”部署要求，聚焦上海丰富的科技人才资源，积极推进青年和人才友好型城市建设的重要举措。

二、南通对接服务上海关联机制的现状分析

对接服务上海关联机制从建立到健全需要一个过程。随着对接服务上海实践的铺开和深入，现行机制暴露出了某些方面的不足，比如规划机制方面的不规范问题、组织机制方面的不适配问题、沟通机制方面的不对等问题、考核机制方面的不到位问题、人才机制方面的不灵活问题，等等。笔者试图通过对这些问题和不足的分析，结合南通对接服务上海的实际需求，提出一些对策和建议：

（一）规划机制方面

存在问题：（1）**《纲要》不是正规意义上的接轨规划**。尽管《纲要》有规划的影子，但却不能体现规划的时效性。实践中，接轨上海已经有了新变量、新条件、新时机，这是《纲要》不可能预期和涉及的。（2）**《纲要》中提及的对接过于偏重目标描述**。比如在政策对接部分，主要是讲学习上海怎么做，通过学习借鉴，缩小政策落差，逐步实现同城效应。这属于目标描述，规划需要有更加具体可操作的政策措施，取之能用、用之有效。（3）**《纲要》体现的依附性比较强**。《纲要》中的“甘当”“自动”等字眼体现了较强的依附性。接轨不能一厢情愿，要相互尊重、相互认可，

要有互动，单边发力只能事倍功半。综上所述，《纲要》具备一定的指导意义，但是框架比较粗，时代色彩比较浓，对接轨内涵的阐释某种意义上带有一定的片面性。

对策建议：（1）规划必须体现准确性。对《纲要》要一分为二地看，《纲要》对接轨战略地位和目标准绳的定位具有一定的科学性，部分内容可适当保留；但对接服务的主要内容、推进措施要根据新形势重新审视和部署，除了学习上海、服务上海，还要体现借力上海、依托上海，研究上海的资源、要素、政策框架、体制机制如何能为南通所用；另外，《纲要》之名要变更为含有年限和规划字眼的正式名称。**（2）规划必须体现关联性。**既要研究沪通两地各自的中长期发展规划，尤其要研究《上海市城市总体规划（2016—2040）（草案）》，熟悉上海“十三五”产业规划、用地规划［主要是上海建设用地减量化三年行动计划（2015—2017）］，首先在规划层面找到对接服务上海的契合点；同时，要研究上位规划，即2016年5月颁布的《长江三角洲城市群发展规划》，更好地定位南通在长三角城市群中的功能担当和责任担当；更好地把握南通与其他城市对接服务上海之间的差异性。**（3）规划必须体现前瞻性。**对接轨过程中可能遇到的问题要有预判。比如对接服务中“虹吸效应”可能带来的南通本土人才流失问题应该如何应对；怎样避免上海已经出现、南通今后可能出现的“大城市病”；“省管县”体制下市县如何进一步统筹对接服务上海的资源，统一对接服务上海的步伐；等等，这些问题足以影响南通对接服务上海的最终成效，规划必须有所考虑。

（二）组织机制方面

存在问题：**（1）以往的对口机构行政层级比较低，无法实现高规格对接服务上海的要求。**南通接轨上海办公室曾长期隶属于南通市发改委。因为行政层级比较低，所以对话平台受限，受关注程度不够。一方面，无法向上海展示全面深入接轨的诚意和决心；另一方面，统筹协调各方资源的能力也因话语权而受到限制，接轨任务落实有困难。**（2）以往的对口机构**

摊小人少，无法适应全面接轨后的繁重任务。全面接轨后，必须综合考虑接轨的速度和质量。要确保一定的速度，首先要在组织机构上设置合理的人、事比例，依照目前格局必然是人少事多，捉襟见肘。（3）**以往的对口机构工作制度还不健全，无法应对对接服务形成常态化后的工作局面。**如果没有健全的工作制度，不能形成常态化的管理，一定会影响南通对接服务上海的速度和质量。

对策建议：（1）**建立更高层级的对口专职机构。**2016年底市委就已开始筹建对接服务上海工作协调委员会，2017年上半年，委员会正式挂牌成立，目前委员会和其下属机构运转良好，积极推动了对接服务上海工作局面的展开。（2）**参照一办多组的机构设置。**在市对接服务上海工作协调委员会成立之前，已经有部分县市，如启东、海门在对接服务上海机构设置上采用了一办多组的全新方式，目的是突出对接服务的重点、强调分工协作、细化责任落实，市级相关机构在成立初期应可参照适用。（3）**借鉴上海周边其他城市的先行经验，健全机构工作制度。**作为服务机构和部门，工作制度中除了要有议事规则、职能分工、责任追究等基本制度，还应有体现服务意识、问题意识的首问负责、协商仲裁等补充制度。学习借鉴其他城市的成功经验，健全相关的机构工作制度，不使对接服务工作流于形式、劳而无功。

（三）沟通机制方面

存在问题：（1）**组织成员的博弈具有复杂性，是南通对接服务上海的不确定因素。**就南通对接服务上海而言，长三角城市扩容并非利好。因为僧多粥少，上海转移出来的产业、外溢的资源是有限的，这些资源带来的效益也是边际递减的。当前过江通道有了大发展，在拉近南通与上海距离的同时，也拉近了苏中苏北、安徽与上海和苏南的距离，南通仅仅是过江的第一站而已。长三角城市是既竞争又合作的博弈关系，博弈带来的内耗是巨大的。（2）**南通和上海间缺少双边沟通机制，伙伴关系不够亲密。**南通与上海地域相近、人文相亲，民间交往向来频繁，但由于长江大堑之隔，南通对接服务上海的步伐明显慢于江南各市。交通上的不便间接疏远了南通与上海的关系，两地政府间的合作热情也因此受到了影响，以致长期都没有建立起双边日常沟通和协商的平台，这对通沪在产学研、科技、人文、社会事业等各领域合作效率的提升是不利的。**（3）南通市区和各市县在对接服务上海问题上缺少协同意识和合作精神。**《纲要》在“强化组织领导”章节指出，“各地、各部门根据市委市政府的要求，结合各自实际确定接轨上海工作的运作方式”。[①] 如果说初期是各地发掘自身优势、积累接轨经验的阶段，放权是为了调动各地对接服务的自主性和积极性，随着对接服务的逐步深入，权力继续放而不收就会削弱各地对接服务的协同意识和合作精神，也是市级相关部门缺乏责任担当意识和统筹协调能力的表现。

对策建议：（1）研究把握苏中、苏北其他城市对接服务上海的高度和宽度，力求阶梯性差异化对接。南通要做上海的“北大门”，就要把门里门外都看个透，好好研究门里在往门外看什么，门外在往门里看什么，对苏中、苏北的对接服务诉求、上海的谈判筹码要心中有数。最重要的是守好这个门，把上海寻求跨江合作的优质项目守住、留下。南通是上海北跨长江的第一站，我们要把第一站做成转乘站，必须让上海的投资者、游客在南通靠站，停一停再决定走不走，往哪里走。**（2）寻求建立南通和上海间经常性的双边沟通机制，“私聊”接轨。**2016 年省党代会结束后没两天，陆志鹏书记和韩立明市长就率团赶到上海拜会了上海市委书记韩正和市长杨雄。此行的目的就是“希望与上海建立起经常性的沟通联系机制，推动交通基础设施、创新资源和产业等方面的加快对接”[②]。其中，陆书记提到的“沟通联系机制”就是双边机制。市委市政府的思路是清晰的，经常性双边沟通机制的建立是加快对接服务的前提和保障，沟通便捷、有效且及时，两地合作才能水到渠成、源源不断。**（3）加强大南通对接服务上海的**

---

① 中共南通市委、南通市人民政府：《中共南通市委、南通市人民政府关于印发南通市接轨上海工作纲要的通知》，2003 年 6 月 23 日。

② 王继亮：《南通：定位上海北大门让“潜力股”精准发力》，人民网，2016 年 12 月 14 日。

“顶层设计”，定期召开县市区对接服务上海联席会议。“顶层设计”就是通过整合统筹各县市区对接服务上海的优势资源，以南通大市区域为单位大口径对接服务上海，彰显各县市区对接服务的合力。定期召开联席会议，各县市区在联席会议上要汇报当前阶段各自对接服务的重点和进度，以及下阶段的工作任务，相互协调、相互借力，实现错位对接、协同发展。

（四）考核机制方面

存在问题：（1）**目前的考核机制形式重于内容，本末倒置。**考核任务年年下达、考核表格年年制定，但考核对象大多自行上报任务完成情况，加上主管部门核查力度不够，统计数据很容易掺杂水分，调研中的座谈证实了笔者的想法。（2）**责任主体缺位，责任追究不到位。**以往，对接服务上海工作并非市委市政府中心工作，干得好叫锦上添花，干得不好叫有心无力。责任主体相互推诿，推诿的本质就是缺位，以致责任追究无法落实。（3）**对承接项目的所谓考核存在因势利导的倾向。**调研中发现，财政税收的多寡仍然是项目引进的主要参考。某些企业和项目承载的产业层次和素质不高，因为可以给本地带来可观的税收，仍然会考虑引进，其中也包括了“三高一低”行业，比如木材加工、钢铁制造，等等。

对策建议：（1）日常考核要有情况追踪，对定期上报的任务完成情况要复查核实。考核主体和考核对象要互相负责，考核过程要有始有终。重事实、轻数据，特别是对上报中提及的落户企业和项目，考核主体要实地调研，约谈负责人，对企业和项目的近期现状要心中有数。（2）**把责任追究机制和激励机制、容错机制结合起来，鼓励多干、鼓励创新。**责任追究不是目的，目的是督促责任主体履行职责。以适当的形式奖优罚劣，把责任和效益挂钩，提高大家把工作干好的积极性；同时建立对接服务上海工作负面清单制度，守住底线和红线的同时，鼓励探索和试错，以容错促创新，以容错激感恩。（3）**从严制定新的环评方案，逐步实现“腾笼换鸟”。**对整体迁移的企业集群，可以参照前期上海方面的环评报告，简化本地的环评程序；对已经入驻的问题企业，合同到期后如想续约，要重新环评，以此为契机“腾笼换鸟”，推进沪通以及苏中、苏北等地区新一轮的产业转移和产业升级。

（五）人才机制方面

存在问题：（1）**南通针对对接服务上海的人才工作处于起步阶段，相关的政策研究还不到位。**南通有重视人才的氛围，近年来人才工作的力度不断增强，但对接服务上海的人才工作起步较晚，人才招引仍以招聘会为主，形式比较单一，人才政策的力度和针对性有所欠缺。（2）**南通历史上人才“虹吸效应”显著，对接服务上海为“虹吸”增设了专用管道。**南通基础教育好，考取大学回通工作的不及1/3，考上985、211重点大学的毕业生回通工作的比例更低，属于人才流出城市。对接服务上海战略意在吸引人才来通工作、为通服务，但客观上却增设了“虹吸”的专用管道，增强了“虹吸”的方向性。（3）**南通高级蓝领缺口大，会拖累上海中高端制造业向南通转移的步伐。**南通高新技术人才缺乏，难以满足高新技术产业发展的需求。这与南通基础教育强、职教资源丰富的优势反差明显。因为人才培养有一定的周期，人才的现状决定了一段时期内南通对接服务上海的产业层次不会太高。

对策建议：（1）**对接服务上海的人才招引要走向常规化，定期开设专场活动。**今年年初，南通市人才工作全面接轨上海“月月有、家家到”系列活动的首场活动在上海交大举行，这是对接服务上海人才工作走向常规的良好开端；与此同时，要定期赴沪召开人才政策说明会，吸引更多的上海高端人才关注南通。（2）**重视“虹吸效应”，逐步完善人才柔性流动机制。**“打破传统的户籍、档案、身份等干部人事制度中的束缚，在不改变人才与其原单位隶属关系的前提下，经过协商，双向选择，来去自由”①，以最大限度地利用人才价值，实现“智力流动”。南通基础教育阶段的师

① 李伟：“国有企业的人才柔性流动机制”，《决策探索》，2006年7月10日。

资共用就是人才柔性流动机制的先行者，跨行政区域的人才共用可以参照借鉴。（3）**重视人才分类，人才政策要体现针对性。**南通对接服务上海，三类人才需要重视。一是上海高端人才，用同城待遇，甚至是超同城待遇吸引此类人才来通工作落户；二是高级蓝领，转变职教观念，把招生和就业相挂钩，把专业设置和接轨上海相挂钩，用五到十年时间将现有职教资源“腾笼换鸟”，提升南通职业教育层次，培养大批产业转型升级所需人才；三是青年人才，目前校企合作性质的合作园区，通常是院士带团队的模式，团队中不乏刚刚毕业的青年人才。创业初期，青年人待遇要求不高，政策敏感度低，但想要留住人才，对应的人才政策必须立足长远、通盘考虑。

三、南通对接服务上海关联机制的动态展望

进入2017年下半年，南通融入上海大都市圈发展的趋势更加清晰，南通对接服务上海的历史机遇更加成熟，步伐更加坚定。在关联机制建设上，尤其在规划机制、组织机制和沟通机制方面，地方政府强势出击，上演了一幕幕“补短板、强弱项”的精彩大戏。南通对接服务上海、融入上海大都市圈发展的前景一片光明。

（一）规划机制方面

规划机制是否缺失，在很大程度上取决于地方政府的重视程度和战略眼光。在这方面，同为上海大都市圈城市的嘉兴或许可以成为一个标杆。嘉兴1998年首提接轨上海，2008年就提出“与沪杭同城战略”，从接轨到同城，嘉兴仅用了10年时间。时任江苏省委书记李强在主政浙江期间就提出，嘉兴要建设接轨上海示范区，2017年3月29日，浙江省政府办公厅发文，正式批复同意嘉兴市设立浙江省全面接轨上海示范区。相比而言，南通2003年提出“接轨上海”的首选战略，但之后长时间停留于外宣阶段，真正高质高效接轨上海还要从2008年苏通大桥通车算起。大桥是连接南通和上海的“主动脉”，为南通接轨上海注入了一支强心剂。随着苏通

大桥、崇启大桥的相继通车，南通跨江接轨上海、融入苏南的步伐持续加快，跨江合作日益成为常态。2016 年江苏省第十三次党代会期间，李强同志指出“南通是江苏发展的潜力股”，寄望南通做好“跨江融合、接轨上海”这篇大文章，努力把南通建设成为上海的“北大门”。[①]“北大门”是初步同城化的另一种表述，喻指南通与上海也正在从接轨走向同城。2017 年 5 月 16 日，江苏省政府正式批复了《南通建设上海大都市北翼门户城市总体方案》（以下简称《方案》）。《方案》出台的意义至少包含三点：其一，它是新时期南通对接服务上海的总体规划，是对《南通市接轨上海工作纲要》的补充、完善，今后南通对接服务上海的相关工作就有了新的参照和依据。其二，南通对接服务上海的战略高度更胜以往。既然是省政府的明文批复，一方面可以认为对接服务上海已上升为江苏省的省级战略；同时，“门户”的内涵和含金量可与示范区一较高下，表明南通与嘉兴在接轨上海方面的差距在进一步缩小。其三，成功引入了“扬子江城市群”和“沿海经济带建设”等新概念，强强抱团为南通强势融入上海增添了砝码。

（二）组织机制方面

2017 年上半年，市级层面正式成立南通市对接服务上海工作协调委员会，由市委书记陆志鹏担任第一主任，市长韩立明担任主任；委员会下设秘书处，由沈雷同志兼任秘书长。同时成立南通市对接服务上海工作办公室，设在市发改委，由尹建勇同志兼任办公室主任。如此一来，其一，表明对接服务上海工作由市委市政府齐抓共管，党委、政府“两头热”的结果就是相关工作能得到更多的重视和支持，以往有心无胆、有气无力的现象不会再出现，好的项目能尽快落地生根、好的人才能尽快为我所用。其二，新设置的专职机构行政层级得到了提升。以往作为政府强势部门的发改委，虽然具备经济专业素质和资源统筹协调的能力，但因话语权的缺失，在接轨上海合作事宜谈判方面居于劣势。今后，对接服务上海的相关

① 陈明：“南通：服务大上海建设‘北大门’”，《新华日报》，2017 年 4 月 24 日。

决策和部署将统一划归到对接服务上海工作协调委员会名下，这将有助于发改委等机构专业职能的进一步发挥。其三，市级专职机构的设置既参照了先行各县机构的设置，也为尚未成立专职机构的县市提供了参照。上下一致可以使得归口工作和上传下达更加高效、便捷。综上所述，南通市对接服务上海工作协调委员会和南通市对接服务上海工作办公室的成立，使得相关机构的职能更加健全、地位更加重要，对接服务上海工作将走向常规化和长效化。

（三）沟通机制方面

2017 年 4 月 27 日至 28 日，为期两天的南通对接服务上海大会在上海世博中心顺利举行，2600 多名中外嘉宾出席大会。江苏省委常委、江苏省常务副省长黄莉新和上海市副市长时光会分别致辞。“大会期间，分别举办了对接服务上海专家咨询会、对接服务上海创新恳谈会、旅游推介会、农产品展销会‘1 +4 +2’系列活动，沪通两市现场签约对接服务项目 32 个，总投资额达 520 多亿元”①。笔者认为，大会是一个好的形式和开始，当前通沪两地最缺的就是经常性的双边沟通机制，如果能以此次大会为模板，在当期商定下次会议的会期和会址，让其成为沟通机制的长期载体，必定会为南通对接服务上海注入一针强心剂。从大会参与人数和现场签约额看，通沪双方都讲求提高合作的效率，都期望用一个平台来解决时空的隔阂。值得一提的是，这个“平台”实则不平，南通在通沪合作包括融入上海大都市圈发展过程中，要明晰自身的价值定位，处理好和上海之间的地位关系。其一，分清“接轨上海”和“对接服务上海”关系。时任江苏省委书记李强近半年时间三次到南通调研均提“接轨上海”，而南通官媒在李书记考察期间已开始使用“对接服务上海”的提法，现已统一使用该提法。原因在于李强书记是站在省级层面讲的，比较顾及南通人的感情，但南通在直面上海，特别是在寻求与上海方面的合作时，使用“对接服务

① 陈明、付奇：《南通对接服务上海大会在沪举行》，《新华日报》，2017 年 4 月 28 日。

上海”是一种态度的呈现，这次大会使用“对接服务上海”这个名称就很恰当。其二，上海在国内国际上的知名度和地位决定了它是大都市圈唯一的“核”，上海的城市价值要大于都市圈其他城市，“1”与“6”的关系是核与非核的关系。通沪两地的互动从主观上讲，南通应该更主动，相融的意愿应该更强烈，不妨成为两地多领域合作交流的发起者。像大会的邀请、布展，会程的安排等工作，南通要当仁不让，冲在前面，不能因顾及所谓的面子而丧失合作共赢的机遇。

推进南通更好更快建设上海“北大门”

习近平总书记7月26日在省部级主要领导干部专题研讨班上的重要讲话，是坚持和发展中国特色社会主义的政治宣言和行动纲领，为党的十九大胜利召开奠定了重要的政治、思想和理论基础，也为南通更好更快建设上海“北大门”、建设“强富美高”新南通提供了科学指南，注入了动力与活力。

一、提高战略定力和战略思维

党的十八大以来，以习近平总书记为核心的党中央，为什么能解决了许多长期想解决而没有解决的难题，办成了许多过去想办而没有办成的大事，开辟了治国理政新境界，开创了中国特色社会主义事业新局面？习近平总书记在“7·26”讲话中指出，这是因为“科学把握当今世界和当代中国的发展大势，顺应实践要求和人民愿望，推出一系列重大战略举措，出台一系列重大方针政策，推进一系列重大工作”。因此，科学制定和实施国家发展战略事关党和国家事业的根本。习近平总书记要求“全党提高战略思维能力”“增强战略定力”“以更宽广的视野更长远的眼光来思考和把握国家未来发展面临的一系列重大战略问题”。

南通接轨上海、服务上海，建设上海“北大门”，这不仅是两城关系或南通自身发展的课题，而是贯彻实施国家发展战略的重大任务。上海是我国最大的经济中心，将上海建设成为现代服务业和先进制造业、国际金融中心和国际航运中心，增强中国对全球资源配置的服务能力与控制力，增加我国在全球事务中的话语权，这是在新的国际经济政治发展格局下我国的重大战略。南通最大的优势是“靠江靠海靠上海”，接轨上海、融入上海，参与上海建成国际大都市这一国家战略，是时代赋予南通的责任与任务，对南通发展也具有极为重要意义。2016 年 11 月 19 日，时任江苏省委书记李强同志在省第十三次党代会在南通代表团审议党代会报告时指出，南通一定要做好跨江融合、接轨上海的大文章，努力把南通建设成为上海的“北大门”，在高水平全面建成小康社会的实践中，实现更高质量和效益的发展，成为苏中地区和苏北地区发展的领头雁，为全省发展大局多作贡献。这是新形势下省委贯彻中央重大发展战略对南通发展目标的科学定位与重大决策，我们要按照习近平总书记“提高战略思维能力”要求，从国家战略的高度来认识此问题，把建设上海“北大门”作为南通的中心战略来实施。

根据习近平总书记“增强战略定力”的要求，南通采取一系列措施确保建设上海“北大门”战略落地生根，有序推进：一是统筹多重战略叠加优势。南通处于“一带一路”“长江经济带”“长三角城市群”和江苏沿海开发等国家战略和省战略的叠加区，将建设上海“北大门”作为多重战略叠加点，统筹规划政策资源，列为中长期发展战略，狠抓落实。二是建立机构与机制。市和各县（市）、区都建立了对接上海工作协调委员会（办公室），党政主要领导任机构负责人，各相关部门有专人负责此项工作。组合市场机制与行政推动功能，建设了强有力的工作体制，全力推进战略实施。三是建立对接平台与考核体制。加强对接工作的精准性，建立多种平台与载体承接上海产业转移。深化改革，建设与上海政策、体制、机制相衔接的制度。强化对接工作的考核督查，建立了“季度考评、半年点评、全年表彰”的常态化推进机制。

二、科学设定目标与路径

习近平总书记在“7・26”讲话中指出：谋划和推进党和国家各项工作，必须深入分析和准确判断当前世情国情党情，为制定方针、描绘蓝图提供依据。并提出实现奋斗目标要有正确的战略、政策、途径、方法与精神状态。南通在“十二五”期间，国内生产总值连跨三个千亿元台阶，2016年达6700多亿元，在全国100个大中城市GDP排名中列21位。在新的发展阶段，“人民群众期盼有更好的教育、更稳定的工作、更满意的收入、更可靠的社会保障、更高水平的医疗卫生服务、更舒适的居住条件、更优美的环境、更丰富的精神文化生活”。以什么样的发展战略、什么路径、什么方法、什么样的精神状态去满足人民群众新期盼，关乎南通新发展的根本。

遵循习近平总书记系列重要讲话的要求，贯彻时任江苏省委书记李强的指示，南通市委认真分析和把握南通发展的阶段性特征，科学设定了建设“生态屏障、开放通道、产业腹地、文化名城”的目标与路径，为南通新发展“怎么干”和“怎样才能干好”设计了正确的路线图。

建设上海的生态屏障：一是共建长江口生态保护战略协同区。制定《启隆海永两镇策应崇明世界级生态岛建设发展规划》，在启隆、海永和长江北岸区域规划建设150平方公里的生态旅游区。二是深入开展“三城同创”。建设国家生态园林城市、国家森林城市，打造宜居宜业富有魅力的花园城市。三是共同呵护长江母亲河。落实江苏省“263”环保行动计划，突出抓好水环境整治，到2020年基本完成沿江重点规划区内化工企业关停并转迁任务，确保一江清水向东流。

建设上海北翼的开放通道：策应上海国际航运中心建设和江苏港口一体化改革，把向南“通”、通上海作为战略取向，建设公路网、铁路网、通信网“三网”，江海组合港、航空港、信息港“三港”组合的上海北翼的国内国际开放大通道。沪通公铁长江大桥2019年建成通车，2020年南通与上海开通动车，开工建设城市地铁，2022年上海轨道交通延伸至南通；打造上海—南通信息高速公路，实现互联网出入口与上海直达互联，2020年，南通城域网出口带宽6000G。

建设上海的产业腹地：南通拥有166公里沿江岸线和206公里沿海岸线，陆域和海域面积各1万平方公里，是上海北拓发展的重要战略空间。

围绕承接上海产业转移、加强与上海产业配套协作，南通着力构建“三城三基地”城市空间形态和产业空间布局。“三城”：一是建设创新创业生态城，重点建设中央创新区，使之成为承接上海科创中心辐射的核心区。二是建设通州湾临港产业城，推动通州湾示范区与上海园区、企业合作，共建沪苏产业合作区。三是建设启东生命健康科技城，大力发展基因检测、生物医药、医疗器械、健康养生等产业，建设生命科技创新基地、健康产业集聚中心、滨江休闲宜居新城。“三基地”：一是建设现代先进产业协同发展基地。加强与上海重点产业对接配套，构建高端纺织、船舶海工、电子信息、智能装备、新材料、新能源及新能源汽车等“3+3+N”的先进制造业体系，发展面向上海的现代物流、金融、信息、软件和服务外包等现代服务业。二是建设文化旅游休闲度假基地。建设集文化体验、观光休闲、运动养生于一体的江海旅游带。三是遵循绿色、健康、安全的理念，建设上海优质农产品生产供给保障基地。

建设与海派文化交融的文化名城：一是塑造新时期城市精神。南通的“包容会通、敢为人先”的城市精神，与上海“海纳百川、追求卓越、开明睿智、大气谦和”的城市精神高度契合，南通将不断丰富拓展城市精神内涵，突出创新创业时代元素。二是做强特色文化产业。做大做强旅游、影视、数字传媒、文化创意等产业，打造具有标志性、影响力的城市文化品牌，推动文、商、旅互动发展。三是搭建文化交流平台。推动南通民间艺术、舞台表演、非遗文化等元素融入大上海，依托南通江海国际博览会、世界通商大会、江海国际旅游节等重要节庆展览，吸引上海优秀文化产品、服务、人才和机构参与南通文化名城建设，进一步提升南通文化的影响力。

南通建设上海“北大门”战略的目标与路径，向全市人民描绘了建成“交通体系功能化、产业发展协同化、区域市场一体化、公共服务同城化”的上海“北大门”的美好蓝图，得到全市人民群众的热烈拥护与支持。

三、坚持问题导向推动重点工作

习近平总书记在“7·26”讲话中，要求“各级领导干部，分析国际国内形势，既要看到成绩和机遇，更要看到短板和不足、困难和挑战，看到形势发展变化给我们带来的风险，从最坏处着眼，做最充分的准备，朝好的方向努力，争取最好的结果。”他还对全面建成小康社会工作提出“抓重点、补短板、强弱项”的要求。习近平总书记的重要指示，对于南通建设上海“北大门”工作具有极强的指导性。

时任江苏省委书记李强指出，南通在建设上海“北大门”中，“要重点做好制造业、城市和人才这三项重点工作”，指明了南通新发展中的短板和弱项所在。我们要坚持问题导向，做好这三项重点工作，更好更快地推进建设上海“北大门”进程。

一是做优做强制造业。南通制造业历史久，但产业层次总体还不高，缺乏一些在全国、全球有影响力和竞争力的龙头企业，多数产品处在产业链中低端。建设上海“北大门”为南通制造业转型升级带来历史性机遇与动刀。在产业选择上，要大力发展“互联网+”经济，以“工业4.0”引导“南通制造”向“南通创造”“南通智造”转型；在大力发展船舶修造、海洋工程、机械电子、化工、轻工食品、医药、电力能源和新材料、新能源等新兴产业的同时，加快发展现代服务业和文化创意产业。要有效对接好上海高端资源的外溢，适应智能化、绿色化、服务化的发展趋势，抓好产业科技创新、品牌建设等工作，把好环保关，实现先进制造业发展更大突破。

二是着力建好中心城市。南通要建成上海“北大门”，其吸引力和辐射力就不仅限于本行政区内，而应成为苏中、苏北乃至更广区域的中心城市，成为该区域内的产业中心、金融中心、科技中心、现代服务业中心、物流中心、人才聚集中心和国内外知名企业聚集地及交通枢纽。但是由于南通中心城市建成区规模偏小，使得城市吸纳各种生产要素的容量小，向外辐射力不足，带动周围地区发展的能力弱。南通要按照省委的要求，构筑大城市框架，加快建设创新之都步伐，重点做好添人气、添内容、添功能的工作，大大提升南通聚集资源和生产要素的能力。

三是要高度重视人才集聚。南通基础教育好，但大学生到通就业占比低，这种现象持续多年，致使南通成为人口净流出城市。2000 年以来，高考录取累计 60 余万人，来通就业仅为 40 %，985、211 院校学生到通就业不足 1 % 。而流入人口中，大专及以上学历者仅占 14. 5. 0%，初中及以下者占 60. 7%。建设上海“北大门”，人才是第一要素。南通要大力实施人才培养集聚工程，优政策、拓空间、创平台，吸引高层次人才来通发展。并且要高度重视解决人口老龄化问题，积极实施一对夫妇生育两个孩子政策，采取各种措施，引入年轻经济活力人口，改善人口年龄结构，加快发展养老事业和产业。

《南通建设上海大都市北翼门户城市总体方案》2017 年 5 月 16 日获省政府批复以来，南通在沪组织各类招商推介会 300 场次，签约项目 500 个，协议投资额超 2000 亿元，经济社会发展注入了新的活力与动力，南通建设上海“北大门”展现了广阔美好的发展前景。

后 记

南通与上海地缘相邻、人缘相亲、情缘相投，这既是历史渊源的造就，也是现代实际的写照，从而为南通获上海发展先机、得上海辐射带动，创造了诸多的机遇。

对接服务上海，把南通建设成为上海的“北大门”，这既是省委省政府对南通高瞻远瞩的希望与要求，更是南通市委市政府锐意进取、敢为人先，带领全市人民自觉自为不断创新的实践。

2017 年，注定是不平凡的一年。作为党校人，又站在新的起点砥砺奋进，开始了再创新辉煌的征程。

春播。春寒料峭时，循着教学出题目、科研做文章的规律，为了将对接服务上海的重大意义、推进现状、对策建议等相关内容进入主体班课堂上、深入干部学员的思想深处，春节刚过，南通市委党校的老师们，就分赴南通市县区进行对接服务上海的专题调研。几轮集中调研后，老师们又根据各自的研究方向，深入机关事业单位、开发园区、企业乡镇进行分散调研。从而，为教学积累了一线的素材，为科研打下了探究的基础。同时，南通市党校系统对接服务上海调研课题开始招标，评标结果，形成了以南通市委党校为主，县市区委党校联动，市县科研协作的大格局、大动作。

夏耕。有了南到南通经济技术开发区、上海外高桥启东产业园、海门海宝金属工业园，北到南通科技城、如皋新能源汽车、海安上柴动力等实地走访、相关部门座谈的第一手资料，课题组老师们秉持着要为南通对接服务上海献计献策的强烈使命，冒着炎炎酷暑，将所看所思升华到争先恐后为建设上海“北大门”献计献策的境界，进行了一次次的数据汇总、情况核实、观点沟通，一遍遍的文稿撰写与举措推敲。

秋收。八月底，课题结项报告按计划全部如期完成，十七万字的书稿雏形展现。为了提升课题报告的水平，为了保证每篇书稿的质量，南通市委党校组织领导、专家和学者，对所有的课题，进行了严格的评审，提出了对相关问题修改的真知灼见。通过相关单位的帮助，对所有文稿进行了细致、审慎的查重。在完成课题结项之后，又组织老师们对课题文稿，进一步研讨、修改，并责成专人进行再审核、再要求、再修改。今天，终于成就了书稿汇集成册的愿望。

冬孕。虽然，老师们为课题与书稿的完成，四处调研、集思广益、殚精竭虑，付出了常人难以体会的艰辛、苦涩与努力，但本书还是存在着一些不足与缺憾。调研还应该再深入一些，剖析还应该再深刻一些，对策还应该再科学一些。好在参与写作的老师们都很年轻，学历高，向上进取的热情更高。在未来对接服务上海的实践与研究中，还有很长的路要走，还有很多的机会可以弥补。知不足，方能激发出擘画建设上海“北大门”蓝图更强烈的责任感，迸发出更科学的新思路，更紧贴实际的新举措。

借此机会，我们感谢南通经济技术开发区党工委副书记董克新、海门市市委副书记葛志娟、国家级海安经济技术开发区管委会副主任张英来等，在老师们调研时给予的指导、释疑、支持。感谢海安县委党校常务副校长徐进、如皋市委党校常务副校长万锡元、海门市委党校常务副校长陈新华、启东市委党校常务副校长沈浩然与本系统全体党校人的倾力参与。

同时，我们感谢中国经济出版社毛增余社长给予我们出版此书的热情支持与指导建议。感谢季建林教授为此书的编辑出谋划策，感谢戚小倩、周蓉蓉、朱寿春三位同志为此书出版所作的大量繁琐工作。

由于任务紧迫，时间紧促，不到之处恳请读者批评指正。

编　者

2017 年 11 月 15 日